汉哲管理论丛

专业之道

——专业服务公司的运营管理

WAY OF SPECIALTY- OPERATION MANAGEMENT OF PROFESSIONAL SERVICE FIRM

段磊　荆泽峰　马丽◎著

中国发展出版社
CHINA DEVELOPMENT PRESS

图书在版编目（CIP）数据

专业之道——专业服务公司的运营管理/段磊，荆泽峰，马丽著．—北京：中国发展出版社，2013.5

ISBN 978-7-80234-941-4

Ⅰ.①专… Ⅱ.①段… ②荆… ③马… Ⅲ.①商业服务—运营管理 Ⅳ.①F719

中国版本图书馆 CIP 数据核字（2013）第 099769 号

书　　名：专业之道——专业服务公司的运营管理
著作责任者：段磊　荆泽峰　马丽
出 版 发 行：中国发展出版社
（北京市西城区百万庄大街 16 号 8 层　100037）
标 准 书 号：ISBN 978-7-80234-941-4
经　销　者：各地新华书店
印　刷　者：北京科信印刷有限公司
开　　　本：700mm × 1000mm　1/16
印　　　张：15.75
字　　　数：230 千字
版　　　次：2013 年 5 月第 1 版
印　　　次：2013 年 5 月第 1 次印刷
定　　　价：36.00 元

联 系 电 话：（010）68990630　68990692
购 书 热 线：（010）68990682　68990686
网 络 订 购：http：//zgfzcbs.tmall.com//
网 购 电 话：（010）88333349　68990639
本 社 网 址：http：//www.develpress.com.cn
电 子 邮 件：bianjibu16@vip.sohu.com

序 » Preface

有这样一类公司，它们没有恢宏的厂房、基地，没有壮观的机器、设备，但它们的名字却为世界所瞩目，他们所拥有的，是在某一专业领域的精深造诣与问题解决能力，是掌握专业知识与技能的团队，是完备的专业技术与方法论体系，是丰富的专业案例与经验积累，它们所赖以生存的，是其独特的专业优势，而它们的客户，永远是“小众市场”，是那些有特定的专业需求的顾客群体。

用专业能力满足特定的专业需求，这，就是专业服务公司的商业模式。

在我们身边，这样的公司并不少见，会计师事务所、广告公司、咨询机构、设计院所，都是这种类型的企业。如果再往生活圈拉近一点的话，专业的牙科诊所、针对公务员考试的培训机构，也应属于专业服务公司的行列。

专业服务公司的发展，来自于两个方面的推动。首先，随着产业的转型，服务业的兴盛，市场细分的进一步深化，传统的“大而全”的服务业，必将有相当大的一部分逐步细分、转化为特定的专业服务，以满足要求更高的特定需求，从而凭借“压强原则”，在细分市场占有一席之地。其次，随着产业的发展，工农业与传统服务业的进步，客观上要求生产链条上的某些环节实现专业化分工，作为专业公司剥离出来，或者由专业机构提供外部服务，从而实现环节效率最优化、质量最优化，这种需求在很大程度上促进了专业服务业的快速发展，甚至直接促成了某些专业服务品种的诞生。

两种力量的推动，使得专业服务业如雨后春笋，渐成气候，国外的研究者也赋予了这类机构一个专有名词，即 PSF（Professional Service Firm)。

相较于传统的实业，乃至传统的服务业，专业服务公司有哪些区别和特点？更进一步来看，专业服务公司要做好其运营管理，是否有固定的模型可以参照？正是抱着这样的理想，我们在管理、咨询与培训实践中进行了长达十年的艰难探索。

2003~2005年，作为国内某知名人力资源咨询机构的首任项目管理部总监，我亲自参与了团队组建、品牌营造与运营管理体系的搭建工作；2006~2010年，我再次作为国内最大综合性顾问集团的高级合伙人、技术委员会/人事委员会主任，参与了该企业的专业体系建设、骨干队伍建设以及若干重要经营与管理问题的决策；2010年开始，历时四年，作为汉哲咨询集团的创始人，我第三次开始有关管理咨询公司的体系建设工作。同时，在这十年内，我先后服务了近百家各种类型的专业服务公司，它们中有会计师事务所、设计公司、研究院所，也有高端装饰公司、专项工程公司、特种装备制造与服务公司，等等，通过对于这些企业的共性特点与成功关键因素的深入挖掘与研究，我们于2012年提出“专业服务公司卓越运营7S模型”，并获得中华人民共和国著作权。

在这一模型中，我们将专业服务公司的卓越运营归纳为七个以“S”打头的管理要素。围绕专业精神（Spirit of Specification)，要求优秀的专业服务公司在商业模式（Special Business Model)、专业团队(Specialists)、运营管理（Operation of Specification)、品牌传播(Brand Communication for Specification)、营销方式（Marketing for Specification）和服务能力（Service for Specification）七个方面都有较强的实力和相对优势，如此，才能均衡发展，形成整体意义上的“卓越运营”。

本书的论述，正是基于以上理论展开，全书聚焦于两个核心问题。第一，什么是专业服务公司：第二，专业服务公司如何实现卓越运营与可持续发展。其中：

在第一章，我们系统介绍了专业服务的定义，专业服务业的发展历程，国内外专业服务公司的运营管理特点，并对“专业服务公司卓越运营7S模型”进行了初步的介绍。

在第二章，重点介绍专业服务公司如何构建商业模式，在此章节，创造性地提出了“满足现实需求、营造进入壁垒、实现成本可控、拥有累积优势”四大商业模式建构要点。

在第三章，专题介绍专业服务人才的特点及其管理与培养，包括：专业服务公司的人才类型及其能力素质要求，专业人才队伍规划、培养、激励与人才管理环境建设。

在第四章，重点介绍专业服务公司的运营管理，运营管理是个很广泛的概念，作为专业服务来说，具有“服务定制规模化、服务链条专业化、产销衔接精准化、前后台运作一体化”四个特点，基于此，本章从知识管理、学科建设与专业管理、项目管理、全流程精确交付管理四个角度对专业服务公司的运营管理要点进行了分析和阐述。

在第五章，基于专业服务品牌的特点，按照品牌管理的一般性规律，从专业服务公司的品牌定位、品牌设计、品牌传播、品牌建设到品牌管理，逐一进行了说明。

在第六章，聚焦于专业服务的营销，从专业服务营销的特点与原则、专业服务形象塑造、专业服务商机管理、营销组织专业化、专业服务产品化六个方面，系统说明了专业服务营销的工作思路与方式方法。

在第七章，重点介绍专业服务网络的构建与管理，包括：服务网络的区位选择、网络架构、网络管理，以及总部与服务网络的管控关系四个方面。

在第八章，以专业精神作为全书的精髓，明确地提出专业文化与专业精神的四大内涵，即：持续学习与创新、追求完美与责任感、重视知识管理与分享、充分体现专业性，以及在此基础上的、基于专业化的资源配置原则。

本书的另外一个特点，是以《延伸阅读》的方式在每个章节收纳了大量专业服务公司的实战案例，案例中既有麦肯锡、埃森哲、毕马威、奥美等跨国企业，也有我们身边的凡客诚品、世联地产等本土明星。鲜活的案例，既帮助读者很好地理解章节的内容，也使得本来具有一定抽象性的模型与概念变得更加具体、真实、可触摸、可操作。

为将此领域的研究系统化，针对每一个管理要点尽可能找到具有操作性的建设程序、方法与标准，我们广泛查阅、吸纳和应用了国内外其他学者、专家在专业服务管理方面的新观点、新方法，无法一一联络，在此一并表示谢意。如有引用不当、不妥之处，也欢迎与我们联系，再版时一定进行调整。

在国内，把专业服务公司作为一个特定主体开展研究者，为数不多。身为专业服务公司的高管，参与多家知名公司的运营管理，为近百家专业服务公司提供咨询及培训，今天又作为一家专业服务公司的创始人与拥有者，独特的经历决定了我们对于专业服务业的深厚感情与深刻体认。相信本书对于专业服务公司的高层管理者，立志于专业服务领域的创业者，以及对本领域的运营管理有兴趣的研究者，值得一读，因为，它首先是一本做专业服务公司的人们所写的书，他们所写的，也许正是你今天所想、所思、所虑的问题。

当然，由于水平有限，本书的观点未必完全正确，视角未必全面，部分体系的论述深度尚有不足，恳请各位读者批评、指正。

段　磊

2013 年 5 月于北京西山

目录

第一章 概述

第一节　现代服务业与专业服务的产生

现代服务业是以现代科学技术，特别是信息网络技术为支撑的、建立在新的商业模式、服务方式和管理方法基础上的服务产业，它既包括随着技术发展而产生的新兴服务业态，也包括运用现代技术进行改造和提升的传统服务业。总体来看，现代服务业具有智力密度高、产出附加值高、资源消耗少、环境污染少等特点。

改革开放 30 多年来，服务业在中国得到了长足的发展，尤其是在进入 21 世纪之后，服务业日益成为促进内需扩张、推动经济进步的极富潜力的主导力量。当前，全国许多城市和地区都将推进服务业，尤其是现代服务业作为促进区域经济发展的头等大事。在现代服务业的定位上，政府希望“在稳步发展现代制造业、高新技术产业的同时，积极推动现代服务业发展，将服务业提高到更高、更新的水平”。不可否认，现代服务业正在成为促进产业融合、支撑经济发展、推动经济转型的重要力量。

根据英国经济学家克拉克和美国经济学家库兹涅茨的研究成果，产业结构的演变大致分为三个阶段：第一阶段是生产活动以单一农业为主的阶段；第二阶段是工业化阶段；第三阶段是后工业化阶段，三个阶段的演变趋势是：工业经济比重逐渐下降，而服务业态比重明显增强，并最终成为国民经济中最大的产业。

具体到服务业的发展，同样也经历了三个大的历史过程。

第一，在初级产品生产阶段，以发展住宿、餐饮等个人和家庭服务等传统生活服务业为主。

第二，在工业化阶段，与商品生产有关的生产性服务迅速发展：①在工业化初期，以发展商业、交通运输、通信业为主；②在工业化中期，金融、保险和流通服务业得到发展；③在工业化后期，服务业内部结构调整加快，广告、咨询、房地产、旅游、娱乐等新型业态开始出现，服务业发展较快，生产和生活服务业互动发展。

第三，在后工业化阶段，金融、保险、商务服务业等进一步发展，科研、信息、教育等现代知识型服务业崛起为主流业态，且前景广阔、潜力巨大。

通过分析，不难发现，我国服务业已经走在服务业发展的后初级阶段。在当前经济快速发展的前提下，社会分工越来越细，企业的生产经营规模越来越大，发展中遇到的专业性问题越来越多，方方面面的挑战依靠传统服务业的技术能力和服务模式已难以解决。由此，具有专业能力和高度专业化的服务模式开始进入人们的视野。举个简单的例子：过去，每家汽车公司都要有自己的专业的造型设计室，而造型设计这项工作，首先需要的是高度的创造力和工业设计经验，需要高度专业化的人才，具体到一个车厂来说，不可能天天搞造型，这部分工作量不饱满，难以培养、支持一个大型的造型设计团队，于是，专业的汽车造型工作室营运而生。这些工作室为各家车厂代理造型设计，由于多家车厂的业务叠加在一起，使得他们的工作量饱满，可以招聘大量的专业人才，采用先进的设备和技术，提供一流的造型设计方案；反过来，由于大量的设计实践以及彼此之间的市场化竞争，这些设计室的专业水平不断提高，逐步成为促进汽车产业发展的重要力量，也成就了自身的专业服务品牌，如博通、平宁法利那，等等。

随着社会分工专业化的发展，专业服务已经成为现代服务业的一个重要分支。未来，随着我国经济逐步进入后工业化时期，服务业将得到快速发展，将有越来越多的、具有较强专业性的服务业务从通用性、普遍性的服务业中剥离出来，根植专业市场，采用专业技术，雇佣专业人才，实施专业化营运，从而不断满足客户的专业需求，实现自身的专业化成长。

第二节 专业服务的概念与内涵

一、专业服务与专业服务公司的涵义

国外对于“专业服务”的研究起步于20世纪八九十年代。对专业服务的定义虽多有不同，但对其核心内涵的认识基本一致，即专业服务业是采用专业知识、技术、人才和组织管理方式，提供满足客户需要的、具有专业性的服务和产品的产业模式。

根据世界贸易组织对服务部门的分类和界定，专业服务业包括：法律服务；会计、审计和簿记服务；税收服务；建筑服务；工程服务；土木工程服务；城市规划和风景建筑服务；医疗与牙医服务；兽医服务；助产士、护士、理疗家和护理员提供的服务及其他服务等。按照这一分类，会计师事务所、律师事务所、资产评估机构、公证处、咨询机构、工程设计机构、教育培训机构等，都可以界定为专业服务公司。在我国，传统意义上的专业服务包括：律师、公证等法律服务；审计、税务、会计等财务服务；经济咨询、规划咨询、投资咨询、科技咨询、工程咨询、管理咨询、决策咨询等咨询服务；为专利、商标、版权、软件等提供代理、转让、登记、鉴定的知识产权服务；就业、创业咨询及培训等人力资源中介服务；资信调查与评级等信用服务；广告服务；仲裁、评估等其他专业服务。

需要说明的是，在我国的现阶段，专业服务有广义和狭义两种概念之分，“狭义的专业服务”与世贸组织的“专业服务”概念类似，更多地是指知识服务业，而“广义的专业服务”范围则更为广泛，凡是利用和掌握独特的专业技术，服务特定市场或满足特定需要的业务模式，都可视为专业服务。例如：金属表面工艺处理，没有很多的高级知识分子或专家参与，但却是一项需要专门技术、经验和设备的服务，其他机械制造企业都愿意将自己的这方面业务授予这样的专门的技术公司去完成；再比如：美容整形服务，需要根据人身特点的设计、需要深厚的医疗技术与经验、需要专门的设备与场所，目前已经从医院中分离出来，形成一种专业的医疗服务。上述两个行业，如果按照传统的产业划分，分别应划入制造产业和医疗产业，但由于其专业性的特点，满足“采用专业知识、技术、人才和组织管理方式，提供满足客户需要的、具有专业性的服务和产品”的要件，我们也把它们纳入专业服务公司的范畴。

二、专业服务与专业服务公司的分类

根据专业服务对象的不同，可以将专业服务分为消费者服务和生产者服务两大类型。

所谓消费者服务，就是为满足普通消费者的专业需求而提供的服务。随着人们生活水平的提高，对于生活质量的要求也在不断提高，相应地，也就产生了生活方面的专业需求，如：针对汽车的改装服务，可以大幅度提高汽车的越野能力，使驾驶者感受到真正的驾驶乐趣；再比如：美容医院，在对患者进行评估的基础上，可以帮助患者设计面部及其细节的美化方案，并通过专业的手术技术圆消费者的美丽之梦。

随着我国经济的快速发展，人均可支配收入的快速增加，消费者服务领域的专业需求正在快速增加。

所谓生产者服务，就是为满足生产活动的专业化要求而提供的服务，是生产环节的一种中间投入，主要面向的是企事业单位、组织机构，而非消费者个体。生产性专业服务，也可理解为专业导向下生产服务的外部化或市场化，即企业内部的某些具有专业性的生产服务部门从企业分离和独立出去。分离和独立的目的有三：一是提高经营的专业化水平；二是降低保有专业部门的运费管理费用；三是通过服务专业化提高企业的整体效率。

生产者服务的内容非常广泛，涵盖了生产经营的主要环节，包括：生产技术服务，工程设计服务，公共关系服务，广告设计和媒体代理服务，法律服务，会计、审计和簿记服务，税收服务，咨询服务，人才猎头服务，市场调查服务，等等。

在本书中，我们重点研究生产者服务领域的专业服务公司。但不可否认，消费者服务、生产者服务两大模式下的专业服务公司，在中国当前的经济发展时期，在促进消费升级和产业结构转型的历史过程中都将面临前所未有的发展机遇。

三、专业服务与专业服务公司的特征

根据上文对专业服务和专业服务公司的介绍，不难发现，专业服务具有以下几个方面的特征。

第一，专业服务的特点是“用专业的能力满足专业的需求”，它需要服务者具备相应的专业知识、技能和经验，为客户创造价值的基础是具备专业知识、技能和经验的积累。

第二，专业服务对从业者的素质要求较高，专业服务人员是专业知识和技能的承载者，能够为客户带来什么样的服务和产品，与专业人员自身的水平和发挥有着直接的关系。

第三，专业服务具有服务业的普遍特点，即服务需求的产生和消费过程是同步的，服务过程的体验是生产者与消费者共同完成的。在专业服务领域，这一特征表现得更为明显，这是因为专业服务往往是生产环节的一个外包部分，这部分工作经常不完全是由专业服务公司完成之后交付给生产者，而是由专业服务公司与生产者共同完成。

第四，专业服务的业务标准和边界往往难以界定，由于服务业的特殊性，加上专业服务的专业性，不管是服务范围的界定、风险的承担，还是对标的物的交付质量，都需要双方有比较详细的协议、标准来进行约束；同时，对于不可预期的技术困难和风险，双方都要有充分的思想准备，尽最大努力，各负其责，推进服务目标的达成。

专业服务的以上特征，决定了专业服务公司所应具备的资源、能力和管理模式与普通服务企业有很大的不同。

第一，为了提供专业服务，专业服务公司要有特定的知识、技能与案例积累，并有能力将上述专业性的服务资源注入服务过程之中。

第二，为了提供专业服务，专业服务公司要花很大的成本吸引、培养和保留具有专业能力的人才，建立专业人才的培训和发展机制。

第三，为了提供专业服务，专业服务公司要具备良好的运营管理能力，要善于与客户有效沟通、协同配合；同时，要有专业风范和为客户负责的精神，能够在工作遇到阻力的时候，不等不靠，与客户积极协商，共同推进，以完成服务目标。

这些方面的要求，决定了专业服务公司的运营、管理和发展是一个相对于传统企业来说更为复杂的过程。

第三节 专业服务业的发展

一、专业服务业的发展阶段

从大的范畴上看，专业服务业隶属于第三产业——服务业。随着社会分工的细化，专业服务业逐渐发展壮大，成为服务业中成长最快、最具有发展潜力的一个分支类别。

专业服务业的发展主要有三个阶段。

第一阶段，20 世纪初至 20 世纪 50 年代，随着第一、二次科技革命的发展，经济受到强力推动，大批企业诞生，对专业服务有了大量的需求，由此而带动了专业服务公司的诞生与发展，麦肯锡、兰德等老牌的专业服务公司都萌芽于这一阶段。

第二阶段，20 世纪 50 年代后期至 70 年代中期，被视为是专业服务的初步发展阶段。在这一阶段，战后的经济恢复与重建，以及战争期间的大量管理与技术手段走向民用，共同推动了专业服务业的发展。

第三阶段，20 世纪 70 年代至今，被视为专业服务的快速发展阶段。得益于经济全球化，专业服务的国际贸易额迅速增长，全球进出口贸易的中心逐渐由货物贸易进出口转向服务贸易进出口，进一步促进了专业服务产业规模和品质的提升。

二、近年来专业服务业的发展动态

据权威信息分析机构 Datamonitor2010 年发布的报告显示，近年来全球专业服务及相关行业的增长速度趋缓，具体表现如下。

1. 2010年出现业绩低谷

受2008年金融危机的影响，2009年世界范围内的专业服务及相关行业放慢了增长速度，甚至出现了近5年以来的首次负增长，导致营业收入较2008年下降1.5%，同时，使得2005~2009年的年均复合增长率下降到1.6%。

受2010年以来全球经济好转的带动，从2010年开始，专业服务及相关产业的增长趋势有所恢复；预计到2014年，专业服务及相关行业收入将达到15145亿美元，较2009年增长20%左右；从总体趋势来看，2010~2014年的年均复合增长率有望上升到3.9%。

2. 欧美依然是市场主力

受经济形势的影响，虽然专业服务业整体受到影响，欧美及亚太地区的广告、管理咨询、法律等专业服务的营业收入出现了不同程度的下滑，整体业绩和市场份额较往年有所衰减，但因为欧美地区专业服务发展较早，市场较成熟，专业服务公司应对风险能力较强，因而，虽然情势不利，但从营业收入、从业人数、公司数量和综合实力上依然远胜于亚太地区。

以法律服务为例，2009年美国、欧洲法律服务业的营业收入占全世界市场份额的比例分别达到47.6%和30.4%，而亚太地区的市场份额仅为10.4%；就从业人员分布来看，美、欧占了绝大多数比例，分别占到41.4%和32.2%，而亚太仅占11.1%；2009年世界前50强律师事务所，总部全部位于欧美地区，其中美国40家，英国10家。

其他专业服务领域如会计、管理咨询、广告等，情况与法律服务类似。

3. 亚太——后来者可畏

在专业服务领域，亚太地区起步较晚，专业技术、能力、人员、市场等方面都需要积累和开发。然而，值得庆幸的是，虽然此次金融危机对整个行业带来了较大的冲击，欧美衰势明显，但是对亚太的影响则非常有限，甚至不减反增。

以会计和法律两个领域为例，从营业收入上分析，美国会计领域下降了

4.7%，法律领域增长了0.5%；欧洲地区会计领域下降了1.5%，法律领域下降了1.3%；而在亚太地区，会计领域增长了3.5%，法律领域增长了3.9%；在其他地区都出现衰减的情况下，亚太地区实现了逆势增长，为整个产业的发展树立了信心。

4. 跨国公司推动整个行业的发展

从整个行业来看，行业的话语权和各种资源依然被跨国公司所掌控，大型专业服务公司的管理模式、人才、知识、资源都是值得亚太地区专业服务公司学习和争取的。

近年来，有目共睹的是：大批欧美专业服务公司纷纷集中资源开发亚太市场，跨国公司虽然占有了亚太地区大量的市场份额，但是也将优质的服务模式、卓越的管理模式传入了这些地区，为地区的经济发展和专业服务业的发展作出了贡献，亚太地区借力跨国公司推动自身的专业服务产业发展的时机已逐渐成熟。

三、专业服务业的发展趋势

就近几年的发展走势来看，全球专业服务业的发展在未来将呈现如下趋势。

①产品多元化。专业服务的业务内容日益丰富，从培训、服务到产品，从单一性走向多样化。

②服务专业化。随着客户需求的日益专业化、高端化，专业服务从业人员的素质和服务水平也将大幅度提升。

③标准国际化。随着跨国专业服务公司将高水平、标准化的服务提供给全球各地的客户，并通过专业人才的流动传播到更多的企业，专业服务业的从业标准、服务标准将越来越统一和国际化。

④合作常态化。为了更加有效地开展专业服务，更加有效地运用知识、人才等资源，更加有效地打造一体化的客户服务能力，专业服务公司之间的业务协同、战略合作、联营合资等日益普遍化、常态化。

⑤管理信息化。由于专业服务公司的客户遍及全国、全球，各种资源分散

在每一市场、每一分支机构、每一个体员工，因此，需要通过信息平台进行整合，以最大限度的利用资源、提升服务质量和工作效率。

⑥客户定向化。随着社会分工专业化程度的提高，以及专业服务公司基于专业的服务、外包能力的增强，越来越多的企业会选择有过合作经验的、具有品牌和较强专业能力的公司长期合作，专业服务公司也会更加聚焦、定向于与自身专业能力相匹配的目标客户群体。

⑦人员社会化。专业服务对服务团队个人业务能力的依赖性较强，因而聚集了一大批专业人才。为了促进行业发展，很多公司鼓励自己的专业人才参与社会服务，如担任企业的顾问、独立董事，开设培训课程，等等，以贡献自己的价值。同时，也采取各种措施鼓励社会的各类专业人才以专家的身份参与到专业服务公司的服务工作中来，以进一步强化专业服务公司的专业性。

⑧业务国际化。在自身实力允许的条件下，各地区的专业服务公司纷纷将眼光瞄准国际、海外市场，不断扩大市场份额，在扩张中谋求规模效益，提升自身的专业水平和市场影响力。

第四节　中国专业服务业的发展现状

一、香港经济特区专业服务业的发展

中国专业服务业的发展整体上晚于国外，就国内来说，大陆又晚于香港经济特区。

香港是亚太地区较为发达的国际化都市，同时又是专业服务的最大输出者。香港地区的专业服务公司具有中、英双语的语言条件，能够很好地承接国际、国内两个市场。同时，由于独特的自由港身份和长久的商业历史，香港的专业服务公司聚集了一批高水平、高素质的专业人才，有能力按照国际惯例开展运营和管理，在贸易、金融、会计、法律、咨询和其他专业服务领域具有明显的优势。

香港的专业服务业中，尤以生产者服务业如法律、会计、咨询服务等比重

最大，发展也最快。作为专业服务输出地区，香港专业服务的主要出口市场就是中国内地。随着近年来内陆经济的快速发展，大陆企业迅速成长，对专业服务的需求越来越大、需求层次越来越高，这些都为香港专业服务公司进入大陆市场创造了绝好的条件。

同时，作为中国改革开放的前哨和窗口，1949 年以来，大陆许多企业都把香港作为国际化的第一站，前有大批的国有企业、地方政府企业入驻香港（所谓红筹企业），后有近年来陆续登陆香港资本市场的民营企业群体。这些企业在香港登记注册、从事业务和经营活动、寻求进入资本市场，都需要香港专业服务公司的支持，这也在一定程度上推动了香港专业服务市场的发展。

二、大陆地区专业服务业的发展

和香港地区具有世界水平的专业服务相比，由于大陆具有人口优势，对外承包、劳务合作等方面的专业服务最早在大陆发展起来，而高知识、高技术含量的专业服务品种在大陆地区则起步较晚。

随着近年的经济发展，大陆地区的企业数量逐渐增多，成长步伐不断加快，专业服务市场逐步发展起来，吸引了国外众多专业服务企业的进入，同时，也催生了大量的本土公司，使大陆的专业服务业获得了飞速发展。在 21 世纪初，大部分企业还觉得聘请外部专业公司为企业服务是一种奢侈的决定，十年之后的今天，对于想要发展壮大的企业而言，专业服务已经成为一种日常工作，不再让人觉得新鲜，人们正以更加理性的眼光看待专业服务所带来的价值。

以管理咨询业为例，根据一项调查，2011 年中国内地上市公司中曾经接受过管理咨询服务的企业已经达到 63.2%，已经达到了 2/3 的高比例，而且 30% 以上的企业接受了不止一家咨询机构的服务。

目前，大陆地区的专业服务市场呈现出以下四个特点。

①市场空间巨大，行业整体态势是“互补发展、强者吃好、弱者吃饱”，虽然竞争激烈，但各种规模、层次的专业服务机构都还能够有自己的生存空间。

②跨国服务巨头依然占据着绝大部分的市场份额，对客户、人才、资源的争夺异常激烈。

③大型专业服务公司主要将眼光集中于优质客户、优质项目、优势地区。

④大型专业服务公司的扩张和竞争并没有淹没和阻挡本土中小专业服务公司的存在和成长，诸多成长中的企业选择与中小专业服务公司合作，以相对低廉的费用获取服务，也为中小型专业服务机构的生存创造了空间。

三、我国专业服务四大领域的发展概况

对于我国来说，法律、会计、咨询、广告是专业服务业中发展最早、成长最快、市场最成熟的领域，以下分别以这几个领域为例，介绍一下当前我国专业服务业的发展状况。

1. 法律服务业

近年来，我国的法律服务业发展较快，据公开资料显示，2006 年底全国共有律师事务所 13096 家，其中：国家出资设立的事务所 1470 家，约占 11%；合伙律师事务所 9296 家，约占律师事务所总数的 71%；合作律师事务所 1696 家，约占总数的 15%；个人命名的事务所 361 家，约占 2%。

截至 2006 年底，我国共有执业律师 130310 人，其中专职律师 122242 人，兼职律师 8068 人，另外还有律师辅助人员 34206 人。具有本科以上学历的律师占律师总数的 60%，其中，研究生以上学历的律师超过 10000 人。

通过分析，不难发现，我国的法律服务业具有以下五个特征。

①国外律师事务所进入中国，扩张的步伐加快。目前，已有来自 20 个国家和地区的 200 多家律师事务所在中国内地设立了代表处，其中，以北京、上海、广州三地的代表处最为集中，分别占全国总数的 37.6%、46.2% 和 9.5%。

②事务所规模一般较小，超过百人的大型律师事务所仅数十家。

③从业人员分布不均，律所及从业者多集中在东部沿海的核心城市，同时，这些地区也占据着绝大部分的市场份额。

④从业人员数量不足，与美国等发达国家相比，我国的律师从业人数比低于万分之零点零一（即每百万公众对应不足一名律师），而美国的达到万分之三十五，加拿大达到万分之二十。

⑤从业人员经验与素质偏低，当前国内律师从业者中，具备外语能力、能够处理高难案件的高层次、高水平的律师，相对而言还是非常稀缺。

2. 会计服务业

我国会计服务业的发展与跨国公司的进入有着非常密切的关系。在改革之初，国内企业的会计服务基本可以自给自足；随着跨国企业的进入，对会计服务国际化的需求随之增加，跨国会计公司作为“服务伴侣”随之进入，从而推动了国内高端会计服务业的成长。

近几年来，随着国内会计准则的升级、会计管理的规范化以及企业在境内外的上市活动对于会计业务的需求，国内会计服务业迅速发展起来。据公开资料显示，2007 年，我国会计业营业收入已经达到 33 亿美元（约合 255 亿元人民币），占亚太地区会计业市场份额的 20.1%，排名第一（日本第二，15.4%；印度第三，11.3%）。

随着我国对会计服务管制的放松，跨国会计公司加快了进入中国市场的步伐。当前，全球前 30 强的会计师事务所中已经有相当一部分在中国设立了分支机构，全球“四大”（普华永道（PWC）、德勤（DTT）、毕马威（KPMG）、安永（EY）基本上垄断了中国的中高端会计服务市场，同时，各大机构还在继续加大投资，整合资源，抢占份额。

在会计服务方面，由于进入壁垒相对较高，本土企业发展所遭遇的阻力较大，跨国巨头全面占据了中国的高端会计服务市场，大量本土会计公司不得不以中、低端会计业务作为主要目标市场。

3. 管理咨询业

在管理咨询服务领域，本土企业追赶国外专业服务公司的速度较快，在当前的咨询服务市场，基本形成了“三分天下”的局面。

第一梯队是跨国咨询公司，如麦肯锡、IBM、波士顿、埃森哲、韬锐惠悦，等等。上述公司凭借成熟的运作模式、丰富的案例经验以及高度专业化的人才资源，获得了跨国企业、大型集团企业、大部分上市企业的认同，占据了中国咨询业的高端市场。

第二梯队是根植于本土的大型咨询公司，这些公司大部分成立于 20 世纪

90 年代，迄今有十余年的历史，也积累了相对丰富的案例经验，形成了一定规模的团队，拥有了一大批以国有企业、大中型民营企业为核心的优质客户资源。相对于跨国公司而言，本土咨询公司更加了解中国国情，也能够提供更加切合中国文化背景的解决方案，因而，在国内管理咨询市场上堪与跨国公司比肩，且影响力正在不断加大。

第三梯队是数量众多的本土中小型咨询公司，这些公司往往成立时间较短，多数在某一特定地域（城市）内提供服务，或提供某类专项咨询服务（如人力资源咨询、营销策划、品牌咨询、企业文化咨询等），或为某一行业的企业提供咨询服务（如电信业咨询、银行业咨询、连锁商业咨询等）。这些咨询机构普遍规模不大，从案例积累、团队能力、专业经验等方面与大型企业无法相比，但它们具有针对性强、灵活性高、费用低的优势，对于某些特定行业的咨询需求，以及企业的某一类特定的咨询需求来说，其服务的效果可能更佳。

4. 广告服务业

在国内，广告服务最早是由国有广告公司提供。随着经济体制改革的深化，民营广告公司由于机制灵活，在竞争中具有优势，获得了发展的机会，一度对国有广告公司构成了威胁。随着中国加入世贸组织，广告市场逐步放开，跨国广告公司以其专业优势迅速占领了中国广告市场的显要位置。

目前，中国领先的广告公司由三种力量组成。

第一类是外商独资的广告公司，包括：奥姆尼康、Interpublic、3WPP 三大全球知名的广告集团，大家日常所了解的奥美、智威汤逊、伟达公关、麦肯·光明、灵狮、高诚公关、天联广告等，都是这三大集团的旗下企业。

第二类是合资广告公司，包括：旭日因赛广告、电扬广告、宣亚广告等。

第三类是本土广告公司，包括：北京未来广告、广东省广告、上海广告、广东黑马广告、叶茂中营销策划机构等等，这些企业中不乏“根正苗红”的、由国有企业改制而来的广告公司，也有市场化背景下成长起来的、来自民间的新生力量。

四、我国专业服务业的发展瓶颈

跨国专业服务公司的进入，瓜分了国内的市场份额，也令我们开始反思本土专业服务业的现状和不足。就当前我国专业服务业的发展来看，存在着以下四个方面的瓶颈。

1. 认知瓶颈

近年来，虽然很多企业邀请专业服务公司为其提供产品和服务，但是大家对专业服务能给自身带来的价值，乃至专业服务的意义的认知，尚有欠缺。相当一部分企业认为，专业服务公司不了解企业情况，做事不多，拿钱不少，不能切实解决实际问题；还有一部分企业邀请专业服务公司进入，是想借其品牌影响力造势，并非出于改善自身经营管理的真实需要。

2. 品质瓶颈

由于专业服务的交付物、边界、过程、质量不易界定，服务成效的体验在于服务双方之间，这就要求专业服务公司更加要注重自身的品质管理能力和交付推动能力。而现实的情况是，由于专业服务公司的素质参差不齐，相当多的公司规模小、积累不足、专业能力不能满足要求，这就必然导致服务质量失控，服务品质出现问题，从而影响到整个行业的声誉和口碑。

3. 人才瓶颈

从专业服务公司的性质上看，专业人才是其最重要的资产，正所谓“得人才者得天下”，人才，尤其是专业人才，是专业服务公司经营和发展的核心资源。然而，专业人才的培养并非一朝一夕之事，需要选拔适宜的人才，经过系统的专业知识与技能的培训，在从事大量专业服务的基础上总结经验、不断提高，才能成为一名合格的专业服务人才，这就决定了人才的缺乏将是专业服务公司的永恒的主题。

4. 管理瓶颈

俗话说“医者不自医”，专业服务公司能够为其他企业提供专业服务，并不意味着自身是完美的。正好相反，由于专业服务的复杂性、专业服务人才的高端性，专业服务公司的管理难度往往较传统企业要大得多。专业服务公司经常出现的管理问题包括：业务专业化与客户需求多元化之间的矛盾，产品服务标准化与解决方案个性化之间的矛盾，员工个人能力发展与强化组织管理秩序之间的矛盾，企业利益、员工利益与客户利益之间的矛盾，知识保密与推动员工应用知识之间的矛盾，业务需求不确定与员工队伍规模发展之间的矛盾，等等。

正是由于自身的瓶颈而非市场因素，相当多的专业服务公司难以将规模做大，服务众多客户，而是在市场上昙花一现，两三年就经历了由起步、兴盛到衰落的过程，要改变这种局面，需要从两个方面着手。

一是从政府和行业监管部门的角度，要规范对行业的监督、管理，更要加强对重点企业、龙头企业的指导、帮助，给行业发展一个全新的外部推动力，使行业形成一种积极、正向的发展态势和竞争氛围。

二是就专业服务公司本身而言，要善于总结行业规律，从中找到自身的发展方向，并通过不懈的努力突破瓶颈，在行业内、在客户心目中确立起自身的地位，从而谋求可持续发展。

那么，对于专业服务公司来说，是否有相对成熟的管理模型能够作为企业自身对标的依据，并根据模型的指引客观评价自身不足，明确未来发展方向？这，正是本书研究的内容。

第五节　专业服务公司卓越运营7S模型

一、专业服务公司的运营管理特点

从所提供的服务和产品、所需人员的禀赋、所依托的组织架构等方面，专业服务公司都有别于其他服务企业，因而，其运营管理也别具特点。

第一，顾名思义，专业服务公司的运营管理有着与生俱来的“专业”基因，一切管理工作都是围绕着如何建立专业优势以及如何利用专业优势服务客户而展开。

第二，专业服务公司多数属于知识密集型行业，如何通过知识而非有形资产盈利，成为其不得不审慎思考的问题，因此，专业服务公司更为关注自身商业模式的设计与展开。

第三，对于专业服务公司而言，“人才是其唯一重要的资产”，对人才的重视非一般公司所及，如何对人才这一核心资产进行有效管理，使其不断增值、创值，是对专业服务公司的严峻挑战。

第四，对知识管理的要求更加严苛。现今，很多公司都在强调自身知识体系的建设，强化知识管理，对于专业服务公司而言，知识系统是服务的基础资本，同时，也为人才成长提供养料，对其需求和依赖的程度，比一般企业更高。

第五，服务本身创造品牌、成就营销。对专业服务公司而言，建立品牌和营销的最好方法就是自身的服务，对品质的追求是专业服务公司成为行业翘楚的关键。服务业本身对质量就有较一般行业更高的要求，对于专业服务公司而言，这一点更加明显。专业服务公司要以追求高品质服务为动力，不断优化自身的管理模式和管理体制，提升服务品质，打造专业形象，从而树立自己的品牌和影响力。

二、专业服务公司的卓越运营

优秀是卓越最大的敌人。

——吉姆·柯林斯

相信很多人都读过《基业长青》和《从优秀到卓越》这两本企管畅销书，其研究结论都是作者经过长期、大量的实证研究得来的，弥足珍贵。两书的研究重点虽有不同，但是落脚点却完全相同，即如何成就卓越的企业。对于开始就有“卓越气质”的公司，最终成长为卓越企业自然顺理成章；而对于开始并不具备卓越气质、业绩平平的公司，经过一系列的思变和突破，也完全有可能成为卓越的公司。卓越，并不是不能抵达的山顶，而是可以攀越的高峰。

对于专业服务公司而言，本书所提及的“卓越运营”是指能够将专业服务公司的运营管理特点体现得淋漓尽致，能够使运营管理的关键环节高效、有机联动，能够营造凸显专业特点的运营文化的管理模式。

具体来说，对于专业服务公司，卓越运营体现在：充分发挥专业优势，将人、知识、项目、品质等管理要素进行细分和系统架构，从而使得各个部分有机组合，形成有效互动的功能模块，让卓越的因子落实到每个人、每件事、每个细节上，循序渐进、优势累积，最终培育起专业服务公司的独特的竞争优势。

三、专业服务公司卓越运营的7S模型

基于20年来为近百家专业服务公司提供咨询服务的经验，我们总结、形成了“专业服务公司卓越运营7S模型”（如图1-1），该模型受《中华人民共和国著作权法》的保护。

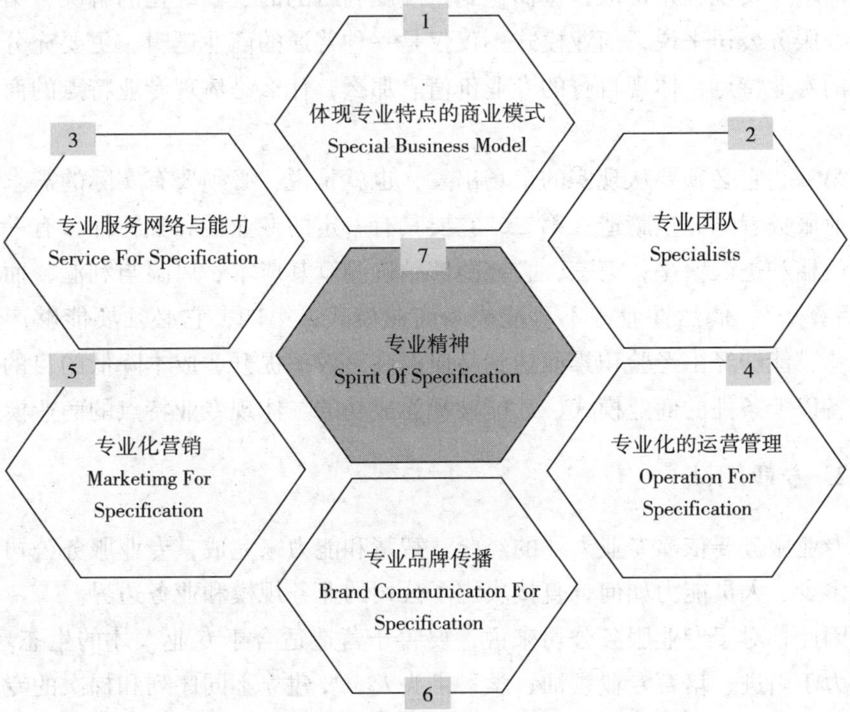

图1-1 专业服务公司的“7S”模型

所谓“7S模型”，是指专业服务公司实现卓越运营所需要满足的7个以“S”打头的管理要素，其核心是专业精神（Spirit of Specification）。围绕专业精神，要求优秀的专业服务公司在商业模式（Special Business Model）、专业团队（Specialists）、运营管理（Operation of Specification）、品牌传播（Brand

Communication for Specification)、营销方式（Marketing for Specification）和服务能力（Service for Specification）等六个方面都有较强的实力和相对优势，如此，才能均衡发展、没有短板，从而形成整体的“卓越运营能力”。

以下对七个运营要素逐一进行说明。

1. 体现专业特点的商业模式

商业模式的概念在资本社会早已被熟知，如果我们要给商业模式一个确切定义的话，可以总结为：为满足市场需求，将影响企业运行的内外部要素整合形成一个完整、高效、具有独特竞争力的运行系统，并通过最优实现形式满足客户需求、实现客户价值，进而达到持续赢利目的的、系统化的解决方案。对于专业服务公司来说，商业模式不仅仅是一种普通的商业逻辑，更要充分表现自身的专业特点，体现自身的专业价值。那么，什么是体现专业特点的商业模式呢？

第一，它必须要从现实的市场出发，也就是说，必须要有实际的需求而不是专业服务者的凭空臆造；第二，它要具有一定的专业性和独特性，有一定的技术门槛和进入壁垒；第三，它要能够精确测算其成本、风险与利润，而不是“秋后算账”，偶然性业务不可能成为商业模式；第四，它必须要能够产生累积优势，能够经由经验积累而达到品质提高、效率提升、成本降低的目的。只有具备以上条件的商业模式，才能被视为成功的、体现专业特点的商业模式。

2. 专业团队

专业服务要依靠专业人才的经验、智慧和能力来完成，专业服务公司的人员有多少、人员能力如何，直接决定了公司的业务规模和业务边界。

因此，对于专业服务公司来说，要善于营造适合于专业人才的生态环境，要致力于引进、培育专业领袖、学科带头人，要建立不同序列和梯次的专业人才队伍，要建立系统化的专业人才育成机制。由此，就能够做到专业人才引进来、留得住，并能通过自身的能力持续地培养出企业所需要的人才，使得人才能够满足公司业务发展的需要。

3. 专业化的运营管理

由于专业服务的对象是具有专业需求的特定客户，这就决定了专业服务公司的运营管理要比其他企业具有更高的复杂度。

知识是专业服务公司开展生产的“原材料”，因此，对于专业服务公司来说，要有自己的知识管理和专家系统，要有意识地、长期性地开展专业研究和学科建设，使得“知识”这一独特的生产资料能够不断积累和发展。

同时，由于专业服务多以项目的形式存在，而项目的来源、规模、需求等都有一定的不确定性，在这样的情况下，如何有效地组织生产，也是专业服务公司不得不考虑的问题。因此，作为一个好的专业服务公司，要有精确、有效的产销衔接机制和较强的人员、资源调度与协调能力，以及专业的项目管理能力，以上能力是确保专业服务公司能够有效、高效、专业地交付服务产品的关键。

4. 专业品牌传播

对专业服务公司来说，建立自己的品牌和专业形象，并以适当的方式传递给潜在的服务对象，是一个至关重要的环节。专业服务的品牌建设和运营，与其他产业相比，更加需要凸显自己的专业优势。

专业品牌传播，首先是清晰的专业定位，要告诉客户：我们专注于在哪些领域，在哪些领域我们具有无可比拟的经验积累、资源积累、团队优势、专业优势。在此基础上是品牌的系统设计，包括品牌内涵、品牌形象、传播方式、品牌建设计划，等等。在传播方式的选择上，由于专业服务公司的服务对象是特定群体，传播方式的选择主要是围绕特定群体的看、听、读、接触、感受而展开，公共媒体的使用往往是作为辅助手段。

5. 专业化营销

专业服务公司的所提供的产品与其他企业不同，营销的组织方式中要体现专业化成分，让专业力量参与到营销活动中。由此，在专业服务公司的业务拓展中，要建立机制，让公司的专家、项目执行人员与商务人员配合作战，形成“铁三角”，参与到项目的前期拓展中来，这就是“营销组织专业化”。

专业客户的需求是千差万别的，如果一个专业服务公司每次都针对每一个客户去全面设计、定制解决方案，就没有规模效应，对于公司的人员、技术、管理等方面的要求也非常高，赢利性也不会好。因此，好的专业服务公司要在满足客户个性需求的同时，致力于客户共性需求的研究并推出标准化、模块化的“解决方案集合”或“专业产品”，并通过主动出击、推广相对标准化的产品或解决方案，降低服务难度和服务成本，满足更多的客户需求，形成单一产品的规模效应，这就是“专业服务产品化”。

6. 专业服务网络与能力

服务业的特点是：生产经营与客户的感受产生于同一时点，对于专业服务公司来说也不例外，因此，建立一个贴近客户、快速响应、服务规范、满意度高的服务网络和体系，是专业服务公司经营管理的重要内容。

具体来说，从实体网络来说，专业服务公司要根据目标客户的地域分布建立相应的分支机构，以具备当地化的营销和服务能力，从而更加贴近客户，能够及时挖掘客户需求，以相对高的效率、相对低的成本满足客户的需求。从虚拟网络的建议来说，要根据业务的特点，建立统一的服务管理中心、电话中心、网络营销中心等，以提高服务的效率和质量。从服务一致性方面来说，要建立规范的业务流程和工作标准，以及相应的检查、督导机制。从客户管理关系方面来说，要充分依托服务网络贴近客户的特点，推进“普遍客户关系”的建立。

7. 专业精神

专业精神，是支撑专业服务公司运营管理的核心，是在专业服务公司的卓越运营中起统领性作用的价值观念，它贯穿于公司的资源配置、内部管理、对待客户等多个方面，以工作方式、管理方式专业化作为具体体现，通过专业人员的言谈举止、工作模式、看待工作成果的态度、与客户的沟通合作方式等多个角度呈现出来。

专业精神虽然是一种精神层面的要素，非固态、非量化，但却是专业服务公司卓越运营的基础和本质，脱离了专业精神，其他运营要素的组织和管理都不能保证专业服务公司走向卓越。

7S 模型全面论述了专业服务公司卓越运营的 7 项要素，在后续的各章中，将对 7S 模型的各个要素逐一进行介绍。

第二章
专业服务公司的商业模式

第一节　专业服务公司的商业模式概述

一、商业模式

1. 商业模式的概念和形成逻辑

随着中国企业管理水平的持续提升，中国的管理者对于商业模式这一名词已越来越熟悉。

有了一个好的商业模式，公司的成功就有了至少一半的保证。商业模式，简言之，就是公司通过何种途径或方式赚钱，例如：咨询公司通过提供管理咨询方案赚钱，会计师事务所通过提供会计服务赚钱，法律事务所通过提供法律解决方案赚钱，会展公司通过策划会展活动、提供会展服务赚钱。对于任何一个企业来说，都有商业模式存在。

商业模式，是一种包含了一系列要素及其关系的概念性工具，用以阐明某个特定实体的商业逻辑，它描述了组织能为其客户提供的价值，以及公司内部为产生和让渡这一价值从而实现可持续盈利而必须具有的资源、能力、运营系统，以及支持这一系统运行的外部资源、网络、资本等相关要素。

商业模式来自于商业创意（商业概念），商业创意来自于机会的丰富化和逻辑化，并有可能最终演变为商业模式，其形成的逻辑是：机会是经由创造性资源组合传递更明确的市场需求的可能性，是未明确的市场需求，或未被利用的资源和能力。随着市场需求日益清晰，以及资源日益得到准确界定，机会将超脱其基本形式，逐渐演变成为商业创意或商业概念，其中包括：如何满足市场需求、如何配置业务资源等核心计划；随着商业概念的深化，它变得更加复杂，包括产品/服务概念、市场概念、供应链/营销/运作概念等等；进而，这个准确并差异化的商业创意（商业概念）逐渐成熟，并最终演变为完善的商业模式，从而形成一个将市场需求与资源能力有机结合起来的系统。

商业模式从来没有像今天这样具有决定性的意义。全球化、信息技术的发展和产品生命周期的普遍缩短，使得竞争格局发生了巨大的改变，一些企业甚至一些产业由于固步自封而走向衰亡，而那些对于商业模式进行了有效创新的企业，则以令人难以想象的速度在迅速崛起。

2. 商业模式和战略的联系与区别

(1) 商业模式与战略的联系

商业模式与战略是不同的，它们的区别主要在于，商业模式是“价值创造”导向，战略是“竞争优势”导向。然而，从商业模式概念的递进过程可以看出，这两种导向应是相互依存和不可分割的。

“价值创造”导向是基于经济层面和运营层面的定义而对商业模式的定位，其中，经济层面描述的是对企业价值的创造（包括成本控制和收入来源），运营层面描述的是对顾客价值的创造。这两个层面的定义没有强调所创造的价值必须具有独特性、不可模仿、不可替代的特点，后来出现了战略层面的商业模式定义，即商业模式是符合以上三个特点的价值创造逻辑，能为企业建立竞争优势。

战略是通过对企业行为的谋划，使企业占有及获取竞争优势，而竞争优势来自于企业价值链的某些环节，这些环节能够创造独特的、不可替代的、不可模仿的价值，可以看出，战略的本质是对符合以上三个特点的价值创造活动的规划，其核心是为企业赢得竞争优势。

由以上分析可知，商业模式和战略的本质是相同的，从价值创造活动实施前的角度定义，它们都是对能够获得竞争优势的价值创造活动的规划或设计；从实施后的角度定义，它们就形成了对带来竞争优势的价值创造活动的描述。

既然商业模式与战略在本质上是一致的，商业模式理论必然归属于战略管理理论范畴。明茨伯格等将战略管理理论归为十大学派，其中，“学习学派”就将战略视为一种模式，而模式是对已实施的战略的描述。学习学派认为，战略无法提前设计，只有根据变化的环境及不断的试错，即经历持续的学习过程，才能得到一个有效的模式。这些观点，将商业模式理论与学习学派联系了起来。

由于竞争的强化和新技术的不断涌现，新的商业模式层出不穷，为了建立有效或更好的商业模式，不断的试错或学习也是不可避免的。然而，随着商业模式理论的发展，更多的战略理论，如核心竞争力、市场定位等被其吸纳进来，这些都是为了设计具有竞争优势的商业模式的需要，在直观的经济逻辑、运营逻辑的基础上增加的。这使得商业模式理论与战略理论的“设计和定位学派”等更多的学派产生了联系，并逐渐显示出与这些学派的理论的趋同。总之，绝大部分商业模式理论内容，均可从战略管理理论中追本溯源。

（2）商业模式与战略的区别

商业模式与战略的区别主要在于理论侧重点的不同。

①商业模式理论与战略理论研究的侧重点不同。

由于新技术、新观念的不断涌现，企业在制定战略时可以有更多选择，于是很多别具特色的战略措施体系出现了，这引起了人们对战略措施体系及其所呈现的商业模式的研究的兴趣，商业模式理论的主要研究对象或侧重点就是这些别具特色的战略措施体系。

商业模式理论从战略制定的结果开始研究，着重于对特定战略措施体系的分析，归纳出其包含的各种内在逻辑特别是价值创造逻辑，不同的逻辑呈现出不同的商业模式，商业模式所包含的逻辑关系对企业构建具体的战略措施具有很好的指导作用，这是战略理论所欠缺的。

战略理论从战略制定的源头开始研究，主要研究战略制定方法及形成过程，缺少对具体战略措施的研究。由于战略理论缺少对具体战略措施体系内在逻辑的研究，人们并没意识到运营逻辑和经济逻辑是战略措施体系本身所应包含的，因此，往往认为商业模式和战略是两回事。

②商业模式理论拥有战略理论所不具备的特点。

由于难以归类，商业模式常常通过案例来描述，比如国美模式、京东模式等，这赋予了商业模式理论的具体性和形象性的特点，这些特点使得商业模式理论对于企业的管理者来说更具指导性，更易于被接受和产生兴趣，企业可以直接借鉴这些具体的模式来构建自己的业务、运营和资源系统。

此外，由于商业模式的直观性，基于对商业模式的分析和创新，可以更为直接地探索、研究企业核心竞争力的来源。

③战略理论的很多重要内容是商业模式理论所不具备的。

战略理论的发展和积累经历了相当长的历史时期，形成了不同的学术流派，以及一系列为管理者所耳熟能详的技术工具和方法，如：波士顿矩阵、SWOT 分析、价值链分析等等，这些系统的理论和研究方法是商业模式理论所不具备的。

此外，由于商业模式研究的现实性，影响了其对企业成功背后的影响因素，以及因素间相互关系的深度分析和思考，这是以实证研究为主的商业模式理论相对于以理论研究为主的战略理论的一个弱项。

二、专业服务公司的一般战略和最佳盈利模式

1. 专业服务公司的一般战略

专业服务公司采取何种战略，主要受其所服务的客户战略的影响。随着全球化的迅速推进，绝大多数产业经由并购、整合等方式加速了规模化发展的进程，专业服务公司也亦步亦趋地沿着这条道路发展，只是速度稍慢一些而已。但绝大多数专业服务公司都面临着一个真正的两难困境，即专业服务公司如何在竞争日趋激烈的市场上保持其独特性，而这种竞争烈度的增加是由于客户规模化发展导致谈判力加强、服务供应能力增加导致谈判力减弱这一“剪刀差”带来的。由此，就更加需要专业服务公司对自己的战略进行一个系统、明确的定位和规划。

一般来说，专业服务公司在制定和实施战略时，主要围绕以下三个核心。

①“地方性、地区性集中”与“全国性、全球性网络”。

②“专业化服务”与“一体化服务”。

③“产品专业化”与“客户部门专业化”。

当然，绝大多数专业服务公司实际采用的是以上三类策略的组合。

第一，专业服务公司必须基于自身的资源条件和业务能力，选择是成为一家区域内的专业公司，还是一家全域（全国、全球）服务的专业公司。

第二，必须要在“一体化”和“专业化”的取向之间做出选择。“一体化”是指以满足具有独特性的客户需求为目标，进而建立牢固的客户关系并谋求长期和相对广域的合作；“专业化”是指提炼具有高度专业性的目标技术并实现专业的独占甚至垄断。两种取向，一个针对内部，一个针对外部，在未来的角力中，哪种取向能够占上风，还很难判断。

第三，对于已经明确选择“专业化”的公司，面临的下一个问题是，要在“产品专业化”和“客户部门专业化”之间进行第二个选择。许多专业服务公司已经开始建立出现这种基于产品或客户的组织，如咨询公司和会计师事务所，既有专门的团队负责特定的业务，也开始导入行业团队、行业专家甚至行业事业部，以进一步凸显“客户部门专业化”。而近年来银行业的改革，则倾向于将相对成型的服务产品实现专门管理，如各银行纷纷将信用卡业务独立，成立信用卡事业部或信用卡公司，这就是“产品专业化”的范例。

2. 专业服务公司的最佳盈利模式

由哈佛大学教授约翰逊、克里斯坦森和 SAP 的 CEO 孔翰宁共同撰写的《商业模式创新白皮书》，把商业模式概括为“由客户价值主张、企业资源和能力、盈利方式三个要素构成的三维立体模型”。其中，“客户价值主张”是指在一个既定价格上企业向客户或消费者提供服务或产品时所需要完成的任务；“资源和生产过程”是指支持客户价值主张和盈利模式的具体经营模式；“盈利方式”是指企业在服务客户的生产过程中实现增值的方式和过程。

盈利依靠专业，是专业服务公司的特点，也是专业服务区别于其他商业模式的核心，而要提供专业服务并且成为最佳盈利模式，我们认为必须具备以下四个条件。

第一，必须要有现实需求。成功的商业模式必须能够提供满足客户需要的独特价值，有时，“独特价值”可能是新的思想，而更多的时候，它往往是传统产品和服务的独特性组合，比如：把传统婚介与 IT 结合的“世纪佳缘”，把订餐、打折与 IT 结合的“团购网”等，这些项目成功的关键，首先是在生活中有婚介、订餐等现实需求，而绝不是凭空臆造的商业模式。

第二，必须要有较高的进入壁垒。专业服务的特点是专业，相应地享有专业级的回报水平。如果没有进入壁垒或门槛太低，利润率也就相应下降，也就不能保证从业者的收益，从而也就不可能使得高水平的专业人员积极地投身于这项工作。因此，建立进入壁垒是专业服务得以生存和健康发展的关键一步。

第三，必须成本可控。由于专业服务的复杂性及不确定性，某些服务活动虽然有时能够成功，但不确定每次都能成功；有时成本很低，而有时则很高；成功率、成本都难于测算，这样的专业服务具有很大的偶然性，无法复制、无法预算收益、无法控制风险，进而也就无法有计划地进行运营的组织和资源的安排，因此，很难作为商业模式固化、复制和推广。

第四，必须有累积优势。作为专业服务的商业模式，必须能够随着服务频次的增加而实现品质的提高、效率的提升、成本的降低，使得有经验、有规模的服务者能够实现规模效应，能够比初入门者有更高的利润空间，从而推进行业竞争格局的演变，推进专业服务公司的规模化、专业化发展，形成竞争优势，实现强者恒强。

只有具备了以上四个条件，专业服务公司才能说有了“体现专业特点的商业模式”。在接下来的几节，我们将对以上四个条件进行详细的探讨。

第二节　满足现实的需求

一、客户价值主张

1. 客户价值主张介绍

客户价值主张是指对客户来说“什么是有意义的”，即客户真实需求的深入描述。客户价值主张在实际操作中突出地体现在客户选择产品或服务时的几项关键指标上，如客户在采购大型设备时主要关注的指标有质量、售后服务、价格、品牌等。

专业服务公司要实现稳健而持续的发展，首先要做好客户现实需求的鉴别工作，对客户价值主张的演变趋势做出正确的判断，对未来市场的竞争格局做出正确的预测。

公司制定“客户价值主张”的方法，通常有如下三种。

(1) 罗列优点法

当需要制订客户价值主张时，将自己认为产品（服务）可能给目标客户带来的种种益处全部罗列出来，多多益善。使用这种方法，在对客户及竞争对手的了解方面要求不高，因此，工作量也最小。然而，这种相对简单的方法却存在着一大缺陷：企业所宣称的自己的产品（服务）功能方面的种种优点，很可能对目标客户毫无价值；而在客户高度关注的方面，企业在宣传方面却没有突出。

(2) 宣传有利差异点法

这种类型的价值主张明确承认客户可以有其他选择，重点宣传对自己有利的差异点。公司必须突出自己与竞争对手的不同之处，这就要求公司对竞争对手和次优替代品了如指掌。然而，这种方法的风险在于：产品或服务可能有多个差异点，如果对客户需求和偏好缺乏深入的了解，“把宝押错了”，企业很可能会将宣传的重点放在对客户价值较低的差异点上，而达不到影响客户的目的。

(3) 突出共鸣点法

要提供这样的客户价值主张，公司必须抓住目标客户最看重的几个要素展示自己产品（服务）的优势，向客户证明这种卓越产品（服务）性能的价值，并且在沟通中表明自己十分了解客户的业务重点。这种价值主张与前两种方法的不同在于：首先，它不主张多多益善，只突出讨论客户最看重的因素；其次，它重在取得客户的共鸣，对于自身的有利点肯定会突出说明，但并不回避其他对于客户重要但己方表现一般的方面。

2. 需求勘测的必要性

专业服务公司与其他类型的公司一样，要想在竞争中比对手更胜一筹，关键是要更好地了解客户的想法和需求。要想更加深入地了解客户需求，就必须对客户的需求进行精确的勘测。

勘测客户需求，即征询客户对于当前服务的评价，并请他们说出尚未满足的需求，这种做法有两个相互关联的目的：一是提升当前服务的竞争力；二是抓住开发新业务的机会。

通过征求对当前服务的评价，公司可以获得服务改进的机会。正如日本的制造商所说："缺陷是一种财富。"换句话说，能够迅速找到缺陷所在，仔细研究并确定缺陷发生的原因，就获得了改进的机会，就等于是减少了损失，创造了财富。如果不倾听客户的反馈，就永远没有机会学习和成长为一个有实力的竞争者。对于制造商来说，还可以通过检查尚留在车间的剩余产品来分析、研究缺陷，而专业服务公司却没有这个机会，服务业的特点在于，服务产品在生产的同时已经交付给客户，如果服务表现方面有缺陷，那么只有一个人的意见是有意义的，那就是客户。

客户的看法除了对评价现有服务有价值外，对于确定新的服务需求更为重要。哪些服务有市场需求？需求会有何种变化？专业服务人员可能有自己的看法，但是这些看法除非得到客户的认可，否则没有意义。因此，在听取客户的意见之前，没有一家专业公司能做出真正的战略思考，也不能确定哪项投入更有价值。

显然，如果专业服务公司拥有一种机制，能够不断地征求意见、分析意见并根据这些意见采取行动，就会比偶尔或不定期征求意见的公司能更好地把握新的商业机会。

二、需求勘测的方式

专业服务公司可以通过多种方式听取客户意见，勘测现实需求。经过多年的实践，我们认为以下几种方式更为简便、准确、有效。

1. 客户聚会

在如何提升专业服务的竞争力这个问题上，没有什么比客户的评价更为重要。毕竟，客户才是最终的裁判者。而客户聚会是勘测客户需求的有效方式，在制造业等行业中已经应用得较为普遍，对于专业服务公司也同样适用。

专业服务公司的客户聚会可以采用这样的一种方式：联络10个左右的资深客户参加每年1~3次的定期会议，并在会议上讨论公司在行业领域中所能提供的服务。

专业服务公司会介绍在行业领域内推进实施的服务计划，包括新业务开发、现有业务的增值服务，以及其他经过深思熟虑的业务构想，然后邀请客户对这个计划提出批评意见，从客户的角度考察所提议的新举措是否有意义、要提升服务内容和水平，还有哪些因素需要考虑。

根据我们的经验，会议应针对具体的服务领域或行业，这比泛泛地讨论整个公司的服务项目要有效得多。客户通常也乐于参加这种聚会，毕竟专业服务公司正在努力寻找提升客户价值的路径，参加会议能够让客户直接受益。在相当多的时候，客户不但提出了坦率的批评，还提出了具有建设性的意见，他们很容易指出哪项提议对他们没用，以及他们还有哪些需求还没有得到满足。

一个长期运转的客户聚会体系，有助于专业服务公司及时了解客户需求，提升运营管理水平，开发新业务与新产品，并客观地评估自身的战略与执行情况。

2. 反向座谈会

反向座谈会与传统的座谈会或客户聚会相反，不是专业公司唱主角，而是邀请客户的主管人员对专业服务公司进行宣讲，这种方式在目前的医药行业应用较为普遍，值得专业服务公司借鉴。

采取反向座谈会的好处主要有以下两点。

第一，反向座谈会是一种建立良好客户关系的有效机制。大多数客户都会因为受邀演讲而高兴，并且会把这种邀请看做公司关心客户、想要更多了解客户的真诚表示。

第二，反向座谈会扩大了公司的信息来源。专业服务公司的工作人员都是各自专业技术领域的专家，如法律、会计学、保险精算、公关等。然而，要想成为一名优秀的专业服务人士，专业人员不仅要了解自己的专业，更要了解客户的行业与经营环境。但是，几乎没有哪个专业服务公司能够系统地提供了解客户行业或综合商务知识的机会，反向座谈会创造了一个很好的机会，使得专业服务公司的员工得以深入地了解客户的行业，洞悉企业人士思考的问题。

3. 客户拜访

听取客户意见的一个重要且常用的方式是登门拜访，一般由专业服务公司的高层或客户服务部门完成。

登门拜访的效用是多元的，也是显著的。

第一，通过登门拜访，表现公司对于客户的尊重，对于客户价值的高度关注，以及希望为客户提供最好的服务的决心。

第二，通过相对独立的拜访，可以更为客观地了解所提供服务的质量，如员工的服务态度如何，所提供服务的专业性如何，是否有针对性地解决了企业的问题，等等，这些重要的信息，可以作为业务改善、业务开发、管理提升乃至团队绩效评价的重要依据。

第三，客户拜访也是了解客户新的需求的最好方式。能够与客户方的高层或专业管理人员面对面地交流，从而了解到客户对于其所面临的挑战、所关心的问题和需求的更具体、更深刻的想法，并根据这些挑战和问题，结合自己的专业经验，给出有针对性的建议，对于后续的合作将有很大的帮助。

4. 业务团队的反馈报告

优秀的专业服务公司经常采用以下做法：在项目的每个关键结点完成之后，由业务负责人与客户进行一次深入的沟通，详细听取客户对于服务过程和成果的看法（哪些方面做得比较好、哪些方面做得还不够）以及如何改进等方面的反馈意见。

如果能够坦率地开展这种对话，不仅有助于改进当前的工作，而且也会反映出一些未解决的新问题（新问题也许不包含在当前业务范围内），这对于专业服务公司来说，也许意味着立刻就能展开新的业务。

为了进一步扩大这种反馈谈话的效果，有些专业服务公司要求业务团队形成书面的《反馈报告》，这样，公司就能保证这种听取反馈的会谈成为常规性工作，就能以规范的方式获得客户提出的改善意见，并在公司内部的管理提升和产品规划方面进行应用，从而成为公司的无形资产。

5. 客户满意度调查

业务部门征询的反馈意见很有价值，但另一种客户反馈形式更为重要，即：公司设置明确的强制性规定，在每项业务完成后向客户发出《客户满意度调查表》，请客户对服务的整体状况作出评估。

虽然客户满意度调查在大众消费服务领域很普遍，但对专业服务公司来说却不常见，很多人感觉这种书面的调查“不够专业”，不能替代质量跟踪等个性化、一对一的反馈方法。既然认识到一种方法不能代替另一种方法，而只能作为补充，那么我们就需要了解在业务部门已经听取客户反馈之后，这样的调查表能起到什么样的作用？答案具体如下。

第一，这种调查是由公司直接针对客户的，它所征求的是客户当着项目参与人员的面不愿意表达的真实的观点和意见。

第二，发放满意度调查表是一项制度，它有助于实现公司的质量保证目的，并成为公司系统地监测质量表现、观测质量发展趋势的手段。

第三，发放调查表征求反馈意见，本身就在向客户发出“愿意倾听意见”的信号，从而让客户感受到：不是单独地面对一个派出到自己企业的服务团队，而是在面对一个负责任的、愿意提供更优质服务的公司。

所有致力于卓越的公司，都希望能够积极听取客户的意见。然而，相当多的公司欠缺一种机制，可以将所收集到的零散的数据、资料、客户意见汇集起来，转化成为可以改进服务工作、开发商业机会、制订业务规划的信息资源。

专业服务公司所面临的挑战，不在于获得客户的反馈，而在于如何有效地解读、利用这些勘测到的信息，用这些信息还原客户的真实需求与价值主张，从而设计、提供能够满足现实需求的专业服务产品，并不断优化自身基于专业的商业模式。

第三节　拥有较高的壁垒

一、什么是进入壁垒

进入壁垒是指产业内既存企业相对于潜在进入企业和新进入企业所具有的在位优势，是影响市场结构的重要因素；从另外一个角度看，进入壁垒也可视为潜在进入企业和新进入企业与既存企业竞争时所可能面临的不利因素。进入壁垒具有保护产业内已有企业的作用，也是潜在进入者成为现实进入者时必须首先克服的困难。

芝加哥大学经济学家施蒂格勒指出：“进入壁垒可以理解为打算进入某一产业的企业而非已有企业所必须承担的一种额外的生产成本”。进入壁垒的高低，既反映了市场内已有企业优势的大小，也反映了新进入企业所遇障碍的大小。可以说，进入壁垒的高低是影响该行业市场垄断和竞争关系的一个重要因素，同时也是对市场结构的直接反映。

二、进入壁垒的类型和成因

我们通常按照进入壁垒的成因把它们划分为两类：结构性进入壁垒和策略性进入壁垒。

结构性进入壁垒是指企业自身无法支配的、外生的，由产品技术特点、资源供给条件、社会法律制度、政府行为以及消费者偏好等因素而形成的壁垒。

策略性进入壁垒，也称进入阻挠，是指产业内在位企业为保持在市场上的主导地位，获取垄断利润而利用自身的优势、通过一系列的有意识的策略性行为构筑起的、防止潜在进入者进入的壁垒。

形成策略性壁垒的原因很多，主要有：规模经济、必要资本量、沉没投资、产品差别、绝对费用、政策法规、既存企业的战略性阻止行为，等等。

①规模经济壁垒。在位企业已经形成了一定的规模并经由规模实现了成本的大幅度降低，新进入企业在取得一定市场份额前，不仅不能以最低成本实现生产和经营，反而需要大量的投资和较高的起始规模。

②必要资本量壁垒。必要资本量是指企业进入某一产业时最低限度的投资资本数量。必要资本量越大，资金筹措越困难，进入壁垒也就越高。

③沉没投资壁垒。如果企业在进入某一市场遭到失败后，能够将设备、厂房等按接近于原值的价格转手给其他企业，即使必要资本量巨大，也未必能成为强大的壁垒。但如果一旦进入失败，所有投资的资产必须以极低的价格出售或只能部分出售，这就必然造成绝大部分投资无法收回，这部分不可能回收的资金称为“沉没投资”，沉没投资越大，意味着进入失败之后的风险越高，因

此，沉没投资的大小，也是考察进入壁垒的重要因素。

④产品差别壁垒。产品差别对企业产品的销路和市场占有率有很大的影响，当由产品差别（设计、广告等）形成的成本对新厂商更高时，产品差别才成为进入壁垒。消费者对差别化产品的心理上的认同感颇深。对于原有企业来说，他们在广告宣传上只保持原有的力度或稍加改变即可，无需花费巨额的支出。但对于新企业，万事需从头做起，在解决了设计和制造方面的难点之后，还要想方设法使公众相信新企业的产品与众不同，这无疑要比原有企业花费更多的投入。

⑤绝对费用壁垒。既存企业一般都已占有一些稀缺的要素和资源，购买这些要素和资源所需的费用，就是绝对费用。相对于新企业，既存企业在绝对费用方面有很大的优势，包括对资源、技术、销售渠道和市场的占有与垄断，以及对本行业的专家和技术工人的拥有等各个方面，因而其生产、经营和研究开发的绝对费用相对比较低。

⑥政策法规壁垒。所谓政策法规壁垒，是指为保证资源有效配置而颁布的干预企业进入行为的政策、法规等对于拟进入企业的影响。从现象上看，无论是政策性壁垒还是法规性壁垒，都使用了一定的强制性手段，这是它们的共同之处。例如，我国在某些行业内存在的许可制、认可制，使得其他企业进入的可能性很小，如煤、盐业、烟草等行业的垄断性经营就属于此类。再比如，关税壁垒、非关税壁垒这些由国家制度形成的贸易障碍，也是使得其他国家的企业难以进入本地市场的壁垒。

⑦既存企业的进入阻挠壁垒。行业中的既有企业，为了巩固自己在市场上的地位，必然会采取各种对策阻止和威慑新企业的进入，例如：在卖方高度集中的寡头垄断产业中，在位企业可以互相勾结，通过降价、促销等方式，把利润率压低到比拟进入者的实际利润率还低的程度，导致新进入者亏损，使拟进入者望而却步，从而保持自身的垄断地位，待其他企业退出之后，再择机抬高价格。

现实中的市场，进入壁垒往往不只一个方面。然而，由于产业利润率和成长性的巨大诱惑，仍有大量企业在组织资源，伺机进入。

三、专业服务公司的进入壁垒

大部分人认为，专业服务公司不存在进入壁垒，因为专业服务公司多数不需要投入巨资引进机器设备、购置固定资产，经营场所可以通过租赁迅速获得，办公设备如计算机等也可以很方便地买到，而专业服务人员，只要薪资有竞争力，可以很快地通过劳动力市场招聘获得。

然而，事实并非如此。专业服务公司的服务业特征、专业化特征决定了其刚性壁垒不明显，但柔性壁垒却非常高，这也是我们目睹大量的专业服务公司如雨后春笋般地建立起来，又如秋风落叶般地批量死去的原因；同时，还有相当多的专业服务公司，由于壁垒的制约处于不死不活的维持的局面。通过深入的研究，我们认为，专业服务公司的进入壁垒主要体现在技术壁垒、人才壁垒、客户壁垒、品牌壁垒四个方面。

1. 技术壁垒

专业服务公司是依赖于专业服务生存的，因此，成功的专业服务公司大多有一套甚至多套成熟的专业技术，作为公司日常运营和市场竞争的基础和根本。这些专业技术对于行业的新进入者而言构成了较高的壁垒。

由于成功的专业服务公司运用其特有的技术对客户进行过多次、大量的成功实践，有着众多的成功案例，其可操作性、稳定性、优越性是可以得到有效证明的。而行业的新进入者，由于缺乏众多的成功案例，在证明自身的技术水平和服务能力时，跟“前辈”公司比起来，往往就少了“资历”的支撑。

同时，对于后进入者来说，由于在位企业已经在本领域掌握了核心技术，如果这些技术被申请了专利或垄断了原材料等方面的资源，后进入者可能就不得不向在位企业购买专利或者支付技术、资源使用费，这就使得新进企业的经营成本大大提高。

2. 人才壁垒

作为智力型产业，人才是专业服务公司实实在在的“第一生产力”，专业服务公司服务水平和能力的高低，直接决定于人才队伍的数量和水平，因此，人才的壁垒对于专业服务公司来说是极为重要的资源壁垒。

对于新进入企业来说，突破人才壁垒的难点在于：专业人才的保留与专业服务公司的发展是一个互动循环，即高素质的专业人才往往选择有规模、经营业绩好的公司，这些公司往往都是行业内的在位企业；而拥有了高素质的人才，又进一步促进了这些企业保持和增强客户服务能力；优质的客户服务能力也将给予在位企业和高素质人才以满意的回报。

对于新进入的专业服务公司来说，常见的情况是：缺乏品牌影响力、产品利润低、业务规模小，这些情况决定了新进入公司对于有经验、高素质的专业人才的吸引力不高，要获取和保留一大批这样的人才，对于新公司来说是一个巨大的挑战。

3. 客户壁垒

专业服务公司的进入壁垒还体现在与客户的关系上。那些具有一定规模的企业，多数已经与专业服务公司进行过长期、多次的合作，随着合作次数的增加、双方了解的递进，很多企业与某些特定的专业服务公司已经形成了长期、稳定的伙伴关系。对于新进入的专业服务公司而言，这种牢固的合作关系很难打破。

新的专业服务公司很难重复先行者走过的道路，因为长期的合作使得早先的专业服务公司与其客户的服务和合作关系已经固化下来，并具有制度化的特性。同时，在与客户各层级的关系与交流方面，在对客户企业信息的掌握方面，新进入的公司也很难与先行者们相比。

4. 品牌壁垒

具有一定实力的客户，往往倾向于在声誉卓著的专业服务公司中选择合作伙伴，而不会轻易冒险去信任一个初出茅庐者，专业服务公司中的品牌壁垒体现得非常明显。对于客户来说，品牌意味着高质量、高信誉、高效益、低成本，每一个品牌的背后就是一个在市场竞争中立于不败之地的成功企业。

如今，专业服务公司之间的竞争越来越表现为品牌的竞争。然而，对于一个新进入专业服务领域的企业而言，打造一个品牌决非一朝一夕之功。

第四节　实现成本可控

一、什么是成本控制

成本控制，是企业根据预先建立的成本管理目标，由成本控制主体，在其职权范围内，在生产耗费发生以前和过程中，针对各种影响成本的因素和条件采取一系列的预防和调节措施，以保证成本控制目标实现的管理行为。

成本控制的过程，是运用系统工程的原理对企业在生产经营过程中发生的各种耗费进行计算、调节和监督的过程，同时，也是一个发现薄弱环节、挖掘内部潜力、寻找一切可能降低成本的途径的过程。科学地组织与实施成本控制，可以促进企业改善经营管理，提高企业素质，使企业在市场竞争的环境下生存、发展和壮大起来。

开展成本控制活动的目的就是防止资源的浪费，使成本降低到“合理最低”并保持已降低的成本水平。成本控制反对“秋后算账”的做法，提倡预先控制和过程控制。因此，在成本发生之前或在发生的过程中必须考虑：为什么要发生这项成本？应不应该发生？应该发生多少？应该由谁来发生？应该在什么地方发生？是否必要？明确这些成本控制要素之后，需要对成本形成的过程进行监视、测量、分析和改进。

成本控制的内容非常广泛，但是，这并不意味着事无巨细地平均使用力量，而应有计划、有重点、区别对待。对于各行各业的不同企业来说，有不同的成本控制重点，控制内容一般可以从“成本形成过程”和“成本费用分类”两个角度加以考虑。

1. 以生产企业为例，按成本形成过程划分的成本控制

（1）产品投产前的控制

这部分控制内容主要包括：产品设计成本，加工工艺成本，物资采购成本，生产组织方式，材料定额与劳动定额水平等。这些内容对成本的影响最

大，可以说产品总成本的60%取决于这个阶段的成本控制工作。这项控制工作属于事前控制，在控制活动实施时真实的成本还没有发生，但它决定了成本将会怎样发生，也基本上决定了产品的成本水平。

（2）制造过程中的控制

制造过程是成本实际形成的主要阶段。绝大部分的成本支出在这里发生，包括：原材料、人工、能源动力、各种辅料的消耗、工序间物料运输费用、车间以及其他管理部门的费用支出，等等。投产前控制的种种方案设想、控制措施能否在制造过程中贯彻实施，大部分的控制目标能否实现，和这一阶段的控制活动紧密相关，这属于事中控制，由于成本控制的核算信息很难做到及时，会给事中控制带来很多困难。

（3）流通过程中的控制

这部分控制内容主要包括：产品包装、厂外运输、广告促销、销售机构开支和售后服务等。在强调市场营销的作用的前提下，企业往往不计成本地采取种种促销手段，这些都会加大流程过程中的成本，从而抵消利润，因此，这一过程的成本控制也不容忽视。

2. 以生产企业为例，按成本费用分类划分的成本控制

（1）原材料成本控制

在制造业，原材料费用占了总成本的很大比重，一般在60%以上，高的可达90%，是成本控制的主要对象。影响原材料成本的因素有采购、库存费用、生产消耗、回收利用等，因此，控制活动可从采购、库存管理和消耗三个环节着手。

（2）人工费用控制

工资在成本中占有一定的比重，增加工资又被认为是不可逆转的。控制工资与效益同步增长，减少单位产品中工资的比重，对于降低成本有重要意义。控制工资成本的关键在于提高劳动生产率，它与劳动定额、工时消耗、工时利用率、工作效率、工人出勤率等因素有关。

（3）制造费用控制

制造费用开支项目很多，主要包括折旧费、修理费、辅助生产费用、车间

管理人员工资等，虽然它在成本中所占的比重不大，但因不引人注意，浪费现象十分普遍，是不可忽视的一项内容。

（4）管理费用控制

管理费用是指为管理和组织生产所发生的各项费用，开支项目非常多，也是成本控制中不可忽视的内容。

上述这些都是绝对量的控制，即在产量固定的假设条件下使各种成本开支得到控制。在现实工作中，还要注意控制单位成品的成本。

二、专业服务公司的成本控制

1. 财务控制

大部分专业服务公司在管理活动中都有一套“保健方法”，这些方法相对于工业企业要简单得多，它们是毛利、营业利润、主要收益率和转化率。

在大部分专业服务公司中，营业额和毛利是迥然不同的两个概念。专业服务公司的营业额包括购入服务的价值，这种服务事实上是由其他公司提供的，但是被归入到专业服务公司所提供的服务产品中。因此，专业服务公司必须从客户付给它的价款中拿出一部分，付给它为此而购买服务的公司。例如，在一个提供全方位服务的广告公司中，营业额或价款中包括它代表客户购买的媒体空间的价值；在一个设计公司中，营业额往往包括了产品的印刷费用。

营业利润是评估专业服务公司经营状况最有用、最基础的一项指标。需要注意的是，它是由毛利而不是由营业额来衡量的。

营业总收入减去购入服务的价值，被称为毛利或服务费收入，相当于工业企业中的收入。作为营业额的一个组成部分，毛利是反应公司盈利水平的指标之一，因此，大部分专业服务公司都以毛利为目标，相对于营业额或为客户提供服务所得到的收入，他们更看重毛利。

工业企业的经理都非常重视税前利润和税后利润，而在专业服务公司中，这两个指标则没有那么重要。在公司经营收益和税前利益之间有一个重要的项目，那就是净利息费用或净利息收入。工业企业的资产负债表中通常都列有一定的债务，净利息费用一般都是一笔很大的数额，公司管理资产负债表的能力与调节盈亏的能力同样重要。而在专业服务公司中，净利息的数额通常不大，通常也只有很少的债务利息费用，其最终结果是获得了小数额的利息收益。

从成本角度看，假如这家公司还没有荒唐地搬进一座庞大无比的建筑物里办公，那么它的成本主要是由其员工费用决定的。大部分财务部门只会简单地注意员工成本与年收入之间的比例，这种衡量方式忽略了创收能力及其向利润的转换能力这两个隐含的推动力。同样，利用员工成本和年成本的比例来衡量公司业绩也可能会导致一些误区，例如，为了减少公司的应纳税收入而从税前收入中抽出员工的奖金，这可能会使员工的平均费用看起来比实际费用要大。

2. 人力成本控制

大部分专业服务公司看重的是顶线，而不是成本。他们通常用增加成本的方式来增加收入，而不是以降低成本来提高利润率。大部分专业服务公司的成本都是人力资本，这种成本是非常固定的，因工作量减少而解雇公司雇员的做法，从长远来看，必然会给公司带来损害，对此人们已经达成了共识。问题是，专业服务公司根据工作量达到最大时的需要雇佣员工，这意味着一年的大部分时间这些人力都会闲置，最后所造成的结果是，相对于年收入的周期性变化，公司却有一个极其固定的成本支出额。

要解决这一问题，就要让固定成本支出尽可能富于变动性。

第一种方法是，减少雇佣长期固定员工，积极使用自由职业的专业服务人员。这些人员遍布于专业服务产业的各个环节，他们通常是一些大公司甚至是客户解聘的人员，一些富于冒险精神的公司，可以在需要的时候通过雇佣自由专业服务人员的办法把公司的工作能力提高一倍，从而改变公司的人力成本结构。

尽管专业服务公司很少把雇佣自由专业人员的做法制度化，但这种做法还是代表了专业服务产业未来的发展方向。自由专业服务人员的作用在于填补公司中级职员的空缺，在业务的具体执行和操作过程中扮演角色，但是他们决不能成为客户关系中的主导。显然，对于专业服务公司来说，这种做法有助于公司克服雇佣长期固定员工所带来的狭隘性和地方化的缺陷，有助于公司不断从外部补充新鲜血液，还可以使公司得到那些在特定行业长年工作的、经验丰富的专业服务人才，这些人明确知道自己每个工时的价值，以及他们耗费在每项工作业务上的时间，相对于公司的全职员工，他们更善于合理的筹划和利用时间。由于他们曾跟更多的客户和专业服务公司打过交道，所以与长期雇员相比，他们更富有经验。

使公司固定成本支出具有变动性的途径之二，是把员工的薪金收入和他们的工作表现联系起来，建立以工作业绩为评价基础的工资系统。一般地，专业服务公司中固定工资与浮动工资的比例是7：3。事实上，更合适的比例应该定在1：1。

3. 办公空间费用控制

写字楼的费用在专业服务公司成本支出中所占的比重列居第二。大部分专业服务公司都把一个漂亮的写字楼看作公司促进业务增长的决定性因素。客户通常会被一个气派体面的办公场所吸引，而专业服务人员也乐于在这样的环境中工作。所有这些因素加在一起，就使专业服务公司写字楼的费用支出通常占公司年收入的15%。

这种思维还导致许多专业服务公司，特别是处于成长阶段的公司，不顾自身条件的限制，一味追求办公场所的气派和高档化。写字楼费用是一笔不仅有季节性，而且有长期周期性特点的固定支出。对于一个正处于成长阶段的专业服务公司来说，单单依靠一个气派的写字楼来招徕客户的做法是错误的。在办公场所上花费太多，当公司想扩大业务招徕新客户时，往往会发现自己已经没钱雇佣新员工了。长此以往，就会形成一种恶性循环，一步步走向下坡路，逐步丧失摆脱困境的能力。

一般来说，如果一个专业服务公司超过12%的年收入被用于租房，就应该引起警惕了。很可能公司这时已经超负荷支付租金，从而不得不减少其他支出并降低雇员的工资以保持收支平衡。同时，这也可能意味着公司还在沿用传统的组织模式，没有考虑到工作流程问题，也没有考察过如何提高公司的工作效率。有趣的是，那些在这些方面缺乏想象力的公司，同时也是那些正在慢慢萎缩并丧失进取心和竞争力的公司。所以，他们必须通过某种方式告诉客户，他们能够提高和改善自己的公司经营。

一个超负荷能力租用的写字楼是一块试金石，能够显示出一家专业服务公司的基本经营状况。

4. 服务过程成本控制

对于任何专业服务公司来说，过程的关键就是时间。问题是，对于这个专业服务公司唯一的也是不断流逝的商品——时间来说，公司计算过并且赋予过它绝对价值吗？通常，在一个专业服务公司中，围绕时间这一话题有着种种复杂的感受，大部分专业服务人员都不得不按照时间表上的日程安排按时完成工作。但是他们在这样做时，通常把它当做一项令人厌烦的义务，而不是因为它能够提高公司的竞争力，从而自觉自愿地去做。

一些好的专业服务公司不会发生这种情况，它可以保证专业服务人员重视时间效率，并能够有效地利用和安排时间。让公司员工重视时间的方法是由员工和客户来执行公司损益管理。每一个专业服务人员在接受具体任务时，首先确立一个直接利润目标，并对它进行预算。在具体编制预算时，公司为他们提供各种日常情况通报，一旦他们的花费接近"超支"，就必须与客户商量经费问题或者减少工作范围，或者悄悄减少工作义务。一般来说，决定公司工资表的除了年收入增长率这一主要因素外，预算的执行情况对浮动工资也有重要的影响。这就在公司体系中创造出了一种健康的张力作用：公司财务部门保证每一个员工的工作时间都被及时、准确地记录下来，并避免和预防超支现象，这就从公司内部产出了对过程控制的需要，而不是依赖于首席执行官从头到尾的安排。

用什么来衡量公司的成本控制水平呢？专业服务公司的工作过程往往是一项工作刚进行到半途就被暂时搁置，另一项工作又被拿起来，由于各个服务小组都希望多占几个项目，所以常常把工作铺开，每一项做一点，因此，衡量一件工作究竟用了多少时间，就成了一个复杂的问题，这个时间是它实际占用的专业服务人员的工作时间，也是日历上显示出来的耗费时日，可称为"必要完成时间"。必要完成时间不仅指专业人员的所有工作时间，而且指被耗费的合同日历天数。

显然，专业服务公司内部对每一项工作的必要完成时间都会设定一个目标，而客户对此也有不同的期望值。对专业服务公司来说，关键是要把日历上规定的完成时间作为一个固定的、不可逾越的界限，在这个前提下，对工作实际投入的时间和客户规定的日历完成期限则不必完全同步。

由于时间安排和计划不当，往往发生这样的情况，就是在客户规定期限的最后几天里，公司的员工拼命赶工，以求按时完成任务。通常，一项工作客户规定的期限越长，专业服务人员可容许调节的自由度就越大，反而越容易出现不能按时完成任务的现象。

衡量过程控制的第二个指标是超支。超支是指专业服务人员的工作时数超过了预算规定的时间，或者是超过了客户规定的付酬时间。对于超支所付出的成本和劳动，客户是不会付钱的，所以，超支降低了公司的利润，长此以往，一个专业服务公司的财务就会出现危机。

在一个经营良好的专业服务公司中，超支的比率通常被控制在5%以下。那些存在大量超支现象的专业服务公司，时间管理系统通常都很糟糕，他们通常也不能用工作或客户有效地衡量员工对公司盈利的贡献，从而刺激和调动员工的积极性。

与超支紧密相关的概念是劳动力使用率。一个公司如果超支严重，它通常会以过度使用员工的错误方式弥补，这就产生了很高的劳动力使用率。在为客户工作时，公司会给专业服务人员规定一个很重的工作量，这通常表现为服务过量，这些服务中，有相当一部分是得不到客户支付的报酬的。

第五节　拥有累积优势

一、累积优势的理论基础

1. 累积优势

累积优势原是指科学领域中的一种社会选择过程，通过这一过程，科学研究的各种机会、对成果的奖励和资源的分配往往为某些科学家个人或科研机构所积累，其结果是导致科学界的分层和权威机构的产生。

从20世纪40年代初至90年代的半个多世纪中，默顿等人对累积优势和作为其特例的马太效应这一主题进行了开拓性的、不断深化的研究，提出了累积优势理论。80 年代以来，默顿关于累积优势及马太效应的思想，连同其科学社会学理论，被陆续介绍到我国，并受到了学界的普遍关注。但人们主要关注的是作为累积优势之特例的马太效应，对一般累积优势过程则缺少研究，结果导致了一些不甚完整乃至不正确的理解，有的学者甚至把累积优势与马太效应混为一谈。

2. 马太效应

对企业经营发展而言，作为累积优势特例的马太效应告诉我们，要想在某一个领域保持优势，就必须在此领域做大规模。当你成为某个领域的领头羊的时候，即使投资回报率相同，你也能更轻易地获得比弱小的同行更大的收益。而若没有实力在某个领域做大，就要不停地寻找新的发展领域，才有可能获得较好的回报。

马太效应指强者愈强、弱者愈弱的现象，广泛应用于社会心理学、教育、金融以及科学等众多领域。其名字来自圣经《新约·马太福音》中的一则寓言：一个国王远行前，交给三个仆人每人一锭银子，吩咐他们："你们去做生意，等我回来，再来见我。"国王回来时，第一个仆人说："主人，你给我的一锭银子，我已经赚了 10 锭。"于是国王奖励了他 10 座城邑。第二个仆人报告说："主人，你给我的一锭银子，我已赚了 5 锭。"于是国王便奖励了他 5 座城邑。第三个仆人报告说："主人，你给我的一锭银子，我一直包在手巾里存着，我怕丢失，一直没有拿出来。"于是国王将第三个仆人的银子也赏给了第一个仆人，并且说："凡是少的，就连他所有的，也要夺过来。凡是多的，还要给他，叫他多多益善。"

这就是马太效应，指好的愈好、坏的愈坏，多的愈多、少的愈少的一种现象。"马太效应"与"平衡之道"相对，与"二八原则"有类似之处，是十分重要的自然法则。罗伯特·莫顿归纳"马太效应"为：任何个体、群体或地区，一旦在某一个方面（如金钱、名誉、地位等）获得成功和进步，就会产生一种累积优势，就会有更多的机会取得更大的成功和进步。

马太效应在专业服务领域体现得尤其明显：当一家专业服务公司在客户案例、规模、品牌、人才等方面取得累积优势时，其竞争力和盈利性将得到更大的提升。

二、累积客户和案例优势

在专业服务领域，原有客户关系维护是非常重要的一项工作，因为专业服务公司的业务来源中有相当一部分来源于老客户，或者老客户推荐的新客户。研究表明，一个获得良好服务的客户会平均告诉5个同行，而1个告知的信息可以发展出49个新的商业机会。当客户对专业服务公司的服务满意时，后续的服务工作就会愿意继续交给原公司完成；与此同时，客户也会乐意把专业服务公司的信息推荐到周边企业、本行业其他企业，由此，可为专业服务公司带来滚滚客源。

通过与新老客户的持续合作，专业服务公司积累的成功案例会越来越多，在客户所在行业或地区的服务经验和技能也会持续提升，竞争力持续增强。而从服务营销观点来看，顾客能否持续保留和累积，决定于顾客感知的服务质量和顾客满意度。顾客感知服务质量通过顾客的服务预期及服务体验度量，服务供应商只要持续地缩小顾客期望和服务体验之间的差距，就可以提高顾客的感知满意度，从而增强顾客的继续合作意愿，为公司提供客户和案例的累积优势。

三、累积规模和品牌优势

正如前文所说，客户在选择专业服务公司时，一般都会倾向于选择声誉卓著、规模较大的公司，而不会冒险选择初出茅庐的新进入者。随着专业服务公司经营时间的日益积累，规模优势和品牌效应也将持续增强。

在品牌优势的累积上，专业服务公司应主要关注以下三点。

第一，要注重建立卓越的信誉。信誉是品牌的基础，没有信誉的品牌几乎没有办法存在。专业服务公司应依靠提升管理水平、增强质量控制能力、提高客户满意度的机制和提升团队的素质来建立信誉。

第二，要争取广泛的支持。没有企业价值链上所有层面的支持，品牌是不容易维持的。除了客户的支持外，来自政府、媒体、专家以及权威人士的支持也同样重要。

第三，要与客户建立亲密的关系。由于客户需求的动态变化和取得信息的机会不断增加，为客户提供个性化和多元化的服务已成为唯一的途径，只有那些同客户建立了紧密的长期关系的品牌才会是最后的胜利者。因此，优秀的专业服务公司都不遗余力地设法同客户建立直接的联系，并保持客户的忠诚度。

四、累积人才优势

人才是专业服务公司的第一竞争力。由于专业服务公司主要采取项目化运作，因此，提升营业收入的主要方式就是增加人员投入，一支专业化的、有战斗力的人才队伍，对于专业服务公司的竞争和盈利至关重要。

在人才保留方面，专业服务公司应主要从以下方面开展工作。

第一，严把员工进入关。企业要雇佣合适的人，人选的对，后期的工作就会开展的较为顺利。专业服务公司应规范甄选、面试流程，提升面试的准确率，在招聘阶段就要在充分沟通与面试的基础上，尽可能消除或减少雇佣双方的目标差异，严把员工进入关。

第二，为员工提供充分的发展机会，建立有效的激励制度。专业服务公司要建立合理的内部晋升机制，当管理岗位出现空缺时，优先从内部选择员工；同时，开展员工职业发展规划，积极培养人才，做好充足的人才储备。

第三，实现企业文化的同心化。企业文化好比人的个性，它表征了“在企业里员工是如何行事的”，从而使本企业具有一系列区别于其他企业的特征。使员工和企业树立一致的价值观，对员工进行企业文化方面的导向培训和组织价值观的熏陶，对于人才的累积和保留十分必要。

第四，提供持续有效的培训。专业服务领域是一个新知备出的领域，在要求员工具有很强的学习能力的同时，公司也应给员工提供持续、有效的培训，所有员工都应该获得培训的机会。没有培训，员工感觉在公司没有成长，就很容易产生流失，对专业服务公司的人才累积会产生负面影响。

延伸阅读 凡客诚品的商业模式

凡客诚品于2007年7月成立，它是一个通过互联网和目录直接销售服装的电子商务企业，早年卖标准版、经典款的男装，如今不仅卖男装，还卖童装，2009年夏天更是强势进入女装领域。营运第一年，即2008年，凡客诚品的销售额就达到了3亿；第二年，也就2009年，凡客诚品预计实现100%增长，达到6亿~7亿元左右。

今天，凡客诚品公司每天的订单已经超过1万件，每天的营业额已经超过200万元，即使对于电子商务类型的“快公司”来讲，这样的成长速度也是惊人的。在正式运营的第一年，凡客诚品公司就完成了三轮融资，融资规模达到3000万美元，这源自于凡客诚品良好的商业模式。

为什么凡客诚品公司能够在电子商务领域异军突起、超越知名的直销企业PPG？原因就在于：凡客诚品的商业模式更为完善、成型，在业务系统的搭建上更有耐心，对客户体验更为关注。

一、找到和锁定目标客户

凡客诚品将服装进行了重新定义，它首先找到一个精准的目标客户群进行渗透和突破，这个群体就是所谓的“懒男人”。“懒男人”并非贬义词，而是指很多男性顾客购买服装过去只能去商场，但男性往往对此觉得很麻烦，一进商场就头皮发麻，恨不得抓件衣服就往外跑。所以，当凡客诚品公司通过互联网目录，通过电话呼叫中心销售服装时，“懒男人”就可以足不出户购买服装了。只要一个电话，衣服就送上门。对于男性顾客，尤其是购买衬衣、T恤衫时，款式往往变化不大，多数为经典款，尺码多一码小一码区别不大，不像女性那样，增之一分则长，减之一分则短，着装需求较为精确，不容易满足。选择先期切入男装市场，奠定了凡客诚品成功的基础。

2009年夏天，凡客诚品开始进入女性网购服装市场，而其切入点也是一款具有通用性的产品——一种创新的“内衣外衣一体化”的服装，一件衣服内衣、外衣都解决，每件59元。这样的切入点，也是规避了女性服装的个性化的特点，突出时尚、简便，对于网络公司来说，也便于实现批量经营。

二、将服装定义为快速消费品

凡客诚品的另一个成功之处，在于改变了服装消费的模式，这是非常值得我们思考的。过去我们买一件衬衣，大概要穿两年甚至更长的时间。而凡客诚品跟客户讲，衬衣、T恤衫是快速消费品，不应该一次买一件，而是最好一次买五件，每天换一件。同时，衬衣和T恤衫不要两三年换一次，快则一个季度、慢则半年就应该换一次。

通过将服装定位为快速消费品，凡客诚品虽然单件价格不高，但却实现了并不低的每单销量，更实现了商业模式中极为关注的重复购买，从而把业务量做大了。

三、促进重复购买

对于网络购物来说，促进客户的重复购买非常重要。只要不断地购买，虽然单价低，总销量却不会小。为此，凡客诚品不仅强调衬衫、T恤的快速消费品属性，还在网站上搭配销售可能在采购衬衫、T恤的同时被购买的皮鞋、裤子、童装、女装、家居用品，等等。

要让客户不断地重复购买，不仅在产品上需要重新定义，引导客户的购买习惯，更要在客户体验上进行重大的突破。凡客诚品在客户体验上的突破，使得它的销售得以成功，也树立了巨大的竞争门槛。例如，凡客诚品推出了货到试穿的新服务举措，衣服不是在你订货时就付钱，很多人会觉得这样不踏实，毕竟我们在商场买衣服都可以试，所以，当货到试穿服务新举措推出以后，消费者非常满意和认可。但是，这样一来就必然会给凡客诚品的物流部门和部分外包的物流公司带来压力，对公司的内部流程与管理也将带来很大难度，也会在一定程度上使得成本增加。不过，这样的服务非常有创造性，充分满足了客户内心的愿望与需求，也树立了相当高的竞争门槛，让后来者进退两难。如果不跟进（货到试穿），客户就不认可；如果跟进，后来者可能在成功前就被拖垮了。从这种意义上说，货到试穿既是客户体验的杀手锏，也是屏蔽竞争者的高门槛。

第三章
专业服务公司的人才管理

第一节 专业服务人才概述

“21 世纪最贵的是什么？——人才！”这句话并非笑谈。随着人们对人才的重视，很多企业视人才是最重要的资产，尤其是知识型企业，大部分的价值要依靠人才进行创造，对人的管理逐渐成为整个组织管理的重心。作为知识型企业的典型代表，专业服务公司对人才的依赖和重视程度远非其他企业可比，这是由于专业服务的特点所决定的。

在专业服务的过程中，专业人才依靠自身的专业知识、技能和经验，与客户一道查找问题、解决问题，提供具有高度专业性的服务，他们向客户提供的最终产品不仅限于解决方案，在整个服务过程中，他们还向客户提供了另一个产品——服务体验。无论是解决方案还是服务体验，都依赖于专业服务人才设计、实施、传递给客户，都有赖于专业服务人才的综合素质。

因此，对于专业服务公司来说，人才本身就是最基本、最重要的生产资料。

一、专业服务人才的特征

1. 是“专才”还是“通才”

专业服务人才应当是“专才”还是“通才”？对此，全球知名的管理咨询公司——麦肯锡公司的前董事长马文·鲍尔提出过自己的看法，他认为，如果人才没有专门化，没有专才精湛的技能，就不会有麦肯锡不断扩张的规模。在麦肯锡，每个人都考虑培养自己的专长，并以此树立自己的“品牌”和声望，他并不鼓励下属把摊子铺得过大而分散精力。他认为，专业服务公司要体现一种专业化。如果人人都是万事通，就是万事都不通，专业一定首先是专注和专一，在某个领域彰显自己为客户服务的独特价值。马文认为，公司是一个大团队，是一个合作的平台，通才只会让自己丧失竞争优势，破坏自己的资产，无法拥有深入的经验，无法解决复杂的、有重大意义的问题，而这些正是麦肯锡存在的意义所在，也是麦肯锡人共同的事业。每一个人在公司的前进中都有自己的价值，他的后面始终站着一个庞大的团队，因此，专业化不会影响个人的发展，反而会促进整个公司的专业化和不断拓宽的领域和规模。

“专才”还是“通才”，并非完全对立的关系。在当今的专业服务公司中，专业人才依然是主流，对于这些人才来说，需要有自己的一技之长，有自己的主攻方向，在某个领域或者专业上有所建树。同时，当人才成长到一个层次的时候，也需要培养和具备综合的能力，以担当起发展事业、经营事业、管理事业的重任，这些能力通常包括：在专业上解决问题的能力、研究能力、与客户相处的能力、市场开拓与商务能力、人才使用与培养能力，等等。这与专业化发展并不冲突，对于这部分人才来说，既是专才，也是通才，超越了简单的专通才之分。

2. 专业服务人才的多重角色

对于专业服务人才来说，在日常的工作中往往需要扮演好多种角色，这就对专业服务人才的综合素质提出了很高的要求，综合来看，专业服务人员在工作中的主要角色包括：专家、医生、合作伙伴、智囊、教练。

(1) 专家

对于“专家”的定义，麦肯锡日本分公司前董事长、著名的管理学家大前研一在他的专著《专业主义》中做出了解读。他认为，专家并不是我们通常所说的专业技术人员，而是另有标准。

他曾提出这样的疑问：专业技术人员在以往的潮流中以专业知识和行为规范见长，为什么他们也会落伍呢？超级多面手具有使组织灵活运转的能力，他们为什么也会受挫呢？转而分析得出，因为这些人越有能力，就会越迅速地带领企业走向错误的方向。如今需要的不再是程度与规模，而是方向，是克服眼前困难的思路和勇气，是在没有道路的地方找到道路的能力，是能看到别人看不见的东西的能力。我们需要的是此类身经百战的人才。

他认为能够称得上“专家”的人应该具有非凡的能力，在环境发生变化时，能够迅速应对；他们不仅能在现有的环境中，还能够在新的环境中、在严酷的竞争中大显身手；在任何环境中，他们都能够发挥出自己的实力。无论是在解决问题、把握现状，还是在打破僵局、构思事业方面，他们都具备了专家的能力。

（2）医生

企业邀请专业服务公司介入自己的公司运作，很多时候是遇到了需要借助外脑才能解决的问题，例如企业在发展中遇到管理瓶颈，需要咨询公司提供解决问题的方法，或者对其人员进行培训。这时，专业服务人员更像医生，而且是“中医”，通过“望闻问切”——访谈、调查、历史资料分析等手段，对现有问题进行梳理，通过系统化的分析进行判断、确诊，并根据企业的具体情况开出“药方”（解决方案），进行治疗。

有些企业积累问题太多，很难一次治愈，这就需要专业服务人员设计几期“手术”，分阶段、分步骤实施。同时，中医治疗和调理讲求“三分治七分养”，专业服务也一样，好的专业服务人员不是一味强力地依靠外部力量推动变革，而是善于调动企业内部的资源和力量，与自己协同配合，化变革于无形，共同达到解决问题、强身健体的目标。

（3）合作伙伴

专业服务人员向企业提供服务时，应当致力于建立合作伙伴的关系，合力推进项目。作为专业服务人员，比较忌讳的做法是凭借自己丰富的知识和经验对企业指指点点，总是以一种批评、指责的态度看待企业、看待企业的人和事，这是一种破坏性的态度，对双方的合作十分不利。

在与企业合作的过程中，专业服务人员要站在企业经营层的高度、企业专业部门的角度、企业操作人员的深度去思考他们所面临的问题、困境，想人之所想，急人之所急，以理解、包容的态度看待问题，以积极、务实的态度提供有针对性的解决方案，以友好合作、同舟共济的态度与客户共同推进问题的解决，让客户真正感觉到，他们所请到的专业服务公司既是商业上的合作者，也是值得信赖的、事业上的长期伙伴。

(4) 智囊

专业服务人员长期专注于某一领域，掌握了较多的专业信息，积累了较为丰富的专业项目经验，参与了大量的专业研究工作，有机会接触到专业领域的前沿资讯和最新成果。这就使得他们有能力成为企业在某一领域的智囊或参谋，可以凭借自己的专业能力为企业提供有针对性、建设性、可行性的意见或建议。

这种智囊的作用在专业服务的过程中被淋漓尽致地体现出来。在这一专业领域，客户之所以要聘请专业服务公司，就是要听取专家的方案和建议。同时，也有为数不少的专业服务人员通过为企业提供专业服务使企业真正受益并建立了信任，从而成为企业的长期智囊，甚至直接被邀请加盟企业，由外部智囊成为内部参谋。

(5) 教练

除了利用自身的专业知识为企业提供解决方案之外，专业人才还承担着变革推动、理念传授、知识转移、培养客户方人员等方面的职责，因此，这些专业人士必须具备教练技能，在相当多的时间里承担教练的角色，为所服务企业相关人员提供解决问题的思路，在理念、知识、技能上对其进行培训和指导，提升他们的专业水平，协助他们提高处理问题的能力。

3. 专业服务人才的素质模型

从专业服务人员所要扮演的多重角色中，我们不难发现，专业服务对于人才的素质有着体系化、结构化的要求。专业服务公司向客户提供的产品和解决方案，最终要经由专业人才交付，他们的素质高低，体现着公司的形象、实力，也影响着向客户提供的产品或解决方案的应用效果。

那么，专业服务人才应当具备哪些素质呢?

(1) 大前研一对“专家”的解读

管理学家大前研一先生曾写过一本书，书名叫《专业主义》，因为他在最专业的管理咨询公司——麦肯锡工作了多年，专业精神已经成了他价值观的一部分，通过这部著作，他对“专业”的概念进行了系统的诠释，在各行业激起不小的震荡。专业的力量究竟来自何处？大前研一认为，专业力量来源于专业人才自身的能力，他们有着丰富的知识储备和高超的技能，是“专业”最直接的体现；另一个方面是专业人员背后的公司管理，它能够激发和培养专业人才的能力。归根到底，专业人才的能力在专业服务公司中是不容忽视的一个关键点。

大前研一认为，专家要控制自己的情感，并靠理性而行动，他们不仅要具备较强的专业知识和技能，更要具备较强的伦理和观察能力，而且无一例外地应当以顾客为第一、具有永不厌倦的好奇心和进取心、严格遵守纪律，以上条件全部具备的人才，才能把他们称为“专家”。

（2）米兰·库布尔对咨询师素质的研究

1996年，国际劳工局专家米兰·库布尔（Kubr）对专业服务公司的典型代表——咨询公司的专业人才所应具备的能力和素质进行了研究。研究结果显示，咨询公司的专业服务人员——咨询师应当具有以下七项能力和素质。

①智力能力。主要包括：迅速学习的能力；观察、收集、选择和评价事实的能力；良好的判断能力；归纳和演绎推理能力；综合和概括能力。

②理解他人并同其合作的能力。主要包括：尊敬他人，容忍他人；预期和评价人的反应的能力；容易与他人接触的能力；获得信任与尊重的能力；礼貌与良好的礼节。

③交流、劝说与激励能力。主要包括：听的能力；熟练的通过说与写进行交流的能力；教育与训练他人的能力；劝说和激励的能力。

④智力与感情上的成熟性。主要包括：行为与行动稳重；独立做出无偏见的结论的能力；承担压力、忍受挫折与不确定性的能力；做事沉着、冷静、有一定的目标；所有环境下自我控制的能力；对变化的环境的弹性与适应能力。

⑤个人内驱力与积极性。主要包括：程度恰当的自信；健康的抱负；企业家精神；行动的勇气、积极性与毅力。

⑥正直与诚实。主要包括：愿意助人；诚实；确认一个人能力限度的能力；承认错误和从失败中吸取教训的能力。

⑦身体与心理健康。主要包括：承受工作中存在的特殊的压力与生活条件等。

(3) 专业服务人才素质模型——大五模型

通过对若干专业服务公司从业者的调查和访问，我们提出了专业服务人才的能力素质“大五模型”（BIG FIVE FOR SPECIALISTS），即将专业服务人才的能力素质归纳为五个模块，分别是价值观模块、思想—心智模块、软技能模块、知识—技能模块和体能模块，如图3.1所示。

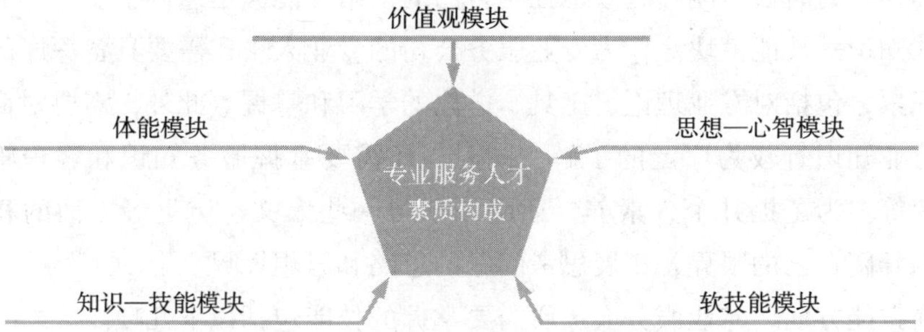

图3.1 专业服务人才的“大五”素质模型

①价值观模块。价值观反应了人们对人、事、物的看法，从根本上影响着人们的职业态度和行为方式。通过罗克奇的《价值调查表》可以直观地描述专业服务人才的价值观。

按照这个思路，在专业服务公司从事专业服务的人员，在其终极价值系统中，应将“振奋的生活”、“成就感”和“社会承认”这几项内容摆在前面；在工具性价值系统中，应将“诚实”、“独立”、“助人”、“富于想象力”、“有逻辑性”几项内容放在前面。

总体来看，作为专业服务人员，在价值观方面，首先要热爱自己所从事的工作并能从工作中感受到振奋和成就感；其次，独立思考能力、想象创新能力、逻辑能力、诚实与乐于助人，都是要具备的基本的价值观。

②思想—心智模块。很多专业服务公司如会计事务所、律师事务所、咨询公司等，都需要专业人员在提供服务时能够保持独立性，能够冷静、理性、客观地看待问题，能够从纷繁复杂的信息、纷争中找到线索，做出正确的判断。因此，思想的独立性和理性对于专业服务人员来说是非常必要的。

同时，在与客户方合作的过程中，在推进专业服务方案落地的过程中，专业人员往往也会遇到来自于企业或其他各方的阻力，会有偏见、有误解甚至有争执，这就要求专业服务人员有一定的胸怀、气度、容忍力和耐心，能够以冷静的情绪、稳定的精神状态面对上述情况，坚定不移地推动自己的工作，积极实现与异见方的相互理解。

同时，由于专业服务的工作特点，需要解决的问题千变万化，在业务执行的过程中遇到困难、挫折都在所难免，这同时也是对专业服务人员“思想—心智模式”的一种考验，也就是说，专业服务人员的“逆商”要高，当遇到困难和挫折的时候，能够有效地控制自己的情绪并能够迅速调整。

③知识—技能模块。作为专业服务公司的专业人士，需要具备深厚的专业知识积累，包括对专业理论、工具、方法的学习和掌握。此外，需要对商业管理、行业知识有较为广泛的了解。同时，还需要掌握服务知识和客户管理知识，等等。为了提升个人素养，还应该学习一些人文、历史等方面的相关知识，以开阔自己的眼界，拓展思考问题的思路和思想境界。

在技能方面，专业服务人员所需要掌握的技能包括以下几项。

一是学习能力。作为一项基本技能，专业人才先是要有一种不断学习的意识，之后才是有效的学习方法和良好的学习习惯。

二是分析研究能力。专业服务工作中会遇到很多专业和非专业的复杂问题，这就需要专业人才对存在的问题和复杂的关系有一定的分析能力，能够分析原因，找出症结，探索可能的解决方案。

三是创新能力。敢于试验和尝试，创造更新的解决思路和更好的研究方法，而不是仅仅拘泥于已定型的东西，缺少变通性、想象力。

④软技能模块。软技能主要包含人际理解、沟通交流、协同合作、项目管理等。

善于理解他人的意图和进行有效的沟通，在一种机智、信赖、礼貌、友好的氛围里与他人打交道，这一点很重要。

“交流什么很重要，如何交流更重要”。在沟通交流方面，需要注意很多细节，例如：作为外部专家，如何摆正自己的位置，扮演好应有的角色，如何以合适的身份和语言去交流，时刻尊重对方，就是一项需要不断学习和提高的软技能。

同时，在专业服务的过程中，专业人员要与公司协作，把公司的专业资源引入到服务中来；要与自身的项目同事协作、配合，发挥各自的长处；要与客户方的人员协作，获取需求信息，了解客户对于服务的想法，随时调整服务内容和进度以满足客户的要求，这些都需要协作、团队工作方面的技能和方法。

⑤体能模块。专业服务公司的客户遍布全国甚至全球，在相当多的情况下，需要专业服务人员赴实地调查、设计、组织实施等，这就要求专业服务人员要能够适应出差、长途旅行、适应不同区域的气候、饮食特点等，因此，最为基础的是需要有一个健康的体魄。

二、专业服务人才管理的独特性

1. 专业服务人才管理的特点

专业服务业的显著特征是利用人才的知识、技能创造高附加值的解决方案或服务，这就决定了专业服务业的人员管理与传统行业有很大的不同。

第一，工作方式灵活。为了提高工作的有效性和最大限度地发挥人才潜能，很多专业服务公司采用项目化运作模式，团队合作更为普遍，团队成员经常变化，工作场所也因项目而经常发生变动。

第二，人员流动性强。专业服务公司的晋升空间并不是无限大，虽然根据专业人才的特点，很多专业服务公司都会为自己的专业人才设置专门的发展通道，但是为了追求更好的发展空间，或者更有挑战性的任务，以及满足自我价值的实现，很多专业人才会选择流动。因为他们有一技之长，所以一般不会放弃自己的专长，只是变换企业和工作环境。

第三，关注员工能力开发。专业服务公司的价值有赖于专业人才的创造，对专业人才的能力有较高的要求，因此，大多数专业服务公司都非常重视对专业人才的技能培养和开发。

第四，“传帮带”的人才培养模式普及。和一般行业不同的是，专业服务业的人才培养模式更注重在实践中学习，公司会为人员提供正规的知识培训，但更多的技能训练还是通过在业务执行的过程中以前辈带徒弟的模式进行，这种面对面、一对一的“传帮带”模式历史最悠久，也是提升技能最好的方式之一。

第五，注重个人职业生涯规划。专业服务人才有着较强的自我实现的需求，愿意接受具有挑战性的工作以实现自我价值，他们既期望有好的收入，更希望有不断成长的舞台，更关注在公司的职业发展前景，关注公司对个人职业生涯的管理。因此，对于专业服务公司来说，一个好的职业生涯管理体系，有助于专业人才的培养和激励。

2. 专业服务人才管理的难点

在专业服务人才的管理过程中，企业往往面临以下三个方面的困难和挑战。

（1）招选人才难

上文提到，专业服务公司人才管理的一个显著特点是人员流动频繁，这不仅是一个特点，更是一个管理的难点。由于人才流动、尤其是核心人才流失给公司造成的负面影响是难以衡量的，同时，对优秀人才的招选成本也在逐渐加大，招聘成本不断升高。

具体原因集中在以下几个方面。

①人才招选与战略不匹配。

②招选方式不科学（如：沿用传统的招聘标准、没有以素质为导向、招选方法有效性差、鉴别功能弱，等等）。

③招聘管理功能不健全（如：没有做好校招后的签约管理、导致实际报到的新人数量出现大幅折损）。

因此，在人才招选方面，企业要注意以下几点。

①招聘活动要从战略出发。要对战略进行分解，明确用人的数量、质量、结构、素质等标准，做到有明确的指向和根据。

②要建立科学、有效的招选方式。专业人才的选择应该不落窠臼，根据专业人才使用特点进行招选，以素质为导向进行选择，而不仅限于学历、专业等；另外，加强对人员能力考察和背景调查，对待选人员的背景调查应该侧重于调查其以往工作的成绩和作为团队领导或负责人的经历。

③应注重对应届生的招选，输入新鲜血液。新人更容易接受企业文化，有助于企业内部文化的传承，要加强对校招人力资源的管理。

④完善激励体系和职业生涯规划体系，采用内外综合激励方式，提供中长期的发展规划，提供成长平台，用事业留人，用事业激励人，提升员工的自我成就感和价值实现感受。

(2) 培训育才难

对于专业服务公司而言，员工很容易在培训的满意度上给出很低的评分，原因主要包括：

①培训课程项目少。

②常规的课堂学习安排较多，缺少实践的机会。

③经常忙于项目，没有时间充电学习。

④培训的方式和培训内容不合理，等等。

正因为专业服务人员需要不断地学习、成长，对培训的要求相对较高也在情理之中。

专业人才的培育，应该将正规的知识培训与项目中的技能指导和经验传授相结合，对新进人员、在职人员、中高级人才设置不同的培训内容和方式。对基层人员，主要侧重专业服务知识的传授和专业操作技能的培养。对中高层人员，则主要侧重于领导力、决策力等软技能的培养。

(3) 绩效考核难

第一，进行目标管理。专业服务公司多采用项目化的运作模式，工作方式灵活，这给员工的量化考核带来很大的困难。根据行业人士的经验，KPI 考核对于项目人员并不适用，因此，一般采用目标管理法进行。由于员工往往跨多个项目工作，需要多个项目负责人对其分别打分，然后进行综合。

第二，考核周期不宜过短。传统企业每个月都要进行考核，这对于知识型员工则未必合适。专业服务人员必须要在服务项目进展到一定程度后评价才有意义，需要较长的考核周期，因此，没有必要频繁地进行考核。

第三，要充分利用信息化手段，突破时间、空间限制，实现低成本、高效率的绩效管理，更重要的是，实现绩效结果的统计分析。

第四，要重视沟通反馈。知识型员工群体在绩效考核中表现得相对“脆弱”，对绩效结果较为敏感，因此，直线经理必须做好沟通、反馈工作。

第五，要注意绩效结果的运用。一提到绩效考核结果，如果就是扣分、扣钱，这说明绩效结果主要是短期应用，缺乏全方位充分利用；应更强调从多个角度应用，比如：应用于晋升、培训等。

选人难、育人难、评价难三个方面的难点决定了专业服务公司的人力资源管理和开发工作具有较高的挑战性。

第二节　专业服务公司的人才规划

一、专业服务公司的人才构成

专业服务公司的人才构成与其他企业有一定的区别，主要分成四个类别：决策类、专业类、运营管理类、辅助支持类。其中，决策类人才是指对公司经营、管理承担主要责任的人员，如董事长、总经理等；专业类人才是指掌握专业技能的生产与服务人员，如会计师事务所的会计师、律师事务所的律师、管理咨询公司的咨询顾问等；运营管理类人才是指对公司主营业务进行支持和管控的人员，如项目系统规划、人员资源调配、项目追踪、质量控制等；辅助支持类人才是指公司一般性职能管理和服务人员，如人事、财务、市场、文秘等。

1. 决策类人才

决策类人才处于专业服务公司的最高级别，一般由董事长、总经理、总监等组成，其中有专业人才，也有高级管理者，有的既是专业人才又是高级管理，比如很多律师事务所的高级合伙人、董事，本身也是法律领域的资深专家，有良好的专业背景和丰富的法律工作经验，在某些领域享有较高的知名度和影响力。

专业服务公司的决策类人才，负责整个公司战略的制定，公司重大的决策多由他们商讨确定。更为重要的是，公司的文化基调也多由这一群体确立。

麦肯锡的灵魂人物——马文·鲍尔为管理咨询业确立了两条“军规”，一是确立了合伙人管理模式，二是确立了客户至高无上的地位。他坚信：咨询顾问应该而且能够像最优秀的医生或者律师那样，永远把客户的利益置于首位，恪守道德标准，客观、实事求是地为客户解决问题，与客户真诚合作。在1953年的一次报告中，马文·鲍尔说：“我们没有顾客，我们只有客户。我们不属于哪个行业，我们自成一个专业。我们不是一个普通的企业，我们是一家专业公司。我们没有员工，我们只有拥有个人尊严的公司成员和同事。我们没有商业计划，我们只有远大志向。我们没有规则，我们只有价值观。我们只是管理咨询顾问，我们不是管理者、创办者、建造者，也不是猎头。”

作为专业服务公司的优秀的决策者，具有清晰的战略思路和远大的战略视野的马文·鲍尔，为麦肯锡确立行业的龙头地位建立了不可磨灭的功绩。

2. 专业类人才

专业类人才直接为公司创造利润，是专业服务公司人才队伍的主力和核心。

专业服务公司对专业人员的要求相对较高，在专业、学历、经历等“硬指标”方面以及沟通、合作、学习能力等“软技能”方面都有一定的要求。选择专业服务工作的人员也多希望在专业上有所建树，希望工作丰富化和有一定的挑战性，能够不断提升自身的专业素养。因而，对于专业人才的管理多采用专业阶梯作为行政成长路径的辅助，即：随着专业人才知识技能水平的提高和经验的积累，从初级到高级有一系列阶梯，当达到相应的能力素质要求，就可以晋升到更高的级别，这称为“成长序列”。

专业人才的管理与培养，是专业服务公司非常重要的一个管理环节，管理是否公平、是否有激励性，直接影响工作效率和质量，影响到客户的评判和满意度，影响到市场份额和公司盈利。因此，专业服务公司都非常重视专业人才的培训，并给高级专业人员和管理人员规定一定的考核指标，将培养人才和帮助下属成长纳入考察范围。除了组织正规的培训、进行知识传授之外，还需要新进入者从与之合作的高级专业人才那里获得技能或其他方面的指导，与同事分享经验和知识积累，并注意自我学习和提升。

作为专业服务公司的专业类人才，除了要求知识技能过硬之外，还要有服务客户的意识，并将这种意识贯穿于个人工作的始终。让客户拿到解决方案的同时获得良好的服务体验，既有助于建立公司和工作者的专业形象，也有利于赢得客户的信任和好评，争取更多的合作机会。

3. 运营管理类人才

运营管理类人才主要是针对主营业务进行管控和为专业人才提供支持的人

员，如项目系统规划、人员资源调配、项目追踪、质量控制等方面的人才。这一类别的人员可以由专业类人才和非专业人士共同组成，其中专业人才担任运营管理中与业务关系密切的管理工作，非专业人才担任辅助性的管理工作。

比如，专业服务公司的运营总监，应该由对公司业务和项目情况比较熟悉的专业人才担任，正因为他参与并熟悉诸多运作流程，对于相关工作的轻重缓急有一定的掌控，对可能存在的问题有所预见，对已经产生的问题有一定的解决办法或者思路，因此，能为项目的人员、资源配备提供建设性和可行性的意见，对项目的运作具有极为重要的支持和推动作用。在其之下的运营主管或运营经理，最好也有一定的项目经验，可以为运营总监的决策提供一定的意见或建议。而支持运营总监和运营主管的运营专员，则主要是处理文字和执行联络工作，这部分人员只需要对专业有一定的了解，在接受上级人员指导的前提下能完成相应工作即可，不一定需要专业人士担任。

运营管理类人才在专业服务公司中的作用同样十分重要。由于专业服务的复杂性和不确定性，需要有一个组织或若干个人根据客户的需求把专业人才、设备机具、知识经验等资源整合起来，按照严格、良好的服务程序组织任务的完成，并在全过程中监控服务的质量、效率、效果、成本等关键指标，这方面的工作正是由运营管理部门的运营管理类人才来承担的。

4. 辅助支持类人才

辅助支持类人才是在公司中承担一般性管理职能和服务的人员，如人事、财务、市场、文秘等，他们的服务对象主要是公司内部的管理者和专业类员工。由于专业类人才对于专业服务公司来说是创造利润的主体，因此，辅助支持类人才应全力配合，做好上述人员的支持工作，包括人员招聘与培训、费用报销、车票预订、酒店预订等。

对于专业服务公司来说，辅助支持类人才不需要很强的业务知识，重要的是以一种服务的心态做好各项支持与协作工作，避免与专业人员发生命令链关系，导致冲突和不愉快。对于专业服务人员来说，同样应当尊重辅助支持类人员的工作，关于这个问题，汤姆·彼得斯在《专业服务公司 50》中给出了自己的意见和看法，他认为“要爱护你的支持性工作人员——这是命令”。他认为，优秀的专业服务是一种团队行为，对于辅助支持类人员要给予充分的关注与尊重。

在此，我们不难发现，不仅是对辅助支持类人员，从整个专业服务公司运营管理的角度来看，每一个人都在实现自己在整个大团队中的价值，每一项业绩的取得都是团队协作的结果，因而，团队成员只是分工有别，实质上是平等协作的关系。

二、专业人才梯队

戴维·梅斯特曾将专业服务公司比作中世纪的手工作坊，其人员由学徒、中级人员和师傅组成。进入作坊的前两年一般都是学徒身份，学徒工跟师傅辛苦地边工作边学习，师傅则用传授技艺来回报他们。在专业服务公司，初级员工和资深员工的关系也同样如此。

根据梅斯特的研究，典型的专业服务公司多是三级结构，涉及初级、中级和高级三个层次，如管理顾问公司的三个级别是顾问、项目经理、合伙人，会计事务所的四个级别是助理、审计员、项目经理、合伙人，而律师事务所的三个等级是助理、律师、合伙人；规模比较大的律师事务所，将合伙人分为初级合伙人与资深合伙人，以区分合伙人的级别。

除了级别上的不同，不同层级的专业人员各自所承担的职责也有明显的不同，一般来说，初级专业人员主要从事具体的事务；中级人员除了具体事务之外还分担部分管理职责，负责对初级人员和工作任务进行管理；而高级人员的职责则主要集中在参与公司经营决策，负责重大项目的推进，以及对高端客户的拜访、维护，等等。

从普遍的专业服务公司的角度出发，我们可以把专业人员分为初级、中级、高级三个主要层次。

1. 初级专业人员

初级专业人员包括实习人员、研究员助理、分析员、咨询助理等职位的任职者，这些人员一般都是所在专业服务机构的新入职者，普遍缺乏专业服务工作所需要的经验与技能，主要的定位是做最基础的辅助性工作，在工作的同时，接受公司的培训，向高级专业人员学习，以便尽快掌握专业技能，转入正式工作阶段。

初级专业人员是专业服务人员梯队的最底层，暂时还不能承担起专业服务工作的重任，但它却是支撑专业服务公司人才队伍发展的基石。

2. 中级专业人员

中级专业人员包括咨询顾问、审计员、律师、设计师等职位的任职者。通常情况下，中级专业人员都有自己的专长或主要的研究方向，针对某一行业或某一领域的专项技能已经能够承担相应的工作，都有独当一面的能力。

中级专业人员中的较高级别者，如高级咨询顾问、资深设计师等，除完成自身的专业工作之外，往往还作为团队的管理者负责项目管理、客户沟通、业务洽谈等方面的管理性工作。这是因为，中级专业人员中的资深者有着相对丰富的专业经验，对业务有一定的掌控能力，对于业务的可行性、进度、质量等都有一定的判断力和纠偏能力，与客户的沟通方面也有一定的技巧，通过他来指导、管理初级专业人员的工作，同时承担部分的培训职能，这是由于专业工作的特殊性所决定的，因为很多专业服务的技能，不是通过正规的知识传授就可以实现，而是需要在服务的现场和工作过程中进行学习、沟通和指导。

中级专业人员是专业服务人员梯队的中坚力量，专业服务公司的业务能力，主要取决于中级专业人员的数量和专业素质。

3. 高级专业人员

高级专业人员包括合伙人、总监、副总裁、董事等职位的任职者，上述人员的工作已经大部分甚至全部从专业服务转向管理、营销或研究工作，从而成为专业服务公司的“领头雁”。

一般来说，高级专业人员分为两个层次。

以总监、合伙人为代表的高级专业人员，其工作由具体的专业服务项目转向业务的管理，如项目总监级别的专业人员，同时负责多个专业服务项目的总体把控，领导若干项目经理的工作；市场类的合伙人，负责某一专业领域、某一行业或某一区域的市场营销与业务拓展工作；还有的合伙人、研究总监、运营总监等，具体负责公司内部的运营管理、研究等方面的专项工作。

以高级合伙人、董事、副总裁、总经理为代表的高级专业人员，处于专业服务公司的决策层，他们已经不具体负责项目、业务拓展等工作，而是根据各自专长分工管理业务、客户、营销、研发、行政管理等方面的工作，同时，参与制订公司的发展策略、重要制度以及参与方向性、战略性的决策。

高级专业人员在专业服务公司中为数不多，但他们却往往是公司的专业带头人、重大项目的营销者、重要事务的决策者，从某种程度上说，专业服务公司的专业高度、业务规模，在很大程度上是由高级专业人员团队自身的数量、结构、素质所决定的。

第三节　专业服务公司的人才培育

一、专业服务人才培养的意义和价值

对于专业人才，专业服务公司往往投入大量资源、精力开展培训工作，包括：传授专业服务的知识与技能，灌输价值理念，以及对员工在项目策划、解决问题方法论、方案实施、客户关系管理、客户开发、项目管理、团队沟通等各方面所开展的各种形式的培训。

对于专业服务人员的培训，并不像市场工作那样带来即时的收益和回报，这就使得大多数人疑惑，培训是否是一件值得做的事？质疑的声音包括以下三个方面。

①人员培训耗时耗力，业绩不明显。对人才的投资需要耗费心血和时间，且收益回报周期较长。

②在如今这种对收费水平非常敏感的市场上，专业服务公司很难负担得起培训的巨大成本。

③培训的职责往往只是落在少数人身上，这就使得这些骨干人才的业务工作受到影响。

然而，一个不争的事实是，对于专业服务公司来说，专业人才的培养工作永远是一项无法放下的责任，其原因在于以下三个方面。

①专业人才的稀缺性。专业服务的特点是专业性，这就决定了上述人才在

劳动力市场上往往难于获得，或者获取的成本很高，这就要求专业服务公司必须要有人才的“批量生产能力”，否则就难以满足业务发展的需要。

②专业人才的流动性。由于专业服务人才的专业性强，他们往往也是其他竞争对手以及客户“猎取”的对象；此外，从专业人才自身成长的需要来看，他们往往也不甘愿做一辈子谋士、专家，而有意愿去服务的客户企业亲自“操练”，这些都决定了专业人才队伍具有一定的流动性。流出人才的递补，除了部分通过外部引进之外，自身的人才培养是主要途径。

③专业人才工作的独立性。专业服务人员的工作，不是机械化模式下的螺丝钉或大兵团作战，而往往是一个小组，甚至一个人在客户的现场相对独立地分析问题、提供解决方案、组织实施，这就要求专业人员具有较强的单兵作战能力，这种对工作条件的要求，决定了专业服务人员必须要经过严格、系统的训练，具备充分的、独立的问题解决能力。

以上三个方面的特点，决定了专业人才的培养对于专业服务公司来说不是一项辅助职能，而是一项基本的运营管理职能。缺乏培养体系和培养机制的专业服务公司，必然会面临人才匮乏、业务质量不稳定、人均产能低下等方面的现实问题。

二、专业服务人才的在职培训和自我学习

对专业人才的培养主要采取两种形式：一是在职培训，包括新员工的入职培训和在职员工的日常培训；二是自我学习，因为专业人才所需要学习的知识、所需要提升的技能和素质是多层次、全方位、即时性的，完全依靠公司的培训很难完全满足，这就要求每一位专业人员要做有心人，注意自我的学习与提升。

1. 专业人才的入门培训

（1）入门培训的特点

对专业服务公司的专业人才设置入门培训并不是一般公司所提到的一至两周的、例行的入职培训，如：学习公司制度、熟悉公司环境，等等。这里所说的“入门培训”，是帮助新员工掌握专业服务基本技能的培训。

由于在职培训要规避业务的正常开展，而专业服务公司的业务往往遍及全国、全球各地，这就要求培训过程要有一定的弹性。一般来说，专业人员的入门培训可能会持续1～2年不等。

（2）入门培训的内容

对于专业服务公司来说，除了一般公司新员工入职都会进行的例行培训之外，入门培训更多的是培养新人良好的工作习惯和工作规范性。如：守时，因为约见客户或者提交资料都需要有一定的时间节点，不能拖延或者影响别人的工作。再比如：文案的规范性，要求文案制作过程要有规范的流程和模板，对不同的文案在表达方式上有所不同，等等。

（3）入门培训的方法

入门培训一部分是知识传授，另一部分是技能指导。对于前者，一般采用课堂讲授、案例讨论、视频教学等方式进行，可以通过公司内部的共享平台实现知识的学习和积累；对于后者，可以采用角色扮演、行为模拟等方法实操练习，其中最有效也是专业服务公司最常用的方法就是在项目中培训，通过让新人参与业务，发现不足，给予适当的启发和指导，帮助新人迅速成长。

（4）入门培训的评估

入门培训的效果评估可以根据培训方式灵活选择，比如，如果是课堂教学，不妨在课后设计一份考题，测试其对知识接收的有效性；如果是技能培训，如资料搜集、幻灯片制作、演讲技巧等，可以安排一次模拟实战，由培训部门出题目，由学员收集资料、完成方案并现场演示，从而考察他对上述技能的掌握程度；如果是在项目中的培训，可以通过项目任务的完成情况和上级的打分，对学员的培训效果进行综合评判。

（5）入门培训的注意事项

万事开头难，入门培训对于专业新人来说意味着很多的“第一次”，需要度过很多的难关。因此，入门培训是一个持续的过程，培训周期不宜过短。在培训过程中，需要培训师具有一定的耐心和热心，愿意帮助新人成长，对于新人在成长中遇到的困难、迷惑，要不厌其烦地进行开导、启发，并提供多方面的支持和协助。

2. 专业人才的进阶培训

(1) 进阶培训的特点

日常进阶培训主要是针对已熟悉行业且有一定经验的专业人士进行的培训。因为是针对有一定基础的专业人员，因而此类培训更加注重工作能力、工作质量的提高。同时，这种培训也是专业服务公司日常工作的一个组成部分。

(2) 进阶培训的内容

日常进阶培训，主要涉及基本操作之外的中高级技能和高级专业知识，培训的方式多种多样，如参与行业研究、案例编写、技术研发等，都是对专业人员研究能力的进阶培训；再比如，对某些资深的专业人员开展领导力培训，意在帮助这些潜在的领导者提升团队管理和领导能力，也是一种进阶培训。

(3) 进阶培训的方法

日常进阶培训采用的方法较为灵活，可以安排专业人员在公司内外参加各类培训课程，也可以通过参与项目或带团队的形式在实战中锻炼。一般而言，知识技能方面的培训多采用课堂形式，而能力素质方面的培训则方式更为丰富，案例研究、行动学习、在职培训、参与项目等都是很好的进阶培训方式。

(4) 进阶培训的评估

对参与进阶培训的专业人才来说，培训效果的评估侧重于专业服务知识技能和管理素质的提升；对于服务知识技能培训的效果，可采用考试、技能竞赛、任职资格评价等方面的评估；对于管理能力素质培训的效果，还需要综合采用行为层面、结果层面的比较深入的评估方法。

(5) 进阶培训的注意事项

专业服务公司的进阶培训，更多地应由公司或业内的资深人士承担和参与，通过他们的知识分享和技能指导，推动专业人才的进阶和成长。同时，由于接受培训者已经具有一定的专业基础，进阶培训应更多地侧重于对学员能力和素质的提升，使得他们从“初步掌握纸上的知识”发展到“熟练应用具有现实意义的技能”。

3. 专业人才的自我学习

（1）自我学习的特点

对于专业人才来说，自我学习或者是对在职培训的查漏补缺，或者是对知识的深化，或者是基于自身兴趣爱好的另类拓展，学习内容可以根据自己的需要或兴趣灵活安排。

所谓专业人才，并不是只要求一门通即可。一个优秀的专业人才需要具有多方面的知识、能力和素质，在有完备、深厚的专业知识和技能的基础上，还需要有广泛的阅读能力、良好的艺术修养，等等。因此，专业人才的自我学习涵盖的内容非常广泛。

（2）自我学习计划的制订、实施与效果评估

自我学习也需要制订计划，并在适当的时候进行效果的评估。如可以根据公司的在职培训，搭配相应的自我学习时间；也可根据自身的专业工作情况，结合工作需要进行自我学习，既提升自我，也为项目工作服务；还可以根据自身的兴趣爱好，设定自我学习和修养提升计划。自我学习计划不能制订后就束之高阁，而是应该对自己进行监督，促进计划的有效落实，可以与同事、家人协商，让大家进行督促；也可以对自我学习计划进行节点管理、自我监督。

自我学习的效果评估虽然没有在职培训规范和严格，但也可以起到促进自我学习计划完成、提高自我管理能力的目的。

4. 专业人才培养的“导师制”与对导师的要求

有过培训经验的人都知道，演讲、书面资料传授甚至是影音资料的播放、小组会议等各种培训形式，与一对一、面对面的“私人谈话式”的经验分享相比，都要逊色很多。这是因为，在后者这种交流方式中，双方都更加了解对方，更有条件关注对方的反应和接受效果，在充分沟通的基础上，也更能够为对方提供有针对性的意见或建议。因此，在专业服务公司中，导师制是一种最为有效、甚至是无法替代的人才培养方式。

为了帮助员工迅速成长，专业服务公司应致力于将每一位资深的专业人才都培养成为“导师”，在他们的工作过程中培养后来者、帮助后辈成长，这样做的好处有以下几个方面。

①新人能够迅速融入组织和团队，适应工作环境，提升技能。

②上述专家在帮助别人成长的同时，也获得领导能力、沟通能力等各项能力的提升，为他们成为团队领导者奠定基础，所谓“教学相长”。

③良好的帮带培训体系，有助于知识共享氛围的建立，为专业服务公司的“血液”——知识，提供良好的循环空间。

一个优秀的“专业导师”，应该具备以下五项基本素质。

(1) 良好的专业素养

作为专业人才的导师，对于学员所教授的不仅仅是“硬”的知识和技能，更为重要的是“软”的行为准则和经验。因此，对于专业导师来说，首先自身要具备良好的专业素养，才有可能实现对学员的完美传承。

所谓专业素养，既包括从事本专业服务领域的工作所需要的知识、技能，也包括处理本专业复杂问题所需要的经验、智慧。更为重要的是，作为专业导师，应当具备从事本专业工作、服务本专业客户所需要的职业操守和处事原则，如：以客为尊、追求完美、刻苦钻研、实事求是，等等。

(2) 有真诚帮助后辈成长的意愿

专业人才导师与学员的关系，不仅仅是任务导向的交流，而且是建设性的互动；对于导师来说，不仅要评价学员的工作业绩，指出其缺点和不足，而且要全面、清晰地掌握他们的工作表现，对好的方面给予鼓励，对表现欠佳的方面帮助其分析原因，给出具体的改进意见和建议。

有位麦肯锡前辈曾对人才培养提出过自己的见解，他认为：如果我确实想帮助他人掌握现有的技能，我会首先把工作情景设置在项目之初，我会让他们参与制订工作计划，了解各项工作的实际意义，分析工作中遇到的问题。我不会让他们无所事事地参与任何一个项目工作会议，除非我已经准备好同他们讨论和分析我在会上的所作所为。否则，他们很容易误解我做出某一个具体决定的背景，我不想教他们“怎么做”，而是要引导他们学会“怎么想”。

(3) 鼓励团队合作

一个优秀的导师不会一味鼓励单兵作战，让每个人去争做“英雄”，而是尽己所能地鼓励大家协同合作，引导大家通过互相激发智慧，找到解决问题的办法。可以利用小组会议、头脑风暴的形式，鼓励大家集思广益，可以通过设立团队奖励方案的方式，鼓励大家的合作行为，同时，还应该给大家创造更多的合作机会，让大家在日常工作中养成良好的协同意识。

（4）擅长采用多种激励方式

一个优秀的导师在激励学员的时候，并不是拿自己认为有激励性的东西去激励对方，而是通过与每个人的接触，发现每个人的偏好，从对方的角度出发进行激励。比如，有的人看重收入，有的人看重名誉，有的人看重自身的成长，有的人则看重拥有权力。这就要求导师要“因才激励”，找到每一个学员的“痛点”，采用对应的激励方式调动学员潜能，加速实现成长目标。

（5）保持对学员成长的持续跟踪

古语讲“江山易改，本性难移”，想让一个人改变并不是一件容易的事，很多时候，导师为了帮助学员成长、成功，需要对他们进行不断地鼓励，即便是再小的事，也要及时鼓励，帮助他们体验一系列小的成功，建立尝试新事物的信心。

好的导师不会只是指点一二之后便不闻不问，而是会对学员的成长进行持续的追踪，关注他们承担的职责、任务以及相应的表现，在最关键的时候给予他们最需要的帮助，减少他们犯错误的可能性，或者将其造成的损失减到最小，同时，还要帮助学员找到问题的原因，从而在工作中不断实现自我提升和超越。

第四节　专业服务公司的人才激励

一、专业服务人才激励缺乏的后果

对于专业服务公司来说，员工缺少工作的动力是致命的，不像其他生产型的企业还可以依靠一系列的质量控制、流程控制措施来保障产品的质量，对于专业服务业而言，员工的动力与产品和服务的质量直接相关，直接决定了客户是否满意。

对于专业服务公司的管理者来说，普遍感觉，近年来对人员的激励越来越难于把握。调查显示：单一的激励方式对于专业服务人员难以起到很好的激励效果，他们是一群有主见、有追求的“工作族”，他们的激励需求呈现多元化、多样化的趋势。以离职为例，可以说各有各的理由：部分人因为对收入不满而离职，而更多的人是因为缺乏成长空间、晋升通道不畅、工作缺乏挑战性等原因而消极怠工或离开。

对于专业服务公司来说，缺乏激励的人才队伍直接导致的结果就是员工流失、效率低下、工作质量欠佳、客户不满。这些问题对于公司发展来说都是极其致命的，因此，如何把握专业人才的需求，在公司资源允许的前提下，建立有针对性的、高效的激励模式，实现对专业人才的有效激励，正在成为所有专业服务公司所致力于研究的共性课题。

二、专业服务人才的“激励动力循环”

《管理专业服务公司》一书的作者戴维·梅斯特发现，在专业工作中，动力和绩效之间的关系经常以“动力循环”的形态出现，该循环有这样一个关系：高动力带来效率和质量，而后者是市场成功的关键；效率和质量可以帮助公司在市场上取得成功，而市场上的成功又可以为员工带来大量的奖金、较高的荣誉感和满意度、更多的学习和挑战的机会，以及更大的发展空间；成功所带来的种种回报将再次激励员工士气，带来更大的成功，如此，就构成了一个“高动力—高成长”的良性循环。

这一“动力循环”告诉我们，只要能使专业服务公司进入这样的良性循环，绩效激励和员工动力之间就会实现自激，而究竟是“市场成功带来员工的动力”还是“员工的动力促成市场成功”，这就好像“鸡与蛋的关系”一样没有定论，现实中多数的情况是：由于业务的改观造成员工的士气高涨，并进一步推动业绩的增长。

因此，对于专业服务公司来说，一方面，要通过业务的大力开拓让员工看到希望、得到锻炼、取得成长、获得实惠；另一方面，要善于营造氛围，将上述回报加倍转化为员工的工作动力，从而进一步推动业绩的上升，促进“激励动力循环”的持续和加速运转。

三、专业人才激励的六个关键点

专业服务行业期待有热情、有好奇心、渴望挑战、追求完美的专业人士，因此，对于此类人才的激励需要把握以下特点，具有较强的针对性，具体来说，要突出以下六个关键。

1. 激发兴趣

《管理专业服务公司》的作者戴维·梅斯特认为，要在专业服务界取得成功，不仅要有才干，还要具有上进心、创造性、敬业精神、参与意识，最重要的是，要有兴趣。为此，梅斯特设计了一个测验，称为“梅斯特测验”，主要测试对象是著名的国际专业服务公司的高级专业人士，测试方法是通过以下两个问题进行确认。

第一个问题：回想一下你在过去一年左右的时间里做的所有工作，并将它们分成三类。

第一类：“天哪，我太喜欢这份工作了，所以我才会去做！”

第二类：“我可以忍受——为了谋生嘛。”

第三类：“我讨厌这份工作，真希望可以摆脱这堆垃圾！”

请问：你认为你的工作主要是第几类？

第二个问题：回想一下过去一年中你所服务过的客户，并且将他们也分成三类。

第一类：“我喜欢这些人，对他们的业务也很感兴趣。”

第二类：“我能够忍受这些人，他们的业务既不让人感兴趣也不让人反感。”

第三类：“作为专业人士我决不会对他们这么说，而且我也尽力而为，但事实是，他们完全跟我不搭调，我对他们的生意也不感兴趣。”

请问：你认为你所服务的客户主要是第几类？

测试结果：对于第一个问题，有20%～25%的人非常喜欢自己从事的职业；60%～70%的人只是将工作作为谋生的手段，无所谓喜恶；5%～20%的人非常讨厌自己从事的工作。

对于第二个问题，有30%～35%的人对客户及其业务感兴趣，有50%～60%的人无所谓喜恶，有5%～20%不喜欢他们的客户及业务。

以上测验说明，只有大概30%的专业服务人士对于自己所从事的专业服务工作本身和所服务的客户感兴趣，更多的人只是作为谋生的手段，甚至是在心生厌恶的前提下不得已而为之。可见，“兴趣”这种促进成功的基本情感对于专业服务人才来说是多么缺乏，激发兴趣对于专业人才的激励来说是多么重要。

2. 阐明意义

很多人都有潜能把自己的工作做好，只是有人发现了做这件事的意义，于是用心去做，于是收效显著、成果颇丰，而有的人没能认识到其意义所在，于是消极怠工、敷衍了事、表现差强人意。这里就涉及做事的一个关键环节：对于工作意义的描述与解释。

对于专业服务业来说，由于大量的工作都是个性化的，都需要专业服务人员通过临场作业、量身订制、现场调试等环节去实现，无法完全标准化，大量依赖于专业人员的经验和自由裁量，因此，让专业服务人员了解工作的意义，通过工作的价值、重要性和必要性激发专业人员的使命感、责任感、主动性，让他们能够发自内心地希望“把事情做好”，从而落实为行动，是专业服务公司的管理者最为重要的工作。

3. 明确目标

目标的存在就是一种牵引力。尤其对于专业人员来说，他们希望自己的工作能够有目的性、挑战性，并通过工作促进自身的成长。大量的事实证明，缺乏目标或缺乏具有挑战性的目标，反而容易使专业人员丧失对工作的兴趣和热情。

因此，对于专业服务公司来说，首先需要为员工设定一个符合客户利益、公司利益和员工个人发展的目标，这个目标应该由上级管理者和当事人共同确定，让目标执行者参与其中，这样制订的目标对执行者才有激励性和约束性。

在目标值的确定方面，应该具有适度的挑战性，是一个“跳一跳能够摘得到的苹果”，过低的目标激励性不强，过高的目标将导致激励失效，因此，如何确定目标值，也是对专业服务公司管理者的一个重要的考验。

4. 充分授权

对于服务业而言，服务体验产生于提供服务、接受服务的过程中，服务品质与人员直接相关。为了确保服务人员能够快速响应客户需要、满足客户需求，就需要给予他们一定的授权，使得他们在与客户交流时具有一定的灵活性。在这方面，“海底捞”是做得很好的中国企业，而在国外成功的案例更多，例如北欧航空公司前CEO詹·卡尔森（Jan Carlzon）就曾将决策权下放到一线，让员工用最快的时间响应客户要求，为客户解决问题，而不是层层汇报、级级审批，不仅提高了客户的满意度，也在很大程度上调动了员工的创造性。

对于专业服务来说，在服务的过程中不能确定的因素更多，更需要专业服务人员自主决策、灵活处理，才能确保服务过程顺利、圆满地完成，因此，从确保服务业务运行的角度来说，合理授权也是必要条件。

从员工感受的角度来说，授权意味着信任和托付，这会让受托者更加意识到自身责任的重大，从而充分调动自身的能力、经验和资源，尽最大努力完成任务。

5. 即时反馈

作为具有一定知识和技能的专业型员工，专业服务人员更为注重自身的口碑，而这种口碑主要通过客户对其工作成果的评价以及公司管理层对其能力、态度和绩效的评价体现出来。因此，激励专业人才的一个重要措施就是即时反馈客户对他们本人及所提供服务的看法，即时反馈公司管理层对于他们个人能力、工作业绩和工作态度的看法。

对于专业人员来说，一个及时、公正、积极的评价与反馈本身就是一种重要的激励，有利于推动他们继续前进，提供更好、更具价值的专业服务；而一个负面的评价，同样也是一种负激励，促进专业服务人员改进其服务品质，争取更好的表现。

6. 参与设计

由于专业服务工作的不确定性和挑战性，无论从圆满完成工作的角度，还是从确保自身权益、确保工作成果能够得到客观评价的角度，专业人员都对参与本公司政策和制度的制订有着较为强烈的意愿。虽然制订政策、制度并非专业人员的本职，但允许甚至邀请其参与，在一定程度上表现了公司对专业人员的重视、信任和尊重。

同时，专业人员亲自参与制订的政策、制度在执行时也会更加顺畅，这就相当于在制定政策或制度的过程中得到了专业人员对任务、目标的“承诺”，这一“承诺”会激励他们执行政策、遵从制度的要求。

四、专业服务人才的职涯规划与管理

专业服务公司的人员流动性较高，以管理咨询公司为例，每年20%～30%的员工流动率都被认为是正常和可以接受的，其他专业服务公司的人员流动性也明显高于实业企业和其他类型的服务企业。

导致专业服务公司人才流动的原因，主要是以下五个方面：第一是竞争激烈的职业通道以及严苛的晋升模式；第二是收入；第三是工作本身，包括工作压力大、缺乏挑战性和创新性等；第四是长期出差等工作方式对生活品质的影响；第五是对上级主管或公司管理层的工作方式的不认同。

由此可见，专业服务人才的职涯规划与管理，是满足员工需要，给予其充分的成长空间和明确的晋升通道，促进员工为企业长期服务的最为重要的管理手段之一。

1. 麦肯锡的员工职涯规划与晋升通道

作为专业服务公司的典范——麦肯锡在员工职涯管理方面是如何做的呢？

麦肯锡对自己的定位之一就是成为“职业生涯公司”。麦肯锡认为，进入到麦肯锡的人，应该是那些想在麦肯锡发展终生职业且干劲十足的人，麦肯锡也希望提供各种成长机会，提供在此发展职业生涯的环境。

在专业人才晋升通道的设计上，麦肯锡采取了一种四等级的晋升通道，这在专业服务公司是一种具有代表性的职业生涯通道。

①同事：进入麦肯锡的初级阶段，一般从初级信息分析员、商业分析员做起，主要从事项目团队中的基础工作，大家以“同事”相称，这个状态大约

会持续一到两年。

②EM/客户经理（即项目经理）：经过几年基础工作的历练之后，员工接受了系统的训练，具备了一定的专业能力，对于项目的管理也积累了一定的经验，这时，他们一般会成长为项目负责人，负责规模适中的项目，这个状态大约会持续三到四年。

③负责人（即初级合伙人）：麦肯锡的合伙人选拔意义重大，流程严格和规范。在合伙人的设置上，麦肯锡分成两个等级——初级合伙人和高级合伙人。初级合伙人实际上就是高级项目经理，可能负责不只一个项目的工作，并负责处理客户关系等相对高端、复杂一些的事务。

④主管（即高级合伙人）：主管往往同时负责几个规模很大的客户。负责人和主管之间的界限并不是很清晰，那些工作业绩突出、所管辖项目圆满开展并获得客户认同的负责人，就可以自然地晋升为主管。

麦肯锡的这种职务等级阶梯，代表了专业服务公司的管理特点，同典型的“主管—部门经理、中心（事业部）总监—高管”的科层式职务结构有很大的区别，突出地体现在以下三个方面。

①专业服务公司的晋升通道，紧密围绕专业服务的“两大”核心——项目和客户进行设计与展开，可以晋升的顺序依次是：团队成员—团队（项目）领袖—负责人—主管。也就是说，人员晋升的主要考量标准是项目的完成情况和客户的认可程度。

②不像传统的科层式结构，专业服务公司的晋升阶梯之间并没有非常明确的界限，且存在一定的弹性和自由裁量的空间，这也使得专业服务公司的人员晋升具有较大的弹性和灵活性。

③专业服务公司的晋升通道，基本上是一种能力导向的通道，晋升是依靠自身的专业能力与一定的团队和客户管理能力，是一种依靠普遍认同而晋级的模式，晋级者的管理也主要是依靠自身的专业权威，而不像传统的科层式组织，管理者可以被直接赋予行政权力而进行管理，而不管他之前的资历是否支持当前的岗位要求。

2. 专业服务人才职涯规划与管理的关键

（1）员工服务人才的个人职涯管理

为员工开辟、设计通畅的职业发展通道无疑是专业服务公司留住人才、激励人才的有效方式，但从专业人才个人成长的角度来看，也不应等靠，而是应该主动规划自己的职业生涯。

这一说法的依据在于两个方面：一是由专业服务的性质所决定的。专业服务的质量与专业人才的个人素质有关，这就促使很多客户认“人”不认“公司”，如果个人的职业生涯没有很好地规划，就很难长期保持与客户对等的交流能力，从而在公司的职业阶梯上失去自己的位置。二是由专业服务公司的能力导向的竞争氛围所决定的，在专业服务公司，如果自己不进行有意识地职业规划并以此激励自己，只是依靠外部的压力和约束，久而久之就丧失了自我激励的动力，不能以一种主动的姿态思考自己的人生和职业生涯，就会放松自己的创新、学习和成长，在一个智力资本高度密集的行业里，这无异于逆水行舟。

因此，应该鼓励并引导专业人才主动规划自己的职业生涯，以一种创业而非打工的心态工作，依托公司的优势培养自己的专业能力、建立自己的资源库乃至个人的专业品牌，为自己的长期职业发展奠定基础，与公司的成长形成良性互动。

(2) 人才的晋升与激励

一般来说，专业服务公司多呈金字塔模式，越往上晋升的空间越小，晋升的条件也更苛刻，因此，晋升是一条成长道路，更是一种激励方式。虽然大多数公司没有硬性的规定员工几年不晋升就被淘汰，但员工自身也会综合评估在公司被提升的空间和可能性，做出有利于自己的选择。

有两个主要因素会对专业人才的晋升与激励产生影响，即每个等级上的停留期限和晋升几率，如果某个等级晋升速度快且晋升人次较多，说明晋升是一个有效的激励方式。倘若晋升速度慢且人次较少，说明晋升难度大，很多人可能会“知难而退”，选择其他被提升的通道，甚至“跳槽”。

因此，对于专业服务公司来说，建立了职业发展通道之后如何有效运用，使得这一通道具备所期望的激励效果，从而有效地吸引和保留人才，是企业需要重点考虑的问题。

(3) 选择其他发展平台

因为晋升空间所限，使得很多专业人才在成长的过程中不得不另觅它途。因为专业人才有一技之长，依托自己的知识积累和经验历练，很容易找到新的发展平台，可以选择其他的专业服务公司；也有很多专业人才会被客户选中，加盟客户方并任职与自己专业相关的职位；也有很多专业人才走上培训的道路，将自己积累的经验和对专业的思考研究分享给更多的人；更有一些高级人才选择另立门户或者创业，也是不错的选择。总之，专业服务公司对其员工所作的决定是尊重和支持的，因为专业服务公司就是人才公司，帮助人才实现其自身价值，就是其存在的使命之一，更何况，走掉的人才并非不能为公司带来一些意想不到的收获。

第五节　专业服务公司的人才管理环境建设

专业服务的特点决定了很多专业人才都是按照严格的标准从数十乃至数百人中挑选出来的，他们的专业能力乃至综合素质都非常优秀，这也决定了对上述人员的管理、发展和保留具有相当的难度，这一点我们必须正视。只有当一个专业人员感到自己的工作富有价值、收入回报良好、个人能力不断成长、与团队和谐相处时，他才会喜爱这份工作，才会为了这份事业而做出奉献，达到所谓“敬业”的状态。

要想留住人才并激发其效能，专业服务公司就必须营造这样一个适应专业人才成长、深受专业人才喜爱、有利于优秀人才脱颖而出的工作环境。对于专业服务公司来说，一个良好的工作环境必须是令人振奋、生机勃勃的，必须是具有高度凝聚力的、士气高涨的。这样的人才管理环境至少应该具备以下五个特征。

一、舒适的工作环境

舒适的工作环境是最基本的要求。专业人才在工作上付出大量的创造性劳动，如果再为环境而分心，势必影响工作效率。因此，他们需要一个安静、便捷的办公环境，最好能够分室办公，前台等人员流动频繁的区域应与办公区域有所隔离，网络、打印、复印、传真等设施应完备，更加人性化的配置包括：装饰、陈设与企业文化相匹配，拥有茶水间、休息区、健身房等人性化的设施，这些用心的安排都会让专业人员有良好的办公体验。

此外，由于专业服务人员经常需要赴客户处工作，在驻外工作期间，居住、办公条件是否合适、是否能保障员工的安全、是否配备有基本的办公设施等，都需要专业服务公司的管理人员、项目支持人员进行妥善的商谈和安排，这些都可能会影响到专业人员的工作情绪与工作效率。

二、合理的分配制度

对于专业人才来说，评价与分配制度关系到专业人才的切身利益，是决定其去留的重要因素。公平是最好的激励，在制度设计中要特别注意这一点。专业人才愿意接受挑战、愿意承担责任，前提是要有一个公平、合理的价值评价体系，以及一个与市场水平相当乃至领先的收入分配体系。他们希望自己所在的组织能够给自己更多的尊重、让自己有更多的成长和物质精神上的收获、能够与组织实现共赢，为此他们愿意付出，前提是组织能够让他们感到内部公平和外部公平。

三、良好的学术研究氛围

专业服务公司依靠自身的专业立业与发展。要想持续发展和成长壮大，仅仅使用既有的专业技术和方法还不够，还需要研究和创新，进而保持和提升自己的专业形象和品牌。衡量一个专业服务公司水平的重要指标就是看其在专业上是否不断有所建树，是否不断推出自己的研究成果。

好的专业服务公司都是鼓励研究和创新的，麦肯锡在这方面起步较早且相当出色。早在 1955 年，马文·鲍尔就创立了麦肯锡管理研究基金会。当时，除了海军研究办公室之外，没有任何机构为管理研究提供资助。基金会在马文·鲍尔的指导下获得了巨大的成功，促成了当时的商界要人发表了大量重要的演讲，并辑录出版，还提供了一些小额拨款用于管理研究设计大赛，与管理科学研究院合作“管理类书籍奖励计划”，推出“麦肯锡论文奖励计划”，等等，这些工作大大推进了当时的管理科学的研究和普及。

四、充分的知识共享

对于专业服务公司来说，知识就是流动在组织中的血液。知识的载体是拥有知识和创造知识的人，因而，对知识的管理，一方面是对知识内容的管理，另一方面是对知识载体——专业人才的管理。

专业服务公司需要专业人才不断地学习创新，这就需要创造一个学习和分享的平台，以及一个合理的知识共享机制。对于专业人员来说，知识分享的氛围不容易营造，他们会有很多的顾虑，比如：害怕造成自己的地位和专有能力的丧失，或者知识被滥用造成与己不利的影响，等等，这些顾虑都需要通过制度设计来打消。同时，知识共享也需要一定的激励机制进行牵引和推动，比如：对共享行为或有价值的共享进行奖励。

此外，因为知识大都依附于特定的环境，使用时需要参照一定的背景，在不同的环境下使用既成的方案或经验容易得出错误的结论，造成风险，这就决定了一般性的知识还不能简单地应用，还要进行提纯、加工，增加其普适性，增加对于其应用环境的输入和甄别。

五、广阔的成长空间

专业人才对工作的要求不仅仅满足于收入，他们希望能够接受挑战性的任务，在工作中获得成就感、满足感，获得能力上的提升和被认可，因此，他们希望有一个通畅的上升通道和广阔的成长空间。即便在同一个公司内不能晋升到理想职位，也能在同行业或相关行业找到发展的机会。因此，好的专业服务公司要为人才设计良好的发展通道和晋级阶梯，提供学习与培训机会，帮助他们实现价值与成长，在特定的条件下，也支持他们在公司之外寻找更适合自己发展的平台，帮助他们实现“转行不转业”。

延伸阅读 UP or OUT：麦肯锡的人才管理之道

杰出的人才是麦肯锡唯一的，也是最重要的资产。

——麦肯锡全球董事合伙人高旭

除了咨询品牌享誉全球，麦肯锡的人才品牌也是家喻户晓。而支撑麦肯锡达到这一目标的重要理念之一，就是它的“UP or OUT”（不晋则退）的用人之道。

UP or OUT 并非通常所理解的人才淘汰机制，并非只涉及对人才的筛选、激励，而是一个完整的人才管理链条。作为国际著名的管理咨询公司，麦肯锡不光强调对优秀人才的使用，而且从招聘这一初始环节就开始选择有潜质的种子，通过系统的培育帮助他们成才，在这样的基础上，再通过“UP or OUT”的晋升淘汰机制给员工再次选择职业发展路径的机会。淘汰不是麦肯锡用人的初衷，有计划、有方法的择才、育才、用才、留才才是麦肯锡的人才管理之道，正如麦肯锡的一位资深员工所说：“最终没有人离开麦肯锡，进入麦肯锡意味着与麦肯锡建立永久的联系，一如从母校毕业，它始终是你人生中难忘的经历。”

一、择才

麦肯锡在人才选择方面，有两方面值得人们关注。

1. 独特的人才选用标准

麦肯锡在确立自己的用人标准时，并不为专业和经验所限，而是更注重从素质的角度去选择人才。20 世纪 50 年代，马文·鲍尔就开创了咨询公司招收应届毕业生的先例。他从咨询需要的素质角度考虑，认为创新是顾问的重要素质之一，年轻人思维活跃，精力旺盛，有从事咨询的潜质，只要加强培育，在项目中给他们锻炼的机会，就可以成为很优秀的咨询人才。至今，很多大型专业服务公司都常年开展校园招聘，招收优秀的、富有活力的种子选手。

除了考虑专业、经验等因素之外，麦肯锡选择人才更注重个人的如下素质。

①分析、思考和解决问题的能力。不管是通过学习经历还是工作经验的锻炼，只要具备了分析、思考和解决问题的能力，就可能成为麦肯锡的候选人。

因为麦肯锡认为，专业服务工作将面对客户提出的方方面面的问题，能够迅速、有效地处理问题是做好咨询工作的基本的素质。

②良好的理解和沟通能力。麦肯锡认为，咨询工作中需要和各行各业的客户打交道，彼此有着非常不一样的文化和经历，能够和客户有效沟通、彼此理解是开展咨询工作的重要基础。

③勇于开拓创新的精神。麦肯锡坦言，它所需要的不是循规蹈矩的人，而是善于思考和创新，善于接受挑战、接受新事物、新方法的人才。

④健康的身体和坚强的意志力。咨询的工作性质需要经常出差和加班，需要有一个强健的体魄和顽强的意志力，否则可能难以胜任高强度的工作，因此，麦肯锡也会考察应聘者的身体与意志。

⑤团队合作精神。复杂的咨询工作很少是由一个人的力量可以完成的，需要有良好的团队合作能力，要善于借助他人之力，也乐于为他人提供支持和帮助，这是麦肯锡所极力倡导的。

2. 规范又“偏执”的招聘程序

①麦肯锡有自己规范的招聘流程，为了考察候选人是否具备相应能力，麦肯锡在面试上投入了大量的人力、财力和物力，制定了完整的招聘“程序”。首先是精挑细选有资格、有能力的专业人才构成招聘专家团队；其次是制定相应的招聘计划，包含人才需求状况、目标院校、目标人群、招聘渠道、财务预算、招聘路线图和招聘流程等；之后便是开展招聘活动、发布信息、多轮筛选简历、组织面试等；最后确定候选人，并对候选人进行管理，随时沟通、跟踪等。

②为了考察出候选人的真实水平，麦肯锡在招聘过程中设计了很多高难度的考题和案例分析。案例分析一直是麦肯锡挑选员工的利器。通过案例分析可以考察候选人的逻辑思维能力、问题分析能力以及创新和问题解决能力。案例分析没有标准的答案，重点在于考察候选人解决问题的过程，将其综合分析能力体现出来。此外，现实中的咨询工作，同样需要咨询顾问组织素材，对商业或者管理问题作出判断，给出解决问题的方案并评估方案的合理性，这也是麦肯锡为什么喜欢用案例分析的原因。

典型的案例分析问题包括“美国有多少加油站?”、“为什么下水道的盖子是圆的?”等等。对于前一个问题，可以从美国人口、家庭数量、拥有汽车的比例以及加油站的设置原则等逐步推算出来，重要的不是加油站的数字，而是得出这个数字的方法。麦肯锡的贾森·克莱恩说：“我总是问同样的案例。我并不是要找特别的答案，但我想看一看，候选人是如何处理复杂问题的，在这种情况下，许多的信息一下就从他们那里得出来了，有些人僵在了那里，而另一些人却越挖掘越深。而后者正是我要推荐的人。”

二、育人

招到优秀的种子选手，还需要悉心的培养，否则再好的种子也不能成才，麦肯锡的管理者深刻的明白这一点。因此，他们安排了各种类型的培训，贯穿于员工的整个职业生涯。其中包括：每年一次的全球培训、各大区的四次培训和每月一次以上的专题培训。对于新员工，公司还有基础培训。在伦敦和新加坡设有培训中心，每年在培训中心有四次分专题培训。除此之外，还在每月的某一个周五，各地所有员工回到公司，全球通过互联网和幻灯片的形式进行互动学习，这被称为“Home Friday”。

据麦肯锡内部人士介绍，新进人员在第一周内将得到“基础咨询入门（BCR）”的培训，BCR设计的宗旨是为了让新入门的咨询人员在参与首个咨询项目之前了解并运用关键的咨询技能；商业分析员在加入之后的一个月内会接受新人培训（NAT），该培训主要侧重基础的业务理念和咨询技能，以便分析员能够更好地承担自己的使命；在加入后的7~12个月内，商业分析员将参加分析员培训（BAT），培养高级的解决问题的技能、人际沟通技能，为下一年的工作做好准备；没有获得MBA学位的员工还可以参加公司的“短期MBA”课程培训，与来自全球的麦肯锡咨询人员交流……

除了正式的培训之外，麦肯锡对员工帮助更大的是基于工作实践的“导师制”培训。麦肯锡的合伙人占咨询顾问的比例是同行业中最高的，达到1∶6左右（一般咨询公司比例为1∶20~1∶10），所以，每位咨询人员都有条件配备一名合伙人担任“发展小组领导”（DGL），作为其专业的导师提供意见和建议，帮助他们确定职业发展方向和专业成长道路。麦肯锡认为，DGL的角色是麦肯锡支持架构中最重要的组成部分之一，正是这种传统的“传帮带”的授徒方式，使得麦肯锡获益匪浅。

更重要的培训方式是日常的项目工作，通过参与项目工作可以将培训所学在项目中得到运用，提高技能水平，并找到提升的方向。在项目工作中，通过与同事和客户方的合作，也能够积累很多培训和课程中所难以获得的、宝贵的实践经验。

三、用人

在麦肯锡，人才不仅被培养，也同样会被激励和被选择。每个咨询顾问每隔两三年都要有一个新的发展台阶，通过“UP or OUT”的晋升机制对培育的人才进行挑选和淘汰，同时，也作为一种激励机制，鼓励人才不断挑战自己。

进入麦肯锡公司的人，从一般分析员做起，经过两年左右的工作，经考核合格，可以晋升为高级咨询顾问；再经过两年左右，经考核合格，可以升至资深项目经理；此后，通过业绩审核可晋升为董事。按照这样的时间推算，一个勤奋、业绩突出的麦肯锡员工大约在6~7年内可以晋升为董事。一个咨询人员在麦肯锡的同一个职位的平均工作年限是2~3年，在这个年限内，如果不能升职就要离开，这就是麦肯锡用人之道的核心机制——“UP or OUT”（不“晋”则退）。

在每一个晋升的阶段，如果业绩考核没有达到要求，就要离开麦肯锡。在晋升考核中，公司不仅看员工自身的业绩，还要看他对所在团队的引导，即他的潜力能否得到同事的认同。麦肯锡建有一套完善的考核制度，在美国每3年员工要经历1次残酷的考核和淘汰，有时候员工刚刚走下国际班机就会接到考核不合格的通知。

事实上，每6~7个加入公司的咨询顾问中会有1~2人最终成为董事，80%左右的人会在这一过程中离开。需要说明的是，即使成为麦肯锡的董事合伙人，甚至资深董事，也要接受专门委员会的测评，并不存在“锁在保险箱里”不会被OUT的特权。在“UP or OUT”面前，没有特权，一视同仁。

每年麦肯锡的人员流动达25%~30%，相对于其他企业来说是很高的，但对于该公司而言则被认为是相对合理的范围。作为一个精英汇集的公司，离开公司的80%员工中大部分是主动离开的。选择主动离开的原因主要有两种：一是有更多的发展机会，因为凭借公司在商界独特的地位和影响力，麦肯锡的员工一直是猎头公司追逐的目标，经常有一些员工被知名企业“挖”走。二是对于咨询顾问这个特殊的行业来说，工作压力大、工作时间长，并且经常出差在外，与家人离多聚少等情况，使一些非常优秀但比较注重家庭观念或者年龄偏大的员工“忍痛割爱”，选择了另外的行业。

对于“OUT”的员工，公司会向其他有业务联系的公司推荐，为其安排两三个面试机会，而且都是最好的国际大公司。正因如此，很多人得以有机会投入商海，成为优秀的职业经理人。每年离开麦肯锡的董事也不少，其中不乏商界精英，许多知名企业纷纷邀请他们担任要职，IBM、西屋电气、美国运通等数百家全球五百强企业的总裁、副总裁均曾在麦肯锡公司担任过董事。

在“不‘晋’则退”的机制下，麦肯锡里很少能见到50岁人的身影。一方面年龄的增长往往使员工很难适应咨询顾问的生活；另一方面公司需要给更年轻的员工提供上升的空间和施展才华的舞台。人们往往把在麦肯锡的工作当作一种经历来看待。

四、留人

很少有人会永远呆在麦肯锡，但是没有人会真正地离开麦肯锡。

作为一个精英汇集的公司，离开公司的80%员工中大部分是主动离开的。选择主动离开的原因主要有两种，一是有更好的发展机会，二是由于行业的特殊性而不得不“忍痛割爱”、回归家庭。

不管是主动离职还是被“OUT”的员工，麦肯锡都友好对待，并将他们收入自己的“校友录”。从情感的角度，麦肯锡给了大家成长的机会和发展的平台，为大家后续的事业夯实了基础，就算将来没有业务上的往来，至少在麦肯锡的成长经历会让员工终生难忘。从商业合作的角度，每一个从麦肯锡毕业的人都有可能成为麦肯锡的客人，因为他们的宣传，麦肯锡不断扩大自己的品牌影响力，为自己带来了更多的客户，吸引到更为优秀的人才。

正是这样一个完整的“UP or OUT”的人才管理链条，帮助麦肯锡建立了专业服务领域无人企及的“人才高地”，并由此树立起公司在全球管理咨询领域的霸主地位。

第四章
专业服务公司的运营管理

第一节　专业服务公司运营管理概述

一、专业服务公司运营管理的特征

专业服务公司的运营管理，集中体现为服务定制规模化、服务链条专业化、产销衔接精准化、前后台运作一体化四个方面。

1. 服务定制规模化

专业服务公司面向的客户来自各行各业，即便行业相同、规模相似，每个企业所面临的问题也是纷繁复杂、多种多样。这就需要为不同的客户、不同的问题提供有针对性的解决方案，为客户提供“定制化”服务。

这里的“定制化”与一般产品的定制化有很大的区别。对于专业服务公司而言，在提供定制化的同时，也需要控制成本，规模化定制成为其特点。具体来说，专业服务公司通过知识经验的积累、建立自己的知识体系、研发解决问题的理念和方法，形成一定程度上的、相对标准化的服务模块、作业标准、作业流程；同时，这一系统平台又具有较强的灵活性，在标准化的同时，能够根据不同客户的要求进行应用组合，如此，专业服务公司既在一定程度上控制了成本，又在提供方案和服务的过程中有针对性地处理了客户的问题，让其获得了专享的服务体验。

2. 服务链条专业化

专业服务公司主打的就是自己的专业品牌。通过“专业”树立自己在行业内的形象，也通过“专业”对竞争者或者潜在的进入者构成壁垒。要树立“专业”形象，首先需要专业知识、专业技能的积累，而专业的积累是以专业人员为载体来实现的。要想依托专业人员形成竞争力，并非简单地将人员的知识、智慧进行加总，而是要将其转化为组织能力、管理体制，形成自身的专业文化。

专业服务输入的是人员和管理，输出的是专业化的产品和服务，这样就形成了一条“专业服务链条”，这是专业服务公司核心竞争力的关键，因为基于“专业服务链条”整体的竞争力往往难以被模仿、被替代。当然，这也意味着形成这样的优势需要付出很多的努力和心血，进入这样的专业服务领域需要跨越较高的门槛。

3. 产销衔接精准化

对于专业服务公司来说，产、销两个环节一般由不同的团队完成。客观上讲，专业服务公司的产销衔接确实存在一定的难度，例如：对项目内容的理解不容易达成一致，交付标准认识不一，客户认知、销售者的认知和执行者的认知难以统一，前后端信息不对称，等等。而专业服务公司一般都是项目化运作，如果在产销环节衔接不好，往往会造成后续工作中出现对项目标的物、技术方法、投入资源、输出成果等方面的认识不一致，带来客我双方之间的误解、不信任乃至争议。

因此，对于专业服务公司来说，产销衔接是提高生产效率和成果质量的关键一环，大部分专业服务公司都会用心设计内部的产销衔接动作，比如，有的公司会召开营销和执行团队的“碰头会”，通过碰头会，使得项目的执行团队了解项目前期的业务拓展、投标情况、前期承诺以及客户方的利益干系人等，从而有利于制订有针对性的生产计划。本书后文提到了针对专业服务公司的“全流程精确交付”，给出了一些富有实效的解决思路，希望对大家有所启发。

4. 前后台运作一体化

专业服务公司在提供产品和服务的时候多是现场完成，不可能将公司的全部资源都带到现场，这就要求公司的后台能够为其组织资源、提供支持、解决难题，用一个形象的比喻：好像一个特种兵分队，深入敌后，他们通过先进的通讯设备呼唤炮火、导弹、飞机、无人机甚至卫星的支援，在特种兵的身后有一个强大的指挥部，对他们进行指挥，协助他们整合资源，最终，这支小分队可以实现摧毁敌方一个大型军事基地的目标，这，就是现代战争，而这也正是现代专业服务公司的组织模式——前后台运作一体化。

对于专业服务公司来说，虽然是一组人员为客户提供解决方案，但他们不是孤军奋战，后方的专家、技术、知识都可以提供相应的支持。为了最大限度地利用公司资源，提高项目的运作效率和质量，专业服务公司必须具备网络支持能力、对人员的信息化组合能力、快速响应能力、团队协作能力，等等，这些都是专业服务公司需要重视并不断改善的管理能力。

以麦肯锡为例，它的“团队合作模式”的基础是知识管理系统和专家资源，如果有需要，全球的每个咨询项目都可以调用公司的知识储备作为支持，重大项目可以请到公司的领域专家，通过网络、电话等通讯手段给予指导，甚至飞往项目现场进行支持。

二、专业服务公司运营管理的 KSPD 模型

专业服务公司的运营管理包含四个模块，分别是：知识管理系统、学科建设与专家系统、项目管理系统、全流程精确交付系统，简称 KSPD 系统。每个模型的输入、处理和输出的信息成果各有不同且互相联系。

1. 知识管理系统（K）

知识管理系统输入的是人员的知识与智慧，其中有来自专家团队的智慧，学科建设和研究的成果，有专业人才队伍的项目经验积累，以及外部购买、习得的知识。通过积累和转化，通过知识库、信息化平台的传播，以及知识工作者的使用，可以显化和增加知识的价值，有效扩大知识的影响力，为公司创造效益和积累财富。

2. 学科建设与专家系统（S）

学科建设与专家系统输入的是项目中的经验、内外部的知识、内外部的专

业人才。通过建立这样一个平台，聚拢专业资源，开展专业研究，并通过特色学科体现和强化公司的专业优势。学科建设输出的是专业品牌、专业人才、专业知识与研究成果，以及专业能力。

3. 项目管理系统（P）

项目管理系统输入的是项目资源、人才资源、知识资源、财务资源、时间资源等，通过项目管理平台为项目配置各类资源，对项目进程、质量、成本进行管控，在为客户创造价值的同时，实现企业自身价值，获得知识、经验、品牌价值的积累和提升。

4. 全流程精确交付系统（D）

全流程精确交付系统输入的是客户的需求，输出的是完美的服务体验，是对“专业服务链条”的全程管理、关键环节管理，着重强调了需求传递、质量掌控和全局资源调配三个环节的精确管理，致力于以最准确的解决方案、最低的成本、最可控的质量向客户交付最完美的服务产品。

第二节　专业服务公司的知识管理系统

一、知识管理概述

知识管理是一门学科，是一个通过特定的方案、手段和技术对知识进行收集、整理、筛选、评估、加工、传播和使用的管理体系。采用专门的知识管理软件或协同工作软件，有助于知识管理体系的建立与运行，有助于将企业积累下来的经验、案例等形成知识库，成为企业的长期财富。

知识管理是一种行为，其目的是将员工头脑中的“隐性知识”转化为“显性知识”，将员工商业活动的知识应用到具体的策略、政策、决定和实践中去，利用员工的“智力资产”产生直接的经济结果。

知识管理是一个过程，通过收集、整理、筛选、评估、加工包含在文档、系统或其他载体上的信息或者个人的专业技能，使之形成组织的知识，并通过一系列的过程促进上述知识在组织内外传播、应用、升级，进而为企业带来竞争和商业上的优势。

1. 专业服务公司知识管理的特征

当前，很多企业都在积极地建设自己的知识管理系统。专业服务公司属于知识型企业，是依托人才和知识创造生产力的公司，因此，相对于其他企业而言，知识管理体系对于专业服务公司来说是基本的管理体系，是核心竞争力，其重要性不言而喻。

专业服务公司的知识管理体系与其他企业的不同之处，在于以下几个方面。

①知识管理的全局性。专业服务公司的主体是专业人员，知识管理涉及了公司的各个部门，因此，知识管理是在全公司范围内展开的、全局性的举措。

②知识管理的专业性。专业服务公司高度依赖知识资产，因此，对于知识管理的探索，专业服务公司是走在前列的，它的知识管理更加系统化、专业化，例如，麦肯锡很早就提出了知识的100%立方理论。

③知识管理的系统完整性。专业服务公司的知识管理涵盖了从知识识别、获取、积累到共享、使用和创新的多个环节，这就决定了专业服务公司知识管理系统具有较高的完整性，是一条完整的链条，不像其他类型的企业，只涉及其中的某个环节，或某几个环节。

④知识管理的价值实现性。对于专业服务公司来说，知识本身就是生产资料，专业服务公司依靠知识生产，同时也生产知识，知识的经济价值在这里的体现最为突出和直接。

2. 专业服务公司知识管理的流程

知识管理的实质就是对知识价值链进行管理，使组织的知识在运动中不断增值的过程。专业服务公司的知识价值链可以归纳为知识识别、知识获取与编码、知识积累与存储、知识共享与交流、知识创新与增值五个环节。

①知识识别：对信息的种类、性质和作用进行识别的过程。

②知识获取与编码：通过各种渠道获取信息并对其进行加工、处理的

过程。

③知识积累与存储：将企业内部各项生产经营活动所产生的经验、教训、案例、信息等加工成为知识，将已有的知识与外界获取的知识进行整合，完善企业的知识积累，并通过规范的方式进行存储，以便于后续分享、使用和二次加工的过程。

④知识的共享与交流：将已有的知识在公司成员间、项目间进行分享和应用，让知识更多地转化为生产资源、产生价值的过程。

⑤知识的创新与增值：通过机制牵引，使得企业内部不断产生新的知识；对于既有的知识，在使用的过程中不断完善、优化、更新、增值，从而使得企业的知识不断积累和更新的过程。

二、知识识别

1. 隐性知识

（1）定义

所谓“隐性知识”（Tacit Knowledge），是指未经正式化（Formalize）的知识，包括企业、经营者或员工的经验、技术、文化、习惯等，是属于个人经验与直觉的知识，不容易用语言和文字描述，表现为难以形式化、无法具体化的技能。此类知识是主观的、自悟的知识，涉及个人的认知与意念。

（2）特点

①非形象化，只能通过交流获得，效果显著。

②通过与有相应知识的人进行接触实现传播和知识共享，是一种“人—人”的传递模式。

③小范围互动传播，传播范围有限。

（3）作用

隐性知识的作用非常巨大。其中，经验是被作为一种隐性知识存储的，常常通过观点、直觉和灵感等形式反映到意识当中。每个人对过去的经历都会有一种选择性记忆，大脑的这种非凡的处理能力成为其创新的基础，潜在的经验储备是创新力的重要来源。

同时，由于隐性知识难以复制和传播，因而完全可以作为组织的安全的、便于管理的知识资产，成为组织的竞争优势和持续发展的动力。

2. 显性知识

（1）定义

"显性知识"（Explicit Knowledge），包括一切以文件、手册、报告、地图、程序、图片、声音、影像等方式所呈现的知识，不论是传统的书面文件还是电子档案，都可以用形式化、制度化的语言或文字图像表现为知识，此类知识是客观的、理性的知识。

（2）特点

①形象化，可直接从外部获取，但是要经历编解码的过程，方可应用。

②通过外在的载体进行知识传播和共享，是一种"人—载体—人"的传递模式。

③传播范围较为广泛。

（3）作用

显性知识中只有很少的一部分可以直接被"挪用"，绝大部分都需要进行加工之后转化为隐性知识或新知识再进行应用，因此，显性知识是隐性知识的重要基础和来源，一定程度上决定了后者的范围、宽度、广度和深度。

三、知识获取与编码

知识经济时代，知识已成为企业最重要的资源，知识的拥有量已成为企业间竞争的重要指标，企业拥有的知识越多，就越容易掌握竞争的主动权。

知识的采集是企业知识流动的初始性工作。首先要确立知识采集的目标，然后确定知识采集的内容和范围，有针对性地进行采集工作，减少不必要的浪费，提高知识采集工作的效率。近年来，信息技术的发展为知识的采集提供了有力的手段，提高了知识采集的速度，降低了知识采集的成本。

常用的知识采集渠道有以下几种。

①通过员工培训、专业研究等方式从企业内部获得。

②通过合作开展研究或者租用、购买等方式从外部获得。

③利用公开的出版物或媒体（如各类书籍、专业期刊和大众媒体）等渠道采集知识。

④利用互联网采集知识，互联网是人类有史以来最大和最易使用的百科全书，这种方式采集知识非常经济和快捷。

⑤利用数据挖掘技术采集知识。

初步采集得来的知识是杂乱无章的，企业需要的是对经营与发展有用的知识，因此，必须对所采集的知识进行加工和处理，使无序的知识转化为有序的知识，即对知识进行编码。

所谓的知识编码，就是在知识采集结束后对其进行分类、提取、组织、标准化等的一系列加工和处理过程，使其便于公开、共享和交流，并能够通过信息手段进行传播。知识编码是组织实施知识管理的重要基础，一般来说，它包括电子化、标准化和结构化三个方面的内容。

①电子化。企业知识的编码可以从书面资料的电子化工作入手，即将企业内部和外部的相关知识通过文字输入或扫描的方式形成电子文件，建立一定的目录系统，纳入计算机管理。文件电子化、数字化是知识编码的基础，有利于知识的存取、积累、交流、共享以及建立数据库，进而为建立企业内部的知识仓库奠定基础。

②标准化。编码的目的是为了实现规范化，因此，知识编码一定要建立标准化的编码库。只有建立统一的编码库，制定编码的制度和使用规范，才能有效地整合组织的知识，使知识管理的工作流程规范、统一，减少重复性工作，提高效率和准确度。

③结构化。将电子化、数字化的知识按照企业知识的分类进行整理，分别形成针对人员、组织、数据的不同的知识仓库，三者之间的知识流动形成程序性知识库，其中人员知识库包括人员的求职、招聘、离职及其他的管理信息；组织的知识库包括客户知识、专业技术知识、外部及媒介知识等；数据知识库包括档案、资料、文件等数据化的基础知识；程序性知识库包括项目的开发、执行、管理、服务等方面的以流程和制度为主的知识体系。

四、知识积累与存储

在知识经济时代，企业已成为知识积累的载体，企业的效率与可持续发展能力根源于企业积累的特有知识。这不仅意味着企业的生产过程是一个不断积累知识的过程，而且由于企业内部组织结构、人员特征以及管理手段的差异，不同的企业具有不同的知识积累与协调机制，不同企业间积累的知识具有较大的差异性，进而决定了不同企业间具有差异化的知识优势和以特有知识为代表的资源形式。

企业从外部获取对本企业有用的知识，发现、加工企业内部存在的各种知识，然后将知识加以存储、集成以利于共享和应用，这些知识对于支持企业做出正确决策、协调企业生产经营活动以及提升企业核心竞争力，都具有重要的作用。

在企业的知识管理实践中，人们通常采用以下两种方式积累和存储知识。

1. 知识仓库

知识仓库不同于传统的数据库和信息库，传统的数据库和信息库存放的是一般的数据和信息，而知识仓库属于特殊的信息库，它不仅存储着知识的条目、与之相关的事件、知识的使用记录以及来源线索等，还搜集了各种经验、项目实施方案以及各种用于支持决策的知识，特别是知识仓库中存放有与元数据相关的语境和经验参考，这决定了它比数据库和信息库有更高的效率和使用价值。

知识仓库是企业知识管理平台的重要组成部分，建立在信息技术基础之上，涉及组织保障体制、硬件资源的配置、信息技术的应用和知识的采集、分类、编码等。

企业的知识仓库一般建立在局域网上，企业内部的网络系统是知识仓库得以充分利用的基础条件，利用网络，可以消除不同阶层员工之间知识交流的障碍，充分发挥员工的积极性和创造性，推进信息和知识在企业内部的传播。为确保知识仓库和局域网的安全，必须采用一定的安全措施和权限控制手段。

知识仓库具有动态性，它是一个有机体，其生命力在于知识的不断更新，它要求使用者不断进行维护，补充知识和内容。同时，针对知识的特点，知识的使用周期有长有短，需要定期对知识仓库的内容进行评估，尤其要加强企业核心知识与基础知识的更新与优化。

2. 知识地图

知识地图是一种帮助人们寻找知识的工具，它可以指引企业员工在短时间内以快捷的方式找到所需的知识资源。与搜索引擎相比，知识地图更直观和有效。知识地图设计的关键是要指出企业的核心知识以及相关的业务或流程知识。

知识地图的形态可以是多种多样的，但共同的一点是：必须指出在何处人们能够找到所需要的知识。知识地图允许使用者在浏览图中各个节点和节点的指向过程中发表评论，还可以对知识地图进行更新，从而改变地图中各个元素之间的联系，使知识地图逐步趋向完善。

知识的积累和存储还涉及知识的保护，特别是对于企业的核心知识，为了保持企业的竞争优势，需要采取有效的手段在一定的期限内加以保护，以防止其他企业或个人效仿。常用的保护形式有专利、商标、版权，等等。

五、知识共享与交流

知识本身所具有的共享性导致知识可以低成本的共享，并且共享的程度越高，越能体现出知识的价值。对于企业来说，知识共享首先是要做到将企业的知识尽可能公开，使每个员工或部门都能接触到并有权使用这些知识，而不是条块分割，造成“知识孤岛”。这就需要在企业中建立知识共享机制，不仅要系统地构建以网络平台为基础的知识共享环境，增加工作的透明度，还要求企业的领导者把知识共享和交流视为赢得竞争优势的关键，推动部门之间界限的打破，建立有利于知识共享的组织氛围，鼓励员工参与知识的贡献和共享。

如果企业的知识能够共享，但是没有充分地交流，仍然不能算作有效的知识管理。只有在交流过程中，才能实现知识的融合与升华，实现隐性知识的显性化，使交流者得到启发和提高，从原有的知识中派生出新的知识；也只有在充分交流的过程中，才能更好地完成知识的学习、利用与创新。

知识的共享本质上是一种知识的流动，它是在企业良好的文化环境中，遵循“信任、双赢”的原则实现的。首先，知识共享是在信任的基础上进行的，只有双方觉得对方可靠、可信，才有可能共享知识；其次，双方在共享的过程中意识到共享知识比独占知识会给自己带来更大的收益，才能实现知识的共享。为了实现企业知识共享的目标，管理者要了解企业内部知识流动的规律，采取有效的激励手段，创造良好的氛围、培养相互信任和相互扶持的企业文化。

知识交流是使知识体现其价值的关键环节。实现企业知识的交流需要有相应的组织结构和文化氛围，要在企业内部提倡知识共享和交流的价值观，企业必须调整价值取向，营造开放、信任的合作环境，最大限度地提供公共信息资源，增加工作流程的透明度，形成有效的业绩评价与激励机制，为员工的知识交流提供方便的渠道。而且，这种交流不仅要在具有相同知识结构的人员之间进行，更重要的是要与不同知识结构的人员交互，以便在交流中了解对方的经验和知识，以解决实际问题。同时，在应用知识进行开发时，能够直接接收到不同知识结构人员的帮助，以弥补自己知识或知识结构上的欠缺。如果企业内不同组织、部门和个人能够相互交流知识，利用各自的经验，将会给企业带来巨大的知识资产。

在企业中，组建“知识社区”是实现知识交流的有效途径。“知识社区”是指由一些具有共同兴趣、来自相同或不同团体的人员由于共同的需求所组成的群体。一般来说，企业中的“知识社区”有两种形式。

①“实体知识社区”，它是由企业基于本身核心竞争力的塑造来设计和组建的。根据企业发展的目标，将具有各种知识的专业技术人员组织起来，进行定期或不定期的活动，如调查研究、交流会、讲座、开展知识评价等，使参与者从不同的知识结构和知识领域内获得灵感和启迪。

②“虚拟知识社区”是利用网络系统在企业的知识管理平台上开展活动，由于它没有明确的主题限制，往往可以收集到一些企业领导者所没有发现的知识创新，而且也适于全员参与，所涉及的知识范围更为广泛。

六、知识创新与增值

知识创新就是知识的生产、应用和增值的过程。作为一种复杂的商业过程和组织过程，知识创新的根本目的是通过谋求新的发明，获取新的知识，探索和掌握新的规律，实现知识的增值，增强企业的竞争力。一个企业能否充分利用现有知识不断地创造出新的知识，将是其能否成功的关键因素。只有通过知识创新，才能真正实现知识的增值，为企业带来效益，提升企业的核心竞争力，因此，知识的创新和增值是企业知识管理的最终落脚点。

在此，推荐皮特斯·T的“创新四步法”，可以作为知识创新的参考流程。

①假想。这个步骤的目的是要让人学会如何以更灵活的方式运用资料。开始，要对日常事件与数字提出新的观点，并探索彼此之间的关系与类型，如此一来就有可能开启真正的创新见解。

②着手。它的作用在于强化第一步产生的结果，使见解变得切实可行。如此一来，不管碰到什么问题，例如：想改善客户关系管理，至少可以看到解决问题的第一道曙光。

③跃进。针对先前所发现的机会，挖掘出可能代表某个可行契机的想法。前两个步骤已经确定了这个步骤有金可淘，现在则要仔细地挑掉沙粒，把发出微光的贵重金属找出来。

④实现。最后一步，为真正优秀的想法赋予所需的功能，以便落实为实际的行动。

总体来看，对于专业服务公司来说，知识管理具有全局性、专业性、系统完整性、价值实现性四个特点，由此也决定了其对于专业服务公司的意义非同凡响。

具体到知识管理的流程，包括知识识别、知识采集与编码、知识积累与存储、知识共享与交流、知识创新与增值五个基本的环节，由此而形成知识管理循环，从而达到知识的不断积累和增值。

第三节 专业服务公司的学科建设与专家系统

一、学科建设和专家管理概述

1. 学科建设与专家系统的重要性

在为客户解决问题的过程中，专业服务公司会遇到很多的新现象、新问题、新困难，解决问题的过程必然要汇集众多专业人士的经验和智慧，也由此产生了很多的新技术、新方法、新理念、新知识，因此，对于专业服务公司来说，一方面，需要通过建立自身的研究体系将这些内容具体化、系统化，并传播给更多的需求者，凸显自身的专业能力；另一方面，也需要通过建立专家体系，满足自身在解决专业难题时的智力需求；这两方面的需求都要求专业服务公司在为客户提供解决方案的同时，必须要建立起针对自身专业及行业的学术研究职能，具体来说，主要是从建设自身的学科体系和专家系统入手。

学科建设，侧重于企业显性知识的迅速积累。通过有计划的学科建设，可以进一步强化企业自身的专业积累，使得企业的专业知识和技能更上一层楼，通过开展本学科的研究工作，可以为知识的创造、分享、应用提供一个广阔的平台。同时，学科建设所输出的成果，如出版物、研究报告等，也会有助于企业的专业形象塑造和品牌价值提升。

专家系统，侧重于企业隐性知识的有效聚集。通过建立覆盖企业内外的专家系统，既有利于培养企业内部的专业领军人物，也有利于汇集、整合社会上的高端专业人才。内、外两支专家队伍，可以形成有效的、针对专业服务的高端支援、指导和技术攻关能力。

2. 学科建设与专家系统建设的主要内容

(1) 学科建设的主要内容

专业服务公司的学科建设，主要涉及专业建设规划、专题研究、学术成果发布、专业成果传播四个方面。具体来说，在专业建设规划方面，重点要明确的是本企业专业建设的目标、资源投入和具体的行动计划；在项目专题研究方面，一般要经过立项、研究、结项三个基本环节，一般是以参与过相关项目的人员为主，将项目中的经验、技术、知识进行系统化、规范化、深入化、文档化，使知识转化为显性，提高知识的复用率和可传播性；在学术成果发布方面，主要是强调学术成果能够积极向外部进行有效的传播；在专业成果传播方面，主要是强调如何将学术成果转化为可以直接为专业人员所应用的工具和方法，使得他们掌握之后可以迅速地转化为生产力。

(2) 专家系统建设的主要内容

专业服务公司的专家系统建设，主要涉及对于专家的定义与分类，对于专家系统的定义与职能的界定，对于专家来源的规划与专家评聘，专家系统的基本工作流程，对于专家系统工作成果的评估以及对于专家的回报与激励，等等。

从两者的关系来看，学科建设与专家系统建设是密不可分的：一方面，有了学科才有专家，没有专家的参与，学科建设就无法产生领先的成果，从而引领企业专业水平的提升；另一方面，没有学科建设作为媒介，专家就不可能聚拢于此，也不可能围绕专业形成随时可以咨询、调用的“专家系统”。学科建设聚拢和培养专家，专家系统支撑学科建设，两者的关系是“鱼”与“水”的关系。

二、学科建设

1. 专业建设规划

专业服务公司需要建设体现自身特色和专长的学科，通过学科建设整合专业优势，调动专业人员的学习、实践和研究热情，进而提升服务团队的专业素质。其中，专业建设规划是最基础的一项工作，在进行专业建设规划时，需要综合考虑以下几个方面的问题。

第一，专业建设，要能够满足行业发展和客户需要。不同时代，由于经济、科技、文化发展水平不同，客户所面临的问题和需求也不一样。作为专业服务公司，应该着眼于社会的发展趋势，着眼于客户的现实需求，据此对专业建设的目标进行科学规划，进而确定有实践价值的研究目标和工作计划，只有这样，才能不断满足行业发展和客户的不同需要，使得企业的专业研究成果能够最有效地服务于业务活动。

第二，专业建设，要坚持“有所为、有所不为”的战略思维。学科发展是无限的，即使只有一个专业，也有很多的发展方向，任何一家专业服务公司都不可能在所有领域或所有行业处于一流地位，因此，坚持“有所为、有所不为”的方针，集中力量选择最能发挥公司专业优势、最有可能取得成果、最有利于公司业务开展的一两个专业方向重点发展、率先突破，是专业建设规划必须要坚持的原则。

第三，专业建设，要综合考虑行业趋势、客户需求、内部资源等多个要素的支持和匹配。在专业布局上，应根据不同专业之间的内在联系建立合理的学科结构，同时也要综合考虑行业发展趋势、为客户解决问题过程中已经和正在开展的创新活动，以及企业的实际资源、人员条件等各项因素，努力使得各项要素的匹配处于最佳状态。

第四，专业建设，要设计与之匹配的管理体制。管理体制的存在于学科建设的关系一如生产关系与生产力的作用关系，一个与专业建设相匹配的管理体制对学科建设有推动作用，对学科的发展和壮大有促进作用；反之，则会阻碍专业建设的发展。例如，在激励机制方面，如果没有与专业建设相匹配的考核标准和激励措施，专业建设规划将无法得到有效的保证；再比如，只着重对项目业绩的考核和奖励，缺乏对专业研究的鼓励与支持，也就难以让专业人员安心于研究和学科建设。

第五，专业建设，要着力进行队伍建设。专业建设的根基在于学科队伍建设，只有建设一支一流水平的专业队伍，才能建成一流水平的专业公司。而一流水平的专业队伍，不仅表现为学科带头人具有一流的学术造诣和声望，还要求这支队伍的每一个体都应具备一定的专业水平和实力。因此，在专业队伍建设中，不仅要重视学科带头人的选拔和培养，更要重视专业队伍整体素质的建设和水平的提高。

第六，专业建设，要重视学科整体功能的提升。人才培养、科学研究能力和服务品质提升作为专业建设的三个方面是密切联系的，缺少或忽视任何一个方面，其他两个方面的功能都不能得到很好的发挥。因此，要建设一流的专业服务公司，必须要重视学科整体功能的提升。

2. 专题研究

专题研究的开展，要以专业建设规划为主线，以专业服务中所需要的技术、所面临的问题为研究对象，强调实践性研究，既注重解决实际问题、总结经验，又注重理论提高、规律探索和人员的能力发展。

①专题研究，要以突出公司专业特色、提高专业服务水平为目标。在公司内部，应该创造一种乐于研究的氛围，让专业人员都愿意参与研究，在研究中得到回报与提升。同时，在研究项目立项的过程中，应明确研究宗旨、特色和

原则，要本着“做什么、研究什么”的原则，结合自身的工作积累开展研究。

②专题研究，要能够提升人员的专业素养。专业服务公司所启动的专题研究，要有助于提高专业人员的服务能力和理论水平。提高专业人员的整体素质，是打造优秀的专业人才队伍的关键。要创造条件，让真正有能力的人脱颖而出，从而以点带面，带动整个专业人才队伍素质的提高。特色的研究活动可以吸引一批人，带动一批人，提高一批人，对提高项目质量、培养良好的工作和研究氛围起到重要作用。

③专题研究，宜从专业服务的项目实践开始。项目是开展研究的重要平台和肥沃土壤，做好一个项目，设计好一个方案，改变一种处理问题的模式，对项目管理某个或者某些环节进行改进，都是一次研究活动，都是开展专题研究的素材。因此，专业服务公司的专题研究，不能脱离实践中的项目，应鼓励专业人员在项目中进行创新，在为客户提供专业服务的同时参与专题研究活动。同时，通过有计划地安排专业人员到有挑战性的项目上进行实践，为他们参与同自己专长相适应的课题研究创造条件。

④专题研究，既要对实践中的经验和教训进行总结、反思，也要有前瞻性，对未来的专业服务工作有指导意义和借鉴价值。对于专业服务公司来说，研究活动一般都是以问题为导向开展的，因此，一方面要注重经验教训的总结提炼，另一方面要注重解决实际问题，同时，还要让每一位专业人员把经验、知识分享出来，使得研究具有一定的前瞻性，能够实现“实践—分享—研究—提升”的循环往复、螺旋上升的过程。

⑤专题研究，可以多种灵活的方式展开。专业服务公司的研究工作，不一定要按照中规中矩的科研方式，而是可以多种灵活的方式开展，比如，设计不同的研究主题，鼓励大家选择自己喜欢或者擅长的领域进行研究，或者以各种比赛的形式开展，麦肯锡就曾组织过管理方案设计和案例研究大赛，通过竞技的形式鼓励大家参与研究。

3. 学术成果发布与专业成果传播

专业服务公司的研究，成果最终必须要应用于专业服务实践，要有利于促进公司的生产力、竞争力，才能使得全体人员看到学科建设的成效，从而以更大的努力投入于这项工作。因此，如何将研究成果落地、应用于实践，是专业服务公司在学科建设中首要考虑的问题。

现实中的专业服务公司，学科建设的成果主要通过两种途径作用于实践。

第一，学术成果发布。所谓学术成果发布，就是将学科建设与专题研究的成果，以出版物、研究报告、报告会、主题培训等形式向社会各界推广。这一工作的目的有两个方面，一是向社会各界展示自身在本领域的研究和专业能力，提升公司的专业品牌，促进客户对于自身的信赖与商业选择；二是将自身的研究成果与社会各界分享，推动整个领域的研究水平与专业化服务水平，促进行业的健康发展。

第二，专业成果传播。所谓专业成果传播，主要是指企业内部将已经研发形成的成果，以工作模块、作业流程、模板甚至软件的方式呈现给全体专业人员，并通过培训、案例研讨、现场指导等方式教会、辅导他们使用，从而使得专业成果直接应用于服务一线，提高专业服务工作的效率、质量，提升客户的满意度。

学术成果发布与专业成果传播，是学科建设工作落地的手段，是专业公司学科建设步入良性循环的必要环节。

三、专家系统

1. 专家与专家分类

学科建设搭建了一个聚拢人员、资源、知识的平台。学科平台的建设需要专家，学科平台的存在也能培养专家。借助于专业服务公司的学科平台，能够在多个领域聚拢、培养出专家和专业人才团队。

按照不同的分类标准，专业服务公司的专家可以分为内部专家和外部专家、研究型专家和实操型专家、专业专家和行业专家等。

(1) 按照人员归属的分类

对于专业服务公司来说，不一定公司内部的专业人员才是专家，在公司外部也有大批本领域的专业人士，他们不是本公司的员工，但是有可能通过某种方式参与、协助甚至领导本公司的专业研究和实践性工作。因此，对于一个具有远大视野的专业公司来说，在专家的定义上不应只着眼于内部，应该有“广纳贤良”的胸怀，外部的“人才蓄水池”要远比内部储备丰富，相关领域专家、客户方甚至竞争对手的专业人士，都有可能成为公司专家库的成员。

从另一个角度来说，专业服务公司内部的专家培养工作更是至关重要，内部专家通常是由专业人才从实践中逐步成长起来，对本专业的知识和技术积累丰富，对公司的运营体系、资源优势有深刻的理解，能够很好地秉持公司的文化，是专家体系的中坚力量。

（2）按照能力倾向的分类

根据能力倾向的不同，可以将专家分成研究型和实操型两类。所谓研究型专家，擅长理论研究工作，理论水平较高，学术研究能力较强，对于专业服务公司来说，研究型专家更适合于基础研究、边界明确的课题研究、具有前瞻性的探索性研究，企业的首席科学家、院士、政府津贴专家等，多属于这种类型。

所谓实操型专家，擅长于实际问题的解决。专业服务公司毕竟是一个经济实体，需要经营和解决问题，为客户提供专业服务以实现赢利，在这个过程中，必然会有一些疑难问题是普通的专业人员所不能解决、需要专家支持的。这时所需要的专家不一定需要高深的理论水平，但是应当具有丰富的实践经验和案例积累，具有灵活的思路与多变的问题解决能力，能够“药到病除”。

对于专业服务公司来说，两类专家都需要，且可以形成有益的互补。

（3）按照研究方向的分类

在专业服务公司中存在两类专家，一类聚焦于本专业的细分领域的研究，如从事3G研究的专业公司中，有的专家专注于射频技术、有的专注于芯片、有的专注于天线，各有专长。

同时，由于专业公司往往服务不止一个行业，而不同行业的特点决定了对于专业服务的需求是有差异的，这就要求专业公司内部要有对各行业、至少是对公司主攻的行业有深刻理解的“行业专家”，如电信专家、金融专家、房地产专家等，他们对行业有相对深入的了解，能够有效地指导公司针对本行业的业务拓展与服务项目执行。

2. 专家系统的构成及其作用

（1）专家系统

所谓专家系统，就是由专家组成的、能够为专业服务工作提供高端的、特定的专业化支持的专业人才及其管理系统。

需要特别说明的是，专家系统不是简单的专家的累加或集合，而是一个由多种机制推动的、能够建立和维护专家库、促进专家为实践服务、给予专家工作以客观评价与回报，乃至推动专家专业能力持续提升的、相对完备的管理体系。

（2）专家系统的构成

一般来说，专家系统由专家库和专家管理系统两个部分构成。专家库即所有专家的集合，而专家管理系统又包括以下三个子系统。

①专家库管理子系统，包括：专家的定义与分类，专家资源的搜索，专家评聘，专家动态管理，专家合约管理，专家服务与关怀，等等。

②专家服务组织子系统，包括：专家服务请求的提出，专家服务的组织与安排，专家服务效果的评估，等等。

③专家工作绩效评价子系统，包括：专家工作时间与工作量统计、工作绩效统计、培训与研究工作统计、专家薪酬回报的计算与发放，等等。

（3）专家系统的作用与价值

对于专业服务公司来说，专家系统到底有何价值，在具体的运营中专家起到了何种作用？我们可以归纳为以下三点。

第一，参与实际工作，提供专业贡献。对于专业服务公司来说，绝大多数内部专家并不是专职，在实际的工作中他们往往都有自己的本职工作。在项目工作中，他们往往担任较高职务，比如：项目经理或者项目总监，直接参与专业服务的一线工作，从而有效地保证了服务的品质与专业性。除此之外，他们往往还承担着项目管理、客户高层沟通、团队建设与人才培养等综合性的管理职能。

第二，接受同伴呼唤，解决疑难问题。对于专业公司来说，专家最重要的价值就是能够在服务团队遇到疑难时给予专业支持与建设性帮助，协助团队突破瓶颈。在专家管理系统的组织协调下，专家能够以最短的时间接受同伴的呼唤，响应问题需求，通过贡献自己的经验和知识帮助有问题的团队解决问题，确保专业服务工作的如期、有效开展，这时的专家更多地扮演着“外援”的角色。

第三，升华实践经验，完成知识积累。基于自身的工作经验，以及协助其他团队解决问题的案例资源，专家的另外一项重要的使命就是：负责及参与专题研究，将经验、案例等转化为企业的知识，并通过培训等方式进行传授，在公司内部进行分享，促进整个团队专业水平的提升。

第四节　专业服务公司的项目管理系统

一、项目管理概述

1. 专业服务公司项目管理的特征

项目管理是专业服务公司运营管理的核心，主要有以下几个特点。

①对项目的进度与质量控制要求较高，需要有很好的追踪和控制机制。

②要能够最大限度、以最优的方式调配专业人力资源。

③要具备快速反应能力，能够有效实现前后台的互动与配合。

④要充分利用客户方的信息和资源，将客户方的项目干系人纳入项目管理过程之中。

⑤对于项目管理平台和项目管理人员有较高的要求。

以上特点是由专业服务公司的“专业性”和“服务性”所决定的，而这些特点，恰恰是项目管理的难点和重点。

2. 专业服务公司项目管理的基本内容

专业服务公司的项目管理，主要包含以下几个方面的内容。

①项目计划管理。项目计划管理的重点集中在项目任务内涵与边界的确

定、任务分解与分配、项目计划制定、计划变更四个方面。

②项目资源管理。项目资源管理的重点集中在项目资源梳理、项目人员调配以及客户方干系人沟通管理三个方面。

③项目执行管控。项目执行管控包括项目计划控制、项目质量控制、项目成本控制和项目风险控制四个环节，这些环节对项目的实施至关重要。

④项目后期管理。项目后期管理的重点集中在项目成果的交付与验收、项目结审与评估、项目后续服务与实施效果跟踪三个方面。

二、项目计划管理

1. 项目任务内涵与边界的确定

项目任务内涵与边界的确定，直接关系到项目的工作内容、工作量、人员资源投入、时间、成本等多个变量。因此，在项目启动之前对于任务的内涵进行清晰的界定、对于项目的边界进行明确的说明，是项目管理的基础和出发点。一般来说，项目任务与边界的确定需要经历这样几个环节。

(1) 收集信息

首先是与己方前期接洽客户的商务人员交流，收集客户的基本信息，包括：客户概况、需要解决的问题、对专业服务有哪些期待、需要什么样的团队、预计支付的费用、合作模式、客户方参与项目的干系人，等等。

在此基础上，还需要积极与客户方进行沟通，进一步明确其需求。现实中，有很多客户知道自己遇到了困难和问题，但对问题的认识并不真切，对问题的描述不够清晰，这就需要运用研讨会、深度面谈等方式引导他们充分地表达自己的观点，表述出真实、具体的需求，才有利于后续工作的开展。

(2) 定义范围

在本环节，项目管理人员将与客户接洽所收集到的信息传递给项目管理部门，项目管理部门安排经验丰富的人员对任务进行确认，就任务的具体内容、边界、交付成果、验收标准等进行书面的描述，形成初步的项目任务文件(也称项目任务书)，留待与客户方确认。

需要说明的是，在定义项目范围时，往往需要汇集业务拓展、项目管理等多个部门的人员，以及公司内外的行业专家、专业专家，采用研讨会等形式对项目的定义进行深入的讨论和研究。

（3）双方确认

专业服务公司的项目管理部门以《项目任务书》为基础，通过商务人员或项目管理人员与客户进行协商和确认。客户对项目实施的过程不一定了解，项目管理人员需要就项目任务进行详细的解读，说明完成这些任务的方法，解释项目的进行过程和最终的交付成果，等等。在一个初步拟定的框架下与客户进一步交流，有助于发现客户的真实需要，也能帮助客户提前了解项目过程，调整预期，加深双方的理解与谅解。

2. 任务分解与分配

项目任务的内涵与边界确定之后，需要将项目任务进行分解，并分配到相应的个体。在项目任务的分解与分配的过程中，WBS 是全球通行的、行之有效的管理工具。

WBS 是 Work Breakdown Structure（工作分解结构）的英文缩写。WBS 是重要的项目管理手段，它以可交付成果为导向对项目要素进行分组，归纳和定义项目整个工作范围内的每一层要素。WBS 总是处于计划过程的中心，也是制定进度计划、资源需求、成本预算、风险管理计划和采购计划等的重要基础，同时，也是控制项目变更的重要基础，是一个综合性的项目管理工具。

WBS 由三个关键元素构成，即工作（Work）、分解（Breakdown）、结构（Structure），其核心要素包括以下四个。

①结构化编码：编码是最关键的 WBS 构成因子，用于将 WBS 彻底的结构化。通过编码体系，我们可以很容易地识别 WBS 元素的层级关系、分组类别和特性。

②工作包：工作包（Work Package）是 WBS 的最底层元素，是最小的“可交付成果”，这些可交付成果可以很容易地识别出完成它的活动、成本、组织以及资源信息。例如，管道安装工作包可能含有管道支架制作和安装、管道连接与安装、严密性检验等几项活动；含有运输/焊接/管道制作人工费用、管道/金属附件材料费等成本；含有过程中产生的报告/检验结果等等文档；含

有被分配的工班组等责任包干信息，等等。一个用于项目管理的 WBS 必须被分解到工作包层次，才能成为有效的管理工具。

③WBS 元素：WBS 元素实际上就是 WBS 结构上的“节点”，通俗的理解就是“组织机构图”上的一个个“方框”，这些方框代表了独立的、具有隶属关系/汇总关系的“可交付成果”。不同组织为完成同一工作所使用的方法、程序和资源可能不同，但是他们的结果必须相同，必须满足规定的要求。只有识别出可交付结果，才能识别内部/外部组织完成此工作所使用的方法、程序和资源；只有抓住最核心的可交付结果，才能最有效地控制和管理项目。

④WBS 字典：WBS 字典用于规范化、标准化地描述和定义 WBS 元素中的工作，同时，WBS 字典对于清晰定义项目范围也有着巨大的作用，它使得 WBS 易于被理解和被组织以外的参与者（如承包商）所接受，例如：在建筑业，“工程量清单规范”就是典型的工作包级别的 WBS 字典。

3. 项目计划的制订与变更

（1）项目计划的制订

在确定项目任务内涵与边界，以及对项目任务进行分解与分配之后，就可以着手项目计划的制订工作，一份完整的项目计划应该满足如下要求。

①具有现实性和实用性，尽量详细、可操作，能够指导项目的具体实施。

②具有动态性和灵活性，能够随着环境和项目进程的变化而进行调整。

③体现一般性和特定性的结合，既能涵盖基本的项目计划内容（包括项目名称、项目背景、项目目标、项目成果、时间进度、组织描述、工作范围、工作方法、项目人员、应变措施及关键词语等），又能根据项目的特定需要在计划中进行重点设计和显示，做到“量体裁衣”。

（2）项目计划的变更

在项目实施过程中，如果项目任务、资源配置、项目进度等方面发生了变化，使得原有计划无法继续执行，就需要进行计划的变更，包括：修改项目政策或程序、项目范围、项目成本或预算、项目进度计划、项目技术要求。而其他方面的变更请求包括：必要的预防或纠正措施，项目风险评估及管控策略，等等。变更请求可以是直接或间接的，可以由外部或内部提出，也可以是自选的，或由法律、合同强制启动。

一般来说，项目计划的变更都会涉及专业服务公司的人员调配、运营成本的变化等，因此，在计划变更的过程中，要充分征求相关部门的意见，并将调整后的计划抄报相应部门，以利于对资源进行重新的调配和计划。

三、项目资源管理

1. 项目资源计划

项目资源计划包括人、财、物、知识四个方面的计划。

（1）人力资源计划

第一，需要考察现有专业人员的配置情况，哪些人员可用，哪些人员工作量不足；第二，要考虑项目服务内容与人员专长的匹配情况；第三，要权衡对人员的培养计划，明确团队成员的成长处于什么阶段，是否需要借重于某些项目进行重点培养；第四，要综合考虑公司后续的工作或任务，将来由哪些人员承担。

由此可见，专业服务公司的项目人力资源计划不是一种短期的安排，而是基于组织、事、人的，具有前瞻性的综合考虑。

（2）财务资源计划

财务资源计划，需要对项目成本进行核算，对于从项目开发、项目执行、项目结束到后期服务的全过程所需的费用进行估算，包含人员薪酬、差旅费、所需设备的估价、所需材料的购买费用，等等。需要特别说明的是：第一，对于专业服务公司来说，并不一定要求每个项目必然盈利，因此，有的项目是需要由公司出资补贴的，这样的项目更要事先做好财务资源的准备；第二，公司的财务计划，除了利润计划之外，很重要的是现金流的计划，因此，在项目的启动之初，需要对项目的回款时间、结点等进行规划，纳入公司统一的现金流管理。

（3）物质资源计划

项目的物质资源计划，包括项目所需要的设备、材料、生活设施、办公设备、交通工具等，是确保项目开展的必要条件。

（4）知识资源计划

对于专业服务公司来说，项目所需要的知识资源是最为基本和重要的资源之一。项目所需的知识资源，主要来自两个方面：一是公司知识管理平台可以提供的有形的文件、资料、案例等；二是公司内外部的专家系统所拥有的经验和隐性知识。

知识资源的组织，一般是由项目人员提出，专业服务公司的知识管理或项目管理部门进行组织，必要的时候，可以调用专家提供支持和协助，以确保项目所需智力支持到位。

2. 项目人力资源的分配

项目人力资源的分配主要是根据项目任务的要求来进行的。根据项目情况，某些项目的人员分配是从预分配开始。所谓预分配，是指在项目的前期过程中就根据客户的要求和内部专业人员的业务方向，对未来参与项目的人员进行安排。一旦项目获准开始，上述人员就按照预分配的方案参与项目工作。

在项目人员分配中，还存在“实体分配”和“虚拟分配”的概念。其中，全职、实际参与项目的人员，要进行“实体分配”；而项目的高层管理者、行业专家、专业专家等，只是在必要的时点和里程碑结点参与项目，更多的时间则从事自己的本职工作，这些人员的安排属于“虚拟分配”。

3. 客户方干系人沟通管理

在与客户方对接的过程中，首先需要对客户方项目干系人进行全面分析：明确他们的职位、在项目中扮演的角色、承担的责任甚至个人喜恶、工作偏好，等等，做到知己知彼。在此基础上，针对每一项目干系人，确定我方的对接和沟通人员，有秩序地组织沟通与协调工作，需要特别注意以下几点。

①沟通时机的把握。在项目进展的关键环节，一定要做好沟通工作，如：项目启动、项目阶段汇报、项目遇到重大/疑难问题，等等。在这些关键点，必须要与客户方的干系人进行沟通，听取他们的意见之后，方能开展后续工作。除上述关键结点之外，通常情况下，周度、月度的例行交流与沟通也是非常必要的。

②沟通技巧的掌握。在与客户方接触的过程中，理解对方意图需要花费一

定的时间，双方需要不断磨合，也要讲求一定的方法和技巧，据理要力争，同时也要尊重对方，做到耐心、真诚，尽量避免冲突的产生。

③获取客户方的支持。在与客户合作的过程中，很多资源和资料都需要客户方提供；项目中遇到疑难，也需要客户方协助和解决，因此，在需要的时候主动向客户方寻求援助，避免闭门造车，防止主观臆断，也是对项目、对客户负责的一种表现。

④履行对客户方的保密义务。在项目的开展过程中，对于客户方要求保密的信息和资料，一定要妥善履行保密责任，以免信息泄露给双方带来不必要的麻烦。在客户未明确要求保密的前提下，基于职业的操守，对于从客户方获得的信息、资料等，也要主动履行保密义务。

四、项目执行管控

项目执行管控，是以事先制订的计划和标准为依据，定期或不定期地对项目实施的所有环节进行检查、分析、评估，发现项目活动与计划、标准之间的偏离并提出调整方案，促进项目实现既定计划与目标的管理过程。具体来说，项目执行管控包括项目计划管控、项目质量管控、项目成本管控和项目风险管控四个方面。

1. 项目计划管控

在项目进行过程中，项目的任务、边界或标准会因客户的要求而发生变化，人员和资源需要随之做出调整。相应地，项目计划也必须进行变更——提前或者延后，这就需要对项目计划进行不断的追踪，针对计划的关键节点进行完成情况的评估，并提出相应的解决方案。

2. 项目质量管控

项目质量管控是确保项目最终产品和工作过程符合客户期望的管理手段。在项目过程中，需要采取多种预防措施防止质量失误，排除可能影响项目质量的问题点。

项目质量控制的通行做法，一是在项目计划阶段制订《质量管理规划》，预防在先；二是在项目的开展过程中，由项目管理部门进行质量检查，实行事中控制；三是在项目结束之后，由客户方进行最终的评估和验收，属于事后检验。

3. 项目成本管控

项目成本控制方法有两类，一类是分析和预测项目影响要素的变动与项目成本变化趋势的项目成本控制方法；另一类是控制各种要素变动而实现项目成本管理目标的方法，无论采取哪种方法，对于项目的成本都要做到及时、准确、有效地控制。

由于专业服务工作的特殊性，项目的边界往往难以界定得特别清楚，一旦发生项目拖期或者服务内容增加，随之而来的就是成本的失控。面对这样的情况，一是要及时知会项目人员，严控项目成本；二是要积极与客户沟通，争取客户给予费用追加；三是要通过“开源”和“节流”两种方式，确保项目的成本仍能处于受控的状态。

4. 项目风险管控

项目风险管控的工作内容有三个方面：一是监视风险状态，如风险是否已经发生、风险仍然存在还是已经消失；二是检查风险对策是否有效，监控机制是否在运行；三是不断识别新的风险，并制定对策。

项目风险管控有以下几种最常用的方法。

①风险审计：由专人或专门的机构检查监控机制是否得到执行，并定期开展风险审核，针对主要结点识别风险并进行分析，针对风险制定应对计划。

②偏差分析：与基准计划比较，分析成本和时间上的偏差。例如：未能按期完工、超出预算等都是潜在的风险。

③指标管理：对照原定技术指标，考察实际完成指标与原定指标的差异，如测试未达性能要求，缺陷数超过预期，等等，并针对上述情况进行有针对性的干预。

五、项目后期管理

项目后期管理的重点集中在项目成果的交付与验收、项目结审与评估、项目服务与实施效果跟踪三个方面，其中，项目成果交付与验收，主要以客户为中心进行；项目结审与评估，一般是由专业服务公司自行组织，目的是对项目运行情况进行总结，以利提高；项目服务与实施效果追踪，主要是由专业服务公司在项目结束之后开展，以确保项目成果有效落地实施，以及与客户保持长期、持续的沟通与合作氛围。

1. 项目成果的交付与验收

项目管理，始终都非常关注成果的交付。交付成果在很大程度上反映了项目目标的要求，完成全部成果的交付意味着覆盖了全部的项目范围，项目活动、项目资源都是为了有效完成交付成果而发生的。

从项目的定义可以看出，项目本身就是为了完成某种特定的产品或服务而存在的，因此，项目的交付成果也同样包括“产品”和“服务”两类。这两类交付成果具有很大的差别：产品通常是指有形产品，而服务经常被称为无形产品，有形产品和无形产品的根本区别在于：有形产品可以储存，其制造过程和交付过程可以分离，而无形产品则不能储存，其制造和交付过程是不能分离的。

对于专业服务项目，一般情况下都包含“产品”和“服务”这两种成果形式。一方面，需要为客户提供有形的产品；另一方面，在整个产品的制造过程中，服务贯穿始终，针对项目的培训、支持等，都是以服务的形式存在。

在成果交付与验收的过程中，交付的主体是专业服务公司。专业公司要根据项目的要求提交适当的成果，至于成果的达标情况如何，需要客户方进行验收。客户会按照项目前期确定的任务和标准对提交的成果进行评估，在评估过程中，一方面是对有形产品质量的评估，另一方面是对整体接受的服务体验的满意度进行评估，两个方面相结合，才能确定最终的验收结果。

2. 项目结审与评估

项目成果的交付与验收都是以客户方为准，而项目结审与评估是按照专业服务公司的内部标准进行的。项目结审的标准，一方面包含客户的要求与标准，另一方面则是专业服务公司为确保自身专业性和服务品质而设立的标准。

项目结审材料的准备，由参与项目的人员负责，项目结审会议由公司组织，会议的内容包括但不限于：对项目背景及进展过程的回顾，对所遇到问题及解决方案的描述，对所提交专业成果的介绍，对客户评价的展示，等等。

参与项目结审的专业人员，在全面听取《项目评审汇报》的基础上，可以进行有针对性的提问，与项目人员就相关问题进行交流。

通过项目结审与评估，可以总结项目的成功经验、提炼有价值的知识成果；也可发现项目运作过程中的差距和不足，总结经验教训；同时，结审与评估的结果可以作为项目团队考核、激励乃至后续培训与能力提升的重要依据。

3. 项目服务与实施效果跟踪

虽然对项目规定了时间节点，并且在实际操作中走完了流程，但是项目成果的完全落地实施肯定需要一个相对较长的时间，需要专业服务公司提供后续服务，对实施效果进行跟踪。如果项目小组的人员确信后续的服务和跟踪符合客户的利益，并且自身也能够继续为客户提供帮助，就可以在最终的汇报以及同客户的协商中提出建议。

对于专业服务公司而言，这种跟踪服务的好处不言而喻。首先，可以为专业服务公司提供收入；其次，可以进一步了解项目对客户的真正影响；再次，可以及时发现客户面临的新问题，从而拓展新的服务内容。

对于客户方而言，通过后续的跟踪服务，可以确保项目的设计成果落地实施，在企业产生可见的经济效益，提高专业服务项目的投入产出比。

第五节　专业服务公司的全流程精确交付系统

一、全流程精确交付概述

1. 全流程精确交付的重要性

在专业服务公司的运营管理中提出“全流程精确交付”的概念，适应了客户对服务品质不断提升的要求，对于专业服务公司核心竞争力的培育具有非常重要的意义。

2. 全流程精确交付的核心思想

"全流程精确交付"讲求的是在整个项目过程中对以项目成果交付为核心的流程系统的精确性把控。具体来说，是对全流程中三个关键点的自始至终的关注。

第一，要实现客户需求的自始至终的传递。在项目管理过程中，专业服务公司会对项目任务进行分解，不同的任务会指派不同的团队完成。对于项目而言，前期的商务洽谈团队、中期的生产运作团队和后期的维护跟踪团队很可能不是同一个团队，这就存在一个衔接问题，需要各个团队有效、一致地传递客户的需求，秉持同一个服务标准。团队可以不一样，但是服务过程的专业化、标准化以及客户需求导向的指导思想必须一致。

第二，要实现对项目质量的自始至终的掌控。质量为先、追求尽善尽美，是专业人员对待客户及工作时所秉持的职业态度，着眼于质量，就是着眼于尽最大努力满足客户的需求。如果质量这一概念被接纳，那么，每一个专业人员都会自觉地对质量负责。

专业服务公司的质量管理包括两个层面，一是提供产品或者服务的客观的技术标准，如专业水平、操作技能、数据选取、事实分析、方案评价，等等；另一方面则是与客户关系中的人文层面，如服务中表现出来的关怀、尊重、给予客户额外的帮助、以客户价值为上，等等。

第三，要实现对资源的自始至终的动态匹配。全流程精确交付，要求在整个流程中各种资源得到合理的调配，这就需要对公司内部的人员、财务、物资、知识等有形、无形的资源储备有一个系统的掌控，同时，密切跟踪各种资源的使用状况，根据变化和需要，随时进行动态调配。

三个"自始至终"，正是专业服务公司"全流程精确交付"的精髓所在。

二、全流程精确交付中的客户需求传递

1. 需求采集与分析

客户需求采集与分析是"全流程精确交付"的第一步，其目标是：通过

多种技术手段和方法，了解客户的真实需求和期望解决的问题。

(1) 客户需求采集与分析的意义

在一个新项目的开始阶段，人们往往非常兴奋，往往轻视了需求分析的必要性。然而，大量失败项目的分析证明：一个彻底的、客观的需求分析是确保项目成功、降低项目耗费和控制技术风险的唯一手段。

客户需求的采集与分析需要由有充分经验、技术知识和语言技巧的专家来完成。单纯凭客户提出的要求，有时并不能确定一个完整的、可执行的、有效果的解决方案，原因在于：由于角度所限，客户对自己所面临问题的认识往往并不客观、清晰和完整，这就需要有专业经验的人士采用适当的方式帮助客户挖掘真实的需求。

客户需求的采集与分析是一项艰巨的挑战。首先，要确认关键信息的持有人，要从这些人处取得可用的信息；然后，把这些信息转化为清晰和完整的需求表现形式；同时，分析者还要考虑到影响需求实现的可能的限制条件，评估项目的可行性、经济性，等等。

确认关键信息持有人是一个非常关键的过程，也是完整地完成需求分析的第一步。关键信息人不一定是客户的领导，也可能来自对接小组的其他人员，比如与项目组合作的相关部门的领导，等等。应考虑从不同层面、不同角度寻找关键信息人，以获得更为全面、真实、立体的信息。

(2) 客户需求采集与分析方法

需求分析有可能在一个项目中成为一项漫长、艰巨的工作。需求分析专家与客户交谈、记录他们的交谈结果、分析他们收集到的信息，从中提取互相矛盾之处，总结出一个概要的观点，然后再与客户交流发现的问题。这个过程可以不断重复，在有些项目中，这个过程可以伴随整个项目的生命周期。

有经验的分析员可以使用不同的技术从客户处采集需求，比较传统的方式包括访谈客户方重要干系人，与客户方代表召开座谈会，采用匿名问卷进行调查，等等，比较新的技术方法包括建立数学模型，使用案例进行类比和引导，等等。

①采访持重要信息的干系人。采访持重要信息的干系人，是需求分析中一个必不可少的过程。但在一个大的系统中，要采访许多人，需要大量的时间和资源。同时，不同的顾客有可能有不同的甚至相反的需求，也会令分析人员手

足无措。

②召开需求分析会。客户方对自己的需求认识不清，或者需要平衡内部多方的不同观点，这时最常用的方法是召开需求分析会。在需求分析会上，分析员和持重要信息的人共同交流，大家分别从不同的角度贡献信息，提出需求，再基于企业的实际资源情况缩小需求，明确任务与目标。

通常情况下，需求分析会由一名负责人主持，一名记录人员记录会议的全部讨论和发言内容，有时会用到投影仪和相应的软件（如思维导图软件）作为支持。一般来说，这样的需求分析会要举办多次，才能得到最终结果。

需求分析会是行之有效的需求确认方法，其难点在于：往往很难同时将所有持重要信息的人聚集到一起。

（3）客户需求采集与分析过程中的注意事项

①分析人员要使用符合客户语言习惯的表达方式。

②分析人员要了解客户的业务模式。

③分析人员要尊重客户的意见，以满足和超越客户期望为目标。

④需求分析的结果，一定是在与客户反复沟通、达成共识之后产生。

⑤需求发生变更时，要立即与提出需求的各方取得联系，迅速进行协商和再次确认。

2. 需求传递

所谓需求传递，是将确定的需求从项目运作链条的前端逐渐向后端传递，确保项目运作的各环节按照统一的客户需求、统一的标准开展工作。

（1）需求传递的形式

因为服务环节不同，需要的团队存在差异，所谓需求的传递，实际上是不同团队之间工作的衔接，而衔接的原则是：保持对客户需求的统一的理解，这就对专业服务公司的内部管理提出了严峻的挑战，因为与团队之间的协同相比，个人之间的合作要更加难以控制。

为了保障客户需求的有效传递，一种方式，可以通过流程、文件、信息化平台的强制约束，确保项目各环节的团队周知客户的需求，这种“硬拷贝模式”问题在于：客户的需求可能会被各个团队完整地拷贝，但未必被真实、准确地解读。另一种方式，可以采用“环环相扣”的人员管理方式，所谓

“环环相扣”，就是前端团队吸纳小部分后端团队的人员参与前端工作，这样，当后端工作启动时，后端团队就可以在先遣人员的协助下，非常高效和准确地了解、认识、确认客户的需求。

以某专业服务公司为例，其前期商务洽谈团队由三人组成，其中一人就来自于项目运作和管理部门。如此，一方面，前期团队有后端专业人员的协助，对需求的掌握更加准确，对未来项目运作方式、成本控制等更加有数；另一方面，该后端专业人员从开始就参与到项目洽谈，对客户需求的产生和发展过程有全面的了解，也便于未来为后端的项目运营提供有针对性和建设性的意见。

在项目正式启动之后，项目运营团队由四人组成，其中一人就是前期参与洽谈的技术人员，他可以协助整个团队掌控客户的需求，在项目开展过程中，当遇到变化时，可以追溯前端，权衡利弊，提出有利于己方的调整意见和建议。同时，在项目运营团队中，有一名成员是被吸纳的后端维护人员（或者后端维护本来就由生产人员担任）。后端维护人员及早参与项目执行过程，使得他对项目有详细的了解，在后端维护时就可以尽早发现问题，及时处理解决，从而赢得客户的满意。

同时，在持续服务的过程中，后端人员也会不断发现客户的新的需求并反馈给公司的商务部门，再由商务团队与客户接触，争取新的合作机会。

在整个过程中，项目前端、中端、后端三个环节的团队环环相扣，有效地保证了对客户需求认知的连续性。

（2）需求传递的方法

通过人员实现客户需求的传递只是一种形式，人员传递过程中也需要使用一定的方法使信息从一个团队传递到下一个团队，最常用的方法是：组织召开接头会议、配合系统文件的交接，实现需求信息的有效传递。通常的流程如下。

首先，由项目管理部门组织前端的商务洽谈团队收集客户的基本信息，确定客户的需求意向，然后，会同生产运营团队对信息进行分析，确认需求后反馈给客户方，促进双方就需求达成共识。项目管理部门就确认后的需求召集商务团队和生产团队进行会商，将客户需求、基本情况等信息和经过加工整理的需求资料由商务团队传递给生产团队。

生产团队将依据确认的需求进行生产，在生产过程中，如客户出现需求变更、增减或者更改，生产团队应就相关信息向公司反映，经审批后依法对需求进行变更并整理记录。生产结束之后，要将变更后重新整理的需求再次通过接头会的形式传递给后续的维护团队，后续团队根据整理的需求为客户提供跟踪服务。

在后续服务过程中，会存在很多潜在的需求，这就需要后续团队留意客户的需求，有意识地进行需求的挖掘，将汇总到的信息反映给公司，并协助商务团队完成新的合作意向的确定。

(3) 需求传递的内容

在需求传递的过程中，虽然团队之间都是通过人员、会议、文件等形式和方式进行信息的传递，但不同的团队对接、传递的信息有所不同。

商务洽谈团队与运营团队之间的需求传递，其传递的主要信息是前期收集到的客户资料信息，如企业概况、所在行业、面临问题、服务需求、合作意向等。因为很多客户最开始的时候对自身的需求认识并不深刻，只是感觉到有问题，但具体需要做哪些改进、如何改进、改成什么样子，并没有明确的定义。这时，商务洽谈团队就需要帮助客户发现其真实需求，并将这些信息传递给后续的生产运营团队。

生产运营团队与后期服务团队之间的需求传递，其传递的主要信息是生产过程中变更过的需求。通过生产团队与客户方逐渐深入的合作，会发现客户的很多真实需求，这时，需要对早期的需求做出变更，按照变更后的需求进行生产，并将这些需求变更的情况以及客户对于后期服务的需求一同传递给后期服务团队，协助他们做好后期服务的准备工作。

后期服务团队与商务洽谈团队之间的需求传递，其传递的主要信息是后期服务团队在服务期间发现的新的客户需求。通过后续的跟踪服务，会在进一步的合作中发现客户的其他方面的问题，或者在前期服务的基础上产生的新的需求，这些都是再次合作的基础。后期服务团队要及时把这些信息进行搜集和整理，并传递给商务洽谈团队，由后者与客户展开有针对性的沟通和接触，以争取获得新的服务订单。

三、全流程精确交付中的质量控制

1. 专业服务公司质量管理的现状

大多数专业人士和专业服务公司对于客户服务的重要性都有很好的认识，

即使不是全部，至少大多数公司都能认识到技术质量（工作的结果）和服务质量（客户感受）之间存在着很大的差异。同样，几乎所有公司都认识到，服务质量对客户满意度所起的作用。

一般意义上，客户从单纯技术的角度找到解决问题的供应商并不难，但是在调查他们接受服务的感受时，满意度普遍很低，甚至怨声载道。这样的现象并不出人意料。我们都有过聘用专业人士服务的经验，对于上述客户的感受应该可以理解。事实上，能够做好服务的专业人士非常罕见，而能在这个领域保持长期、良好表现的专业服务公司，则更难寻觅。如果询问员工，多数人都能够清楚地描述提高服务质量的手段，但现实是，很多专业人员都不按照这样的要求去做。

客户服务绝对不是"花架子"，从客户的角度，他们所理解的服务质量，并不是所谓的"对客户好"，"讨好客户"，"手把手"，而是所完成的工作对于客户来说确实富有价值。

2. 有效的服务质量控制系统

根据戴维·梅斯特在《管理专业服务公司》中的分析，要想建立一个质量控制系统，需要开展以下五个方面的工作，专业服务项目的质量控制也不例外，这五个方面依次是：跟踪系统、管理层的反馈、技巧和工具、培训、奖励。

（1）跟踪系统

很多公司制定了收集客户反馈意见的措施，例如，公司内部的"项目质量跟踪会"，总经理拜访客户制度，等等。但是，实践证明，最为有效的跟踪系统，是向客户邮寄《客户满意度调查表》。它的作用不是收回信息，而是为公司的管理系统增加一种"服务质量责任"——因为每个客户的满意度都得到了公司的全面监控，所以员工必须为每一位客户提供优质的服务，无一可以例外。

评价反馈系统的好坏，不在于它是否能精确地衡量，而在于它是否能够对所有员工的行为产生影响。面对面的调查工具（如质量跟踪会、总经理访问等）获得的信息有时比问卷调查更为全面，更受客户欢迎，但起不到"提醒"的效果，不能使每个专业人员时刻自觉地执行令客户满意的行动。

服务质量反馈系统，必须便于客户提意见，而《客户满意度调查表》正好能达到这个目的，研究表明，书面回答问题比面对面提出意见更直接、更真实。

对于专业服务公司来说，向客户提问、征询客户对自身服务的意见，永远不会伤害公司，真正伤害公司长远利益的，是对客户的问题置之不理。

（2）管理层的反馈

收集了客户对服务的评价之后却不进行有效的反馈，这对专业服务公司来说是一个严重的错误。因为服务质量管理系统的核心是形成员工的自省机制，因此，对问卷的反馈、处理方式同征询意见一样重要。每位合伙人和项目组的每一个成员都应得到问卷的复印件，负责管理该客户的高级管理人员应仔细研究问卷，同项目负责人一起研究如何进行回复和反馈。

反馈系统要发挥作用，还需要进行更长时间的追踪。反馈结果应制成表格，每隔六个月或一年，专业服务公司的高层应该与全体员工共同讨论：客户反馈的问题，我们进行了何种改善，对团队和团队业绩有何影响。只有这样，才能形成一套有效的责任体系，才能使公司员工的行为真正发生变化。

在问卷发放和信息反馈方面，也有一些规范的做法值得借鉴，比较有效的方法如下。

①项目负责人亲自告诉客户，会有问卷邮寄给他，并且是总经理（不是项目经理）亲自发放的，同时还要向客户解释“为什么要这样做”，这就给了客户一个信号：不仅项目经理个人、甚至这家公司的高层，也对服务质量非常重视。

②反馈的问卷应寄给公司或者总经理，这样有助于得到真实的回答，这也是公司品牌的建立方式。同时，也让所有专业人员都知道，他们的服务质量会被客观的跟踪和评价。

③一般来说，客户很欣赏这种制度，大多数客户会很高兴有机会提意见，但需要注意的是，不要把权力交给项目负责人。因为为了自己的荣誉，项目负责人有可能把问卷专门发给与自己关系良好的客户方人士，回避对自己的服务不满的客户方人员，这样就可能导致整个反馈系统的失效。

（3）技巧和工具

服务质量控制系统的有效运行，在一定程度上需要专门的技巧和工具进行支撑，以广告公司为例，他们的做法是：成立专门的“客户增值服务研究团队”，以这个团队为核心，采用各种方法找到令客户感受到充分增值的可改进点。

第一，研究公司在接触客户过程中的每一个环节，从而创造提高客户感受度的机会，这包括：使用对客户更有用的书面沟通及报告、让客户参与服务过程、提高会议对客户的价值、让客户清楚地了解项目进度，等等。

第二，针对公司相对固定的运作流程，团队将画出工作流程图，分析每个环节，提出改善客户感受的手段。他们理出所有的“关键时刻”，设定每个关键时刻的理想结果，对于经常出现的“关键时刻”，会重点考虑如何进行管理。

第三，团队也从《客户调查问卷》中得到灵感，甚至为此拜访客户高层、组织公司内部的研讨会等，以获取第一手信息。

第四，分析完成之后，团队将求教公司的“老手”，收集这些人在每个步骤令客户感到满意的最佳做法，建立一个“行为案例集”，并推动这些行为案例在公司的使用，把它们固化到公司的培训教程和其他运作系统中（如为每个项目所提供的《项目工作指南》）。

（4）培训

为了确保服务质量，专业服务公司将针对员工开展一系列的培训，以保证他们在专业知识、作业技巧和沟通技能方面达到令客户满意的标准。

有关服务的专业知识的培训，通常以课堂学习的方式进行，在学习之后可以进行考试，以促进学员对上述知识的掌握。

有关作业技巧的锻炼，首先需要收集一些典型的、在客户服务中经常遇到的工作实例，编成情景模拟剧和教材，从客户服务质量管理的角度讨论这些案例，巩固知识，并把技巧运用到具体的工作当中。

有关沟通技能的训练，应该包含一些经典情况，如“怎样告诉客户他不对?”、“客户不喜欢你的创意怎么办?”等等；公司所积累的智慧和经验，应该写到训练教材中，以确保这种技巧有效地传给公司的每位员工。其他类似的有关于沟通技能的训练包括：学习说服客户，不要自说自话；帮助客户理解你在说什么、做什么以及为什么要这样做；给客户充分的理由，不要只给客户结论；用客户能够看出价值的方式向客户汇报；训练客户利用我们的成果，根据客户的能力提交适合的成果，方便他们在我们的成果之上展开行动，等等。

(5) 奖励

服务质量管理的最后一个步骤，是确保那些为客户提供优质服务的人员（根据客户调查问卷的评价）获得奖励，令客户感到不满的人员，将受到某种形式的惩罚。如果缺乏这一环节，很多人就会认为，“客户服务质量很重要，但公司真正看重的并不是它”。

我们的建议是，在开展客户满意度调查的第一年，给全体专业服务人员以机会，正视客户的评价，根据新的要求重新塑造自己，并逐渐认可数据的真实度和准确性；自第二年开始，客户服务质量监控的结果，一定要与专业人员的收入切实地挂起钩来。

四、全流程精确交付中的人力资源调配

1. 人力资源调配的重要性

在一家专业服务公司中，人力资源的调配是最为重要的运营决策，从某种意义上说，谁负责公司的人员调配，谁就是真正管理公司的人。做出谁该在哪个项目上工作的决定，似乎是件微不足道的小事。但正是因为每天都在进行的工作安排，日积月累，就会影响到专业公司的发展和方向。

通过对不同的项目分配适当的人力资源，会影响到项目的成本、质量、完成时间。这一调配动作的背后，往往代表着公司的价值取向，如：如何看待利润和服务质量的关系，如何看待公司长期利益和短期效益的关系，如何看待不同客户的优先级别，如何看待两个员工对于公司的价值，等等。同时，人力资源的调配也将影响到公司内部专业知识的传播，特别是个人经验和知识向公司其他专业人员的定向传播。

对于员工个人来说，人力资源调配的影响更为长远：专业人员所接触的项目类型，会影响到他们的知识积累和个人发展，影响到他们对公司和客户的价值，并最终影响到他们对公司的满意度、工作的动力和劳动生产率。

2. 人力资源调配的作用

人力资源调配的作用，充分体现在以下四个方面。

（1）控制项目人工成本

对于专业服务公司来说，项目成本中的绝大部分往往是人工成本，能够对人力资源进行有效的调配，就能够实现对项目成本的有效控制。具体来说，控制项目人工成本体现在三个方面：一是根据项目的需要合理配置人员，不盲目堆砌“豪华阵容”；二是加强计划管控，根据项目的进展灵活增减人员；三是以行业龙头劳产率为目标、以行业平均劳产率为基础，基于人均产值进行人员配置和安排，通过一人多项目、一人多岗等方式，提高人均产值和创利能力。

（2）影响客户满意度

人力资源调配的结果，有可能直接影响到客户对服务的满意度，举例来说，一个高级员工也许对两个不同项目都有特别资深的专业知识，分配这名员工在其中一个项目而非另一个，一定会对这两个客户的服务带来不同的影响，从而对客户的满意度构成影响。

再比如，专业人员或团队的风格与客户是否匹配，也是人力资源调配中需要考虑的内容之一，选择一个合适的团队与客户的取向相适应，可能会直接影响到项目的成功，以及与客户的长期合作。

（3）决定员工个人发展

除了对人工成本和客户满意度产生影响之外，人力资源调配也在一定程度上决定了员工的个人发展。因为，在专业服务公司中，技能是员工发展的基础，而技能的习得主要是在服务的执行过程中，因此，对于项目的人员调配会影响到员工在工作期间技能建立的程度，不仅决定员工能在项目中学到多少东西，而且决定他可能会学到什么样的东西。如果一个人长期被分配做同样的工作，公司可能会得到一个这方面的熟手，而如果公司安排一个人分别参与不同的项目内容，则有可能收获一个全面的人才或者多面手。

在开展人力资源调配时，必须考虑公司需要与个人需求的协调。当专业人员的技能积累到一定程度的时候，再让这个有经验的人继续做同样的项目，对公司的收益就不大了，而应该让初级人员去做同样的工作，积累经验，这样，公司就会有更多的人掌握这项工作。

同时，人力资源调配还要考虑到初级员工成长的需要，不仅要让初级员工接触到各种行业、技术部门以及各种任务，还要让他们有机会与多位高级专业人员一起工作，其理由在于：一是高级专业人员有不同的能力倾向，传授技能、知识和专业的热情也不一样，如果一位初级员工总是固定地同一位高级专业人员一起工作，可能会埋没他的潜能，事实上，也没有任何一位高级专业人员能够满足初级员工的全部发展需求；二是大多数公司在晋升初级员工时，往往会征求与其一起工作过的高级专业人员的意见，多位高级专业人员对初级员工的工作进行评价，有利于得出客观的结论，令公司做出正确的决策。

（4）影响员工满意度

虽然任何企业员工工作态度对业绩都有重要的影响，但对专业服务公司来说影响尤其突出，这是因为：专业服务公司是依靠专业人员为客户提供特定服务的公司，专业人员的工作态度，直接决定了服务质量的高低以及客户的满意程度。而对专业人员来说，寻求挑战，寻求自我突破，期望工作能够满足个人兴趣，这些都是专业服务公司在人力资源调配中需要考虑的因素。

研究显示，员工对人力资源调配的满意度不仅取决于专业对口，还取决于很多方面，如：项目地点（做前三个项目时多次出差）、紧急程度（为什么总是让我处理危机，公司的项目可并非都是这样）、项目伙伴（别让我跟张三或李四合作，他们虽有能力，但是我们不默契）等等。

总之，专业服务公司的人力资源调配对于员工满意度的影响是直接的、显著的，需要特别加以关注。

3. 人力资源调配的实施过程

如何开展人力资源调配，需要收集何种信息作为人力资源调配的依据？我们不妨参考以下四个步骤。

①了解每个项目的任务工作分配表及所需专业知识。上述背景信息可以指出：该项目在哪些时间需要哪些技能，以及对工作期限的要求。同时，人力资源调配者要了解员工的技能水平和有效的空余时间；如果调配者的经验丰富，他不仅应该考虑谁能完成这个项目，还要考虑每个人的成本是多少，项目的综合人工成本可能是多少。

②考察每个专业人员的背景，即员工在什么行业工作过、完成过什么样的任务、在项目中扮演的角色如何、曾经与哪些合伙人一起工作过，等等。除此之外，可能还要考虑一些员工个人发展或个人偏好方面的因素，如：员工有没

有一些特别的个人理由想在某一个行业工作？他在这个月是否需要在离家近些的地方工作？这个员工是否跟某些管理者或合伙人存在特别的默契？以往，这些问题在工作分配时不被重视，但实践证明，恰恰是这些问题决定了一个专业人员能否全身心地投入到一个项目。

③考虑项目主管层的偏好，看他们希望哪种类型的员工在他们的项目团队中工作，他们与哪些专业人员的工作配合较多，合作更为默契。

④考虑客户对公司的重要性。如果该客户或项目对专业服务公司来说非常重要，那么就应当调配一个最适合的人负责这个客户或项目。这方面的决策不明智，在后续的项目运作和客户关系方面就必然会出现危机。

延伸阅读 世联地产：基于专业化的运营管理

世联地产成立于1993年，是国内最早从事房地产咨询的专业服务机构，它以“咨询+实施”的独特的业务模式，提供从区域开发、旧城改造、土地出让到项目开发、新房销售、二手房租售的综合服务。以“为客户挖掘物业价值，降低交易成本，解决房地产问题”为经营之本，世联凭借全国共享的知识管理平台，为客户跨地域发展、开拓细分市场、实现精细化运营等多样化的需求提供强有力的支持，致力于推动中国房地产市场的发展，致力于成为中国房地产市场服务的第一选择。

作为国内专业从事房地产营销的顾问与代理机构，世联具有显著的竞争优势，具体来看，可以概括为秉持稳健战略、持续专业积累、知识管理平台、研究与品牌建设、全国布局、统一与集中运营、打造卓越团队七个方面。

一、秉持稳健战略

作为房地产顾问策划和代理销售服务的提供者，世联追求的是在房地产咨询领域为客户挖掘价值、节省交易成本、降低专业风险并实现利益。为此，世联确定永不介入房地产开发，以保持自身对房地产市场的客观与冷静的认识。

稳健经营还体现在对于业务风险的有效控制。世联从事房地产顾问策划和代理销售业务多年，知识、经验得到了充分的整理和沉淀，基本实现了服务流程的规范和标准化，能够以客观、独立的专业形象为客户提供服务，同时，严格遵守国家关于房地产销售的管理规定和行业规范，既完成了开发商的销售任务，也保护了置业者的利益。

在提供服务的过程中，世联坚持以专业实现价值的经营模式，服务主要包括：前期市场调研、楼盘市场定位、策划报告、现场售楼等等。其中，世联坚持拒绝进行以投资为目的的风险经营，不吃差价，不参与楼盘买卖，当前的销售代理业务均为不包含包销代理的一般代理业务，公司不承担销售费用，风险相对可控。

二、持续专业积累

自1993年设立以来，世联专注房地产顾问策划和代理销售业务，凭借稳定的团队、专业的员工队伍，为客户提供房地产营销代理服务，积累了丰富的经验，并不断总结、固化，形成自己的方法论体系和专业模式，建立自己的知识管理平台。

自成立以来，世联的业绩实现了稳定增长，表现出了持续、稳定的盈利能力。2007年下半年以来，在房地产市场调整的前提下，公司凭借专业素质和品牌知名度，进一步强化了顾问策划业务的市场地位，并提升了代理销售业务的市场份额。2008年，公司顾问策划业务收入和代理销售收入分别为18255万元和28893万元，分别比上年增长15.17%和7.79%。

凭借持续的专业积累，公司在房地产业内塑造了较高的品牌知名度，并得到了众多房地产开发商的认可。

三、知识管理平台

作为地产领域的专业服务公司，世联非常注重知识、经验的沉淀、加工与推广，斥巨资建立了公司内部的知识管理系统，以及和市场信息、客户资料相关联的资源数据库，有效地实现了公司内部的知识共享，其中典型的模块和功能包括：

①策划与顾问平台系统。世联对以往超过1000个策划与顾问项目进行了

案例总结和经验沉淀，通过该系统实现了案例共享。同时，与清华大学等国内一流高校和研究机构建立了资源共享的机制。

②销售管理系统。世联自2003年开始使用该系统，将历年代理销售楼盘的销售数据和置业者信息纳入了系统管理。截至2009年6月底，该系统累计记录了超过579个代理楼盘的详细销售数据和超过130万条客户信息。通过销售管理系统，公司可有效协助开发商迅速定位客户，提高销售与回款速度。

通过建设和运行知识管理平台，世联实现了数据盘活、信息共享、经验沉淀，帮助公司极大地提升了专业服务水平、树立了专业化的形象。

四、研究与品牌建设

世联自成立以来，一直坚持诚信经营、专业进取、团队执行、客户增值，形成了良好的市场口碑。公司现有的品牌推广渠道主要是专业杂志、专业图书、专业网站和专业论坛展会，等等，目前已经形成了以专业研究成果和行业思想为核心优势的品牌推广策略。

凭借多年积累的行业经验及专业能力，世联出版了一系列房地产市场的专业研究书籍，在行业内具有较高的影响力。2009年6月，世联面向机构客户，以“世联地产顾问系列丛书”为主导，公开发行房地产专业图书18种，其中《联合开发——城市运营的出路》和《公共住房浪潮——国际模式与中国安居工程的对比研究》已被南京大学、南开大学、武汉大学和香港大学等诸多高等院校图书馆收藏，并成为学科研究的专业书籍。

世联在图书出版和专业研究上的成绩斐然，一方面扩展了品牌的影响力，另一方面也极大地促进了自身专业能力的提升。根据中国房地产TOP10研究组共同主持的《2004~2008年中国房地产策划代理品牌价值研究》，世联地产连续成为“中国房地产策划代理公司品牌价值TOP10”的第二名，同时，世联地产的品牌美誉度、忠诚度位列行业第一。

五、全国布局

以深圳为总部，世联通过23家子公司构建起珠三角、长三角和环渤海三大业务中心，面向全国提供房地产营销综合服务。截至2008年，公司已为全国90多个城市的客户，超过1000个房地产项目提供了高质量的营销综合服务。

为进一步提升竞争力、扩大规模，实现发展目标，公司正在谋求顾问代理业务的全国布局，以泛长三角区域、京津塘环渤海区域、泛珠三角区域、中西部城市群（其中重庆、成都是全国统筹城乡综合配套改革试验区）为中心，向其周边经济辐射区范围内的二、三线城市进行网状布局和扩张。

根据业务发展实际情况，世联对子公司实施按区域统一管理的模式，母公司通过深圳、上海和北京三大区域管理中心统一管理所有子公司，每个子公司均提供代理销售业务及顾问策划业务，实现了代理销售与顾问策划业务的紧密衔接。

全国布局是在市场竞争加剧的前提下保持领先地位的必然选择，也是配合主要客户在异地发展的客观需要。

六、统一与集中运营

在顾问代理业务全国布局的前提下，世联建立了与公司扩张策略相配合的企业整体管控系统，以公司的业务与管理流程为基础，建立了符合各业务线、各行政与管理部门需求的集成服务平台，并通过应用集成服务平台实现了跨部门协作，支持跨部门流程；整个方案核心的思想是搭建集成服务平台，使公司所有的业务流程和相关的管理流程在一个统一的平台上运作，并通过IT的手段加以实现。

在集团层面，世联成立了市场部、知识管理部、战略投资部等专业部门，以加强对业务的专业化指导，提升公司内部的资源共享和知识共享水平。

世联的集中运营策略，一是建立以财务业务一体化为特征的核心运营平台；二是对优化后的知识管理流程及客户流程进行系统固化，建立公司统一的客户管理信息平台，实现客户信息在代理、顾问、经纪业务上的共享；三是强化对机构客户的服务能力，进行统一的客户信息管理、分级维护、合理共享。四是通过应用平台集成知识管理，与业务紧密结合，使其支持统一、灵活的知识分类体系，具备展示知识全貌的知识地图，确保业务扩张后人员的快速成长和服务品质的稳定。

七、打造卓越团队

世联的主要高管和核心人员在世联地产均有九年以上的就职时间，核心团队相对稳定，在开展业务的过程中，稳定的团队形成了适合公司发展的内部文化，并将具有行业特点的管理经验固化，形成了管理与文化相结合的团队优势。

为支持未来发展，公司吸引了大量的专业人才加入，并进行了统一的人员培训，营造了学习型的组织文化。除了常规职业培训外，世联大讲堂、世联夜校和网上 E-Learning 系统等为员工提供了不断汲取新知识的机会。

为完善公司的人才培养方式，形成可复制的、标准化的人才产出模式，公司投资建设了人力发展与培训中心，实现以下三个职能。

①人员招聘：通过全方位的招聘渠道及专业人才测评技术，准确、快速地引进公司所需要的人才。

②员工培训：通过集中培训、远程自学等方式，提升员工的工作能力，加速员工的成长。

③企业文化再造：通过文化再造，明确塑造企业核心价值观，形成标准化的行为准则。

当前，中心已经全面展开入职培训和提升培训两大类别课程。其中，入职培训主要针对新入职员工，进行公司现状、发展历程和公司制度等相关内容的宣讲；提升培训分为专业技能培训和管理能力培训，主要针对在职员工，为员工提升自身的专业和管理技能提供平台。员工网上学习系统 E-learning，除了远程学习之外，还可以提供课程讲义和培训报名。

综合来看，作为地产咨询领域的专业服务公司，世联地产秉持稳健战略、持续专业积累，以研究工作带动知识管理、带动品牌建设，通过打造卓越团队，成功完成了全国布局和基于信息化的集中管理平台的设计与搭建。

第五章
专业服务公司的品牌传播

美国市场营销协会定义委员会对品牌的定义为：“品牌是一种名称、名词、标记、符号设计，或是它们的组合运用，用以辨认、识别不同生产者或者销售者的产品或服务。”

对于专业服务公司来说，进行清晰的品牌定位、对品牌进行系统设计、选择适宜的品牌传播方式，并通过持续的努力提升品牌价值、达成品牌建设目标，是公司由“产品经营”阶段向“品牌经营”阶段过渡的必由之路。

第一节　专业服务品牌的特点

品牌在表象上是一个名称、标识或设计，其存在的价值在于识别消费群体的产品或服务，并与竞争对手的产品区分开来；同时，品牌又是企业与客户沟通的桥梁，企业通过品牌宣传产品或服务，客户通过品牌了解企业的相关信息，决定是否购买；品牌又是一种承诺，客户通过体验产品性能、特征，感知企业提供的服务，客户对产品的评价直接影响着品牌在市场上的声誉。

作为品牌的一种类型，专业服务品牌在形式、内容上跟传统的产品品牌还是有较大差异的，概括起来，专业服务品牌的特征主要表现在以下四个方面。

第一，专业服务品牌是一种实力与信任的背书。对于客户来说，专业服务具有一定的复杂性、不确定性和抽象性，因此，品牌就成为客户对于专业服务公司建立信任的基础，因而也就成为专业服务公司的极为重要的无形资产。专业服务公司以品牌作为背书获得客户的信任，为客户提供服务；客户基于对品牌的认可，选择公司为自己提供服务。从本质上说，品牌对于专业服务公司和客户都具有重要的意义。

第二，专业服务品牌的内涵极其丰富。对于专业服务公司来说，其品牌的内涵包括公司名称、品牌形象、专业人员、服务水平、性价比等多方面的因素，而一般的产品或服务品牌则主要依靠具体的业务或产品来支撑。同时，在专业服务公司，员工的行为、顾客的感受与评价，都会影响到品牌的形象和传播，因此，控制和管理人为因素对专业品牌传播有着重要的作用，例如，IBM所提供的专业服务之所以为全世界所称道，除了拥有独特的专业技术，能够为客户提供软硬件系统建设、维护与服务之外，更重要的是拥有丰富的行业案例，能够提供诸如管理咨询、业务流程整合、专业系统服务、网络与系统集成、专业人员培训、运营维护等多项服务，从而有能力满足客户日益复杂和个性化的需求，这种综合能力是很多企业都不具备的。

第三，专业服务品牌经常代表着过程型、后验型服务。由于专业服务的特殊性，客户对服务品牌的认知往往来自于其接受服务过程中的感知，以及服务完成之后的价值感。因此，专业服务人员的专业能力、工作态度、行为表现、职业操守等，都会影响到客户对服务品牌的评价。

第四，专业服务品牌的塑造是一种全员行为。在专业服务公司，品牌管理通常由专业服务公司的高层负责，他们会同时协调市场、销售、运营等多个部门，共同实施品牌传播策略。为了确保专业品牌的传播符合期望，专业服务公司还通过招聘认同服务品牌的员工、对员工开展职业化培训、建立和宣传客户导向的价值观等活动，确保专业服务人员的行为能够代表和传播公司的品牌形象。

第二节 专业服务品牌的定位

一、定位的理论基础

通常情况下，我们熟知，产品营销方案的制订要围绕“4P”进行，即产品（product）、价格（price）、渠道（place）和促销（promotion）。然而，杰克·特劳特的“定位理论”让我们认识到，在“4P”开展之前，还有更重要的一个“P”，那就是定位（positioning）。营销大师科特勒把“定位”定义为：设计公司的产品服务以及形象，从而在目标客户的印象中占有独特的价值地位。

定位是品牌识别的一部分，但不是全部，作为品牌识别的一部分，定位具有较高的稳定性，它规定着一定时期内品牌传播的主题，但是，定位又是面向传播的概念，它必须能够随着时代的变化而与时俱进。无论怎样变化，定位都必须依托品牌的核心识别，即不脱离品牌的基本价值和精神。

专业服务提供给顾客的也是产品，这和一般的服务产品并无太大区别。因此，有人认为专业服务的定位策略应该和一般的产品服务策略大致相同，一些经典的定位策略和理论也同样适用于指导专业服务的品牌定位。但是，我们也应该看到，专业服务提供给顾客的产品是有一定特殊性的，比如，专业服务的产品在购买之前看不见、摸不着，专业服务的产生与消费多数是同时发生的，专业服务的产品定制性高、不确定性大，专业服务无法二次销售，等等，这些特点都决定了专业服务品牌的定位策略有其特殊性。

对于专业服务公司来说，品牌定位是影响客户的体验与感觉以及影响客户对专业品牌的选择并最终为企业创造价值的过程。这就要求，一个有效的品牌定位必须要深入了解客户的需求，并能够充分表述自身的专业优势及价值。

1. 从顾客的角度出发，对专业服务品牌进行定位

①功能价值。所谓功能价值，是指客户从专业服务消费中所实现和满足的基本功能，这是专业服务公司品牌定位的基础，例如，国内的大型国有企业都希望请麦肯锡为其提供战略咨询，原因在于：麦肯锡在战略咨询上有成熟的理论和方法。除此之外，它还拥有丰富的案例和数据库，能够提供不同行业领先企业的数据，为企业的战略决策提供基于数据的、具有较高可信度的支撑。

②情感价值。所谓情感价值，是指顾客从服务消费的感觉和情感中所得到的利益，当购买或使用一个特定品牌的服务时，如果能够让顾客产生积极的感觉，这个品牌就提供了情感利益。例如“创造欢乐”是迪士尼的梦想与成功之道，现如今它已成为全球最大的娱乐公司，这是因为，无论游乐、观看影片

还是购买产品，客户都能从迪士尼的产品和服务中得到快乐，都能够感受到迪士尼带来的情感价值。

2. 从专业服务品牌自身的优势出发，对专业服务品牌进行定位

①从业经验。专业服务需要的是对于专业知识、技术的长期研究与积累，因此，从业时间、服务客户的案例与经验是专业服务品牌的重要卖点，也是客户选择专业服务商的重要的考察依据之一。在服务具有不确定性的前提下，选择一家历史悠久、服务过大量知名企业、服务过大批本行业企业甚至自己的主要对手、标杆企业的公司，对客户来说无疑是一个相对“安全”的选择。

②企业规模。对于专业服务公司来说，企业规模可能包含的内容有：企业的注册资本，拥有的办公场所，在全国、全球拥有的分支机构、从业人员，从事专业服务所需要的设备与设施，与本专业紧密相关的人力资本的拥有量和品质，等等。对于客户来说，通常在选择服务机构时都倾向于寻找规模较大的专业服务公司，一是规模大的公司管理相对规范，二是存续时间相应长，有利于保证后续服务。

③专业能力。对于专业服务公司来说，能否在客户需要的领域表现出比其他企业更强的专业能力，是赢得客户的关键。在专业能力的表现方面，公司通常采用的宣传内容包括：公司拥有的专利技术的数量，研发成果的出版与发行，拥有高级别专业人士（如博士、硕士等）的数量，公司内部的专业研究机构与从业人员，在行业内拥有的地位与影响力，等等。

对于这三个方面，专业服务公司可根据自身的优势进行组合定位，形成企业的价值主张，并在提供服务的过程中，结合客户的反馈进行不断的调整、聚焦和创新。

二、定位战略与原则

在充分理解品牌战略的前提下，做好服务的品牌定位应遵循以下四个原则。

①客户导向原则。品牌定位要从客户接受信息的思维方式和心理需求出发，突破信息传播沟通的障碍，将定位信息植入客户的大脑。对客户的心理把

握得越准，定位策略就越有效。

②差异化原则。品牌定位必须与众不同。只有与众不同，才能与其他品牌区别开来，才能将你的品牌信息凸现在客户面前，引起注意，进而产生品牌联想。

以亚洲金融中心——香港的银行业为例，在面积仅1095平方公里的土地上，香港拥有经过认可的银行机构214家，竞争状况空前激烈。但是，令人称奇的是，大大小小的银行都能找到自己的生存之道，这是因为：他们善于运用品牌定位策略，善于突出自身的优势，树立自己的风格，抓住自己的目标客户，如：恒生银行定位于服务最佳的银行，渣打银行强调自己是历史最悠久、最安全可靠的英资银行，而中国银行则定位于有祖国强大后盾的中资银行，等等。

③个性化原则。在激烈的竞争中，品牌定位一定要避免同质化，要在考虑客户需求的基础上，赋予品牌独特的个性。事实上，产品和服务之间的差别，都可以通过经营策略和努力来缩小或同化，而真正无法同化的是产品的“个性”，这种个性与产品的物理特性和功能无关，是通过定位赋予产品的。当然，这种“个性化”首先必须要得到客户的认可。以波士顿咨询为例，在公司创立之初，公司就建立了高度集中的“智力资源中心”，着手开发了一系列战略咨询方面的定量化、结构化的技术工具（如波士顿矩阵），这就使得它在传统的、以定性研究为主要手段的咨询界独树一帜，在企业界乃至学术界产生了巨大的影响。

④动态调整原则。随着社会的进步，专业服务市场也在不断发生变化，客户需求不断更新，产品和服务不断换代，不断有新的产品或服务加入竞争，产品或服务在自身生命周期中所处的阶段也在不断演进，这些因素都决定了品牌定位不可能一成不变、一劳永逸，而是要根据市场情况的变化不断做出调整，不断进行更新和“重定位”，使品牌永远具有市场活力。

1. “双维”定位

专业服务公司的定位，是业务与行业的“双维”定位，首先要进行业务分类和定位，其次要进行行业的细分和定位，业务和行业的结合，才能形成专业服务公司的“焦点”。

所谓业务定位，是指专业服务公司利用自身的特色以及在客户群体中相比竞争对手的独特优势，合理地对公司的特色服务进行规划、布局，确定核心业务、基础业务，逐渐摒弃竞争力弱、服务成本高的业务的过程。

①核心业务是专业服务公司区别于其他公司的重要特征，通常是公司拥有特有的方法论、模型甚至自主知识产权的业务。核心业务应当满足以下三个条件：一是同一行业、领域的不同客户纷纷购买；二是该项业务占到公司至少1/3 的业务量；三是已经形成相对标准的工作方法、工作流程和收费模式。

②基础业务是专业服务公司的传统、常规业务，其对于公司的价值主要是维持固定的市场份额，维系老客户，为新业务的开展提供技术、人才、资金、客户资源方面的支持，未来的增长前景比较有限。

③劣势业务是公司相对于对手竞争力弱、服务成本高的业务，是要逐渐收缩和考虑稳步退出的业务。

随着专业服务需求的个性化、深入化，越来越多的专业服务需求带有明显的行业特色，这就要求专业公司的服务必须考虑行业特点，在本行业有成功经验与案例。所谓行业定位，是指专业服务公司将自身的业务相对成功地应用于某个行业，并获得行业客户普遍认可的过程。

以 IBM 为例，在每一个发展时间段内，IBM 都会拥有自身的优势业务。

①老沃森时代，在喧嚣的 19 世纪 20 年代，沃森逐渐找到了公司的发展方向，把 IBM 变成一家“打卡机”公司，他的远见、意志和坚定的信念起了至关重要的作用，他抓住了生命中的第一次重要的潮流与机遇。

②小沃森时代，IBM 实施了被媒体称为疯狂的“50 亿美元豪赌”的计算机开发计划，在 1963 年成功推出 IBM360 型计算机，一举垄断了世界的计算机市场。它是第三代计算机的佼佼者，其研制开发经费高达 50 亿美元，远远超过美国研制第一颗原子弹的曼哈顿计划（20 亿美元），堪称历史上规模最大的私人企业投资。到 1966 年底，IBM 装配 360 型计算机 8000 台，公司年收入超过 40 亿美元，纯利高达 10 亿美元。这是小沃森一生中最大的成功。不出 10 年，IBM 已跃升为美国年销售额最大的公司。IBM360 电脑获得了巨大成功，它取得了压倒性优势，公司再次以近 30% 的速度增长，使公司级进入了“计算机时代”。

③郭士纳领导下的 IBM，成功地从生产硬件的公司转变为代表客户利益、

为客户提供信息技术服务的服务性公司，成为世界上最大的、不制造计算机的计算机公司。

④彭明盛的“随需应变”的时代，以客户需求为向导，将 IBM 自身的优势定位于帮助客户改善企业流程，借助先进的 IT 技术加快客户内部的信息传输，使客户对市场的反应更快，变革速度更快。

纵观 IBM 的历史，不难发现：在每一个发展阶段，IBM 都有清晰的业务定位，都有对核心业务和基础业务的有效规划，以上定位保证了 IBM 在引领技术潮流的前提下，能够获得丰厚的利润回报和资源积累，从而确保其转型的有效成功。

2. 服务内容定位

对于专业服务公司来说，服务内容定位是指设计和提供何种服务，包括：服务项目、服务标准、服务方式、服务承诺等诸多方面，服务内容的定位应当以客户对服务的需求为中心，而不应单纯地以公司的强项以及公司所能提供的服务为中心。

服务内容定位可以用一种服务管理的专用工具——服务蓝图来协助完成。

服务蓝图是详细描绘服务系统的图片或地图，它逐一描述服务过程的步骤或任务、执行服务的方法以及顾客感受到的有形展示，是对服务系统的详尽定义和描述，不但有利于解决问题，还能帮助管理者发现问题，促进创新思维产生。服务蓝图的具体操作步骤如图 5.1。

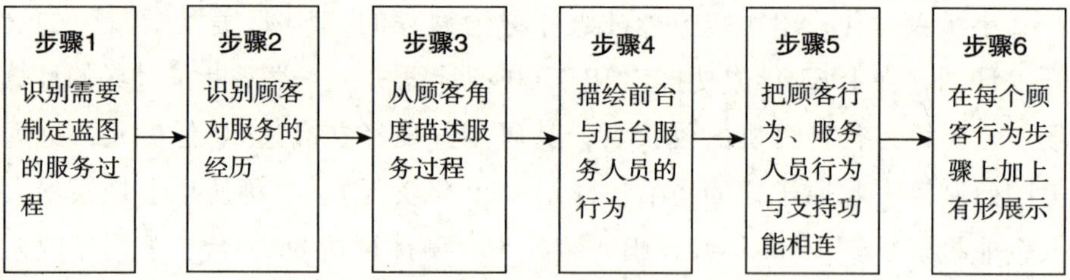

图 5.1　服务蓝图

对于专业服务公司来说，通过服务蓝图可以准确地识别客户的需求，从而给予自身的服务内容以精确的定位。

以联邦快递的服务内容定位为例，最初联邦快递与 UPS 展开竞争，联邦快递的最大优势是空中运输，而 UPS 只能进行地面运输，相比而言联邦快递更加快捷，而此刻客户的关注点恰恰是快速送达。于是，在产品的广告中，联邦快递调整为隔日送达的快捷、准时的形象，这是当时的一种定位。

进入 80 年代之后，情况发生了变化，UPS 以及美国的其他邮递公司先后都采用了航空运输，从运输的手段来看，已经基本没有差异，快捷也已不再是优势，客户的关注点开始转向服务的个性化和品质。在这种情况下，经过充分的研究和调查，联邦快递把新的服务内容的诉求定位为：保密、安全。

基于客户需求的变化和自身的优势对服务内容进行精确的定位，并随着形势的变化不断调整定位，始终保持与客户的需求一致，联邦快递的做法，正是专业服务公司需要采纳的方式。

3. 价值定位

客户购买产品和服务，首先考虑的就是：这项购买能够为我带来什么样的价值，这也是专业服务公司在品牌定位中必须要告诉客户的。

要表达企业所提供的专业服务的价值，需要从服务可能给客户带来的独特收益出发，结合公司自身的资源和优势，以明确的方式对能够给客户带来的价值进行承诺。按照麦克舒尔茨的“专业服务价值主张的构成要素”理论，价值定位可以从共鸣作用、价值差异、实现能力三个方面展开。其中，共鸣作用又分为性能共鸣和情感共鸣，价值差异又分为总体特性、稀缺性认识。

让我们来看一个全球化的咨询公司——贝恩咨询的例子，贝恩的价值定位是非常明确的。

在共鸣作用方面，性能共鸣上，贝恩咨询宣称，能够帮助企业获得更多的利润；情感共鸣上，贝恩公司是一家全球性的咨询公司，其宣称其客户的业绩是市场平均水平的 4 倍。

在价值差异方面，贝恩咨询有提供利润猎手和其他服务的客户基础，同时，贝恩拥有全球顶级的咨询专业人员。

在实现能力方面，贝恩咨询在利润猎手网页上刊登微型案例分析，在公司网站上列举其他案例分析和领先性的研究资料，表明自己的实践能力。

综合以上三个方面，我们可以清晰地看到，贝恩咨询给予了客户一个非常清晰的价值定位，这就是：能够帮助客户创造利润，具有全球顶级的咨询业务水准和充分的实现能力。

4. 文化定位

对于专业服务公司来说，注入某种文化内涵于服务品牌之中，形成基于文化的品牌差异，称为文化定位。文化定位将专业服务上升到精神层面，由此获得客户的心理认同，从而使得专业服务公司的品牌高度与竞争对手产生明显的不同。

以用友软件为例，用友是亚太地区最大的管理软件及服务提供商，其使命是：将先进信息技术的新思想和最新实践，普及到客户管理与业务活动中，创造社会价值、实现商业成功。公司的定位是：成为中国、亚洲并将扩展到全球企业政府、社团组织的管理与经营的信息化应用软件与服务提供商。

我们不妨再看看用友的竞争者——金蝶软件的企业文化，其愿景是：成为全球领先的管理与IT整合解决方案服务商，其使命是：成就员工梦想，帮助顾客成功，让中国管理模式在全球崛起。

通过对比，我们可以发现，用友软件的文化定位，侧重于帮助客户实现商业成功，而金蝶软件的定位则强调了成就员工、帮助客户成功、普及中国管理模式等多种涵义。两个业务非常接近的公司，由于文化定位不同，其业务模式、管理特色、在客户心目中的定位就会形成很大的差异。

三、品牌定位的技术与方法

专业服务品牌定位所涉及的技术与方法包括市场细分、选择目标市场、市场定位三个方面，也就是通常所说的“STP”方法。

1. 市场细分

市场细分是品牌定位的基本前提，这一概念最早由温德尔·史密斯提出。品牌定位针对的是特定的目标市场，而选择目标市场的前提是必须将市场进行区隔和细分。市场细分能够使企业发现市场机会，并聚焦特定的领域，设计、塑造自己的独特产品和个性品牌。

对于专业服务公司来说，服务的范围和能力是有限的，不可能满足所有客户的要求。例如，对于一家咨询公司来说，如果在管理的每个领域都提供服务，公司的能力可能很难支持，但如果按照职能（如战略、流程、人力资源、企业文化等）或者行业（如制造业、房地产、化工等）对市场进行细分，只选择自己能有效服务的、最有吸引力的客户群作为目标，将公司的资源、业务、产品、品牌都按照目标市场的特征进行定位，就能够体现“压强原理”，凭借在某一点的集中投入而有别于竞争者并最后胜出。

2. 选择目标市场

市场细分的目的在于有效地选择并进入目标市场。目标市场也就是企业决定要进入的细分市场，是企业要投其所好、为之服务的客户群，企业的一切市场营销行为都应围绕目标市场展开，作为企业市场营销活动的基础，品牌定位也是基于目标市场的选择而展开的。

作为专业服务的目标市场，应该具备以下三个特征。

①该市场必须具有适当的规模和现实或潜在的需求。有规模化的需求，专业服务公司才有进入和获利的可能；有现实或潜在的需求，专业服务公司才有可能进入和挖掘。

②对于专业服务公司来说，其服务或产品能够满足上述经过细分之后的需求。如果不能满足，则需要继续细分市场，或转向其他市场。

③公司的服务品牌在该目标市场能够长期立足。品牌在该市场上应该具有竞争优势，即使不是全面优势，至少也应该有某一方面的长处。否则，公司就无法掌握市场的主动权，甚至在市场上完全没有话语权，品牌定位也就无从谈起。

3. 市场定位

专业服务公司一旦决定为某个细分市场提供服务，就要着手考虑如何与竞争品牌进行区分，在市场中塑造令目标客户认同的品牌形象。所谓定位，就是要在品牌的与生俱来的本质中找出一个与众不同的主张，这个主张必须与众不同，必须对目标客户有巨大的吸引力。

例如，美国西南航空公司的广告语是：“现在你可以在国内自由来往。”由此我们可以看到：西南航空公司的市场定位就是为美国的国内航线乘客提供服务。

再比如，联邦快递的广告语是："当你必须快速及时送达物品时，请选择我们的服务"。由此我们可以看到：联邦快递的服务定位就是快速、及时。

第三节 专业服务品牌的设计

一、品牌标识

1. 品牌名称

正如一句拉丁谚语所说："名称预示着一切。"品牌名称，是指品牌中可以用语言称谓的部分，通常指示着品牌的含义。

很显然，无论主观还是客观，名称都是专门挑选出来传达品牌的一定特征的。以苹果电脑为例，苹果，是一种水果的名称，看上去似乎没有特别的含义，但是，这一名称却阐明了该品牌的一个重要主张：拒绝将计算机神秘化。因为《圣经》中的夏娃拒绝劝阻，偷吃了苹果，而苹果带给了夏娃无穷的快乐。采用"苹果"作为产品品牌的名称，预示着这个品牌的产品将是人与计算机关系的离经叛道者，它要让人们不再崇拜或恐惧计算机而是将它视为一种娱乐。

"苹果"确实做到了这一点，它的出现导致了计算机世界乃至消费电子市场的一场巨大的革命。

2. 品牌标识语

在品牌传播中担任重要角色的，除了品牌名称之外，还有品牌标识语。它为品牌的传播提供了附加的联想和信息，对于树立良好的口碑起到不可估量的作用。

由于品牌名称通常比较短小，不容易承载更多的信息和内容；同时，品牌名称一经注册，一般不会随意更改，也不可能轻易地调整和变化。而品牌标识语则没有这些方面的限制，尤其是在今天的互联网时代，相对于品牌名称和标志来说，标识语更加灵活，更易传播。

例如，近期IBM提出的口号“智慧的地球”就是一个很好的品牌标识语，它告诉社会，除了企业信息化、电子商务的实现需要专业服务公司发挥作用之外，政府、社区、社会、整个生态链都需要基于信息化的专业服务。此标识语的推出，提出了全球、全领域信息化、智慧化的概念，其隐含的潜台词是：IBM有能力为“智慧的地球”提供咨询服务和整体解决方案。

二、品牌内涵

品牌，是客户对专业服务成果的感知和对服务过程的体验的总和，是专业服务公司通过品牌诉求对消费者提供一致性服务的承诺。

与无品牌服务相比，由于品牌提供给潜在消费者或顾客的信誉承诺，客户愿意为品牌服务支付溢价，当此溢价部分与品牌投入相当时，企业品牌的建设能够确保公司更好生存（无品牌服务的市场份额将被压缩）；当此溢价部分超过了品牌投入时，公司就会产生品牌利润。

面临激烈的市场竞争和生存压力，对于专业服务公司来说，品牌是公司获得客户、与强大的对手抗衡以寻求生存和发展的必要策略。

同时，品牌又是一种文化现象，品牌中含有丰富的文化内涵。作为市场竞争的有效手段，专业服务公司将各种优良习惯、服务方式、管理制度等固化下来，使之融入公司的日常管理，形成自身固有的理念、行为和习惯，并最终融入品牌内涵。品牌的知名度高，并不代表品牌的价值高，文化内涵才是品牌价值的核心资源。

以国际知名咨询公司埃森哲（Accenture）为例，可能很少有人知道，Accenture是一个自造的词语，来源于两个单词：重点（Accent）和未来（Future）。这一词语来源于公司内部为改变公司名称所发起的一场竞赛。竞赛中，一位员工提出，公司的未来必须建立在一个良好的发展基础之上，基于这样的一个理念，管理层把两个单词合为一体，创造了Accenture这样一个独特的词语，并将品牌标识语定义为：成就卓越绩效。

三、品牌形象

品牌形象，最早是由广告大师奥威格提出的，他认为：品牌形象能够创造差异，具有突出形象的品牌能够使得企业获得市场占有率。广告是对品牌形象的一项长期投资，品牌价值的增值与否直接影响到企业的利润，据调查，美国的领导品牌的平均获利率是第二品牌的2倍，而在英国则高达6倍。在某种商品概念的品牌之间没有品质上的差异时，决定竞争胜负的关键主要是消费者对品牌的形象认知，此时，品牌形象比商品性能更加重要。

品牌形象能够在消费者心里产生两种作用：一是品牌形象本身引起的联想，不论品牌形象后所依附的是什么，即与品牌背后的商品或服务无关。二是消费者对品牌名称产生的深层次联想。

品牌形象设计，是指有意识、有计划地将公司的各种特征向社会公众展示与传播，使公众在市场环境中对公司有一个标准化、差别化的印象和认识，以便更好地识别并留下良好的印象。

品牌形象作为公司形象一体化的表现形式，是一种建立和传达公司形象的完整和理想的方法。一般来说，品牌形象分为三个层面，即理念识别（MI）、行为识别（BI）和视觉识别（VI）。通过品牌形象设计，以明确的企业理念为指导，可以形成企业独有的、鲜明的经营、管理及视觉特色，突出企业个性，从而达到对内加强凝聚力、对外加强认知与识别效果的目的。

专业服务公司向客户提供的服务常常是无形的，因此，服务品牌形象的设计就显得更加重要。在品牌形象的设计过程中，要围绕服务为中心，能让客户产生联想，要让客户在需要这项服务时，能够想到公司的品牌，能够将公司的品牌与服务的质量或价值产生关联。

仍以埃森哲为例，作为以信息技术为核心的管理咨询公司，埃森哲近期推出的一则广告是著名高尔夫球员泰格·伍兹挥杆击球的场面，其上的广告语是“We Know what it takes to be a Tiger”。Tiger是泰格·伍兹的外号，泰格·伍兹是埃森哲品牌定位的完美代言，他不仅代表着极高的专业水平，也象征着胜利和威望。此外，泰格·伍兹也非常适合让客户对埃森哲的品牌产生联想，因为他是最优秀的，客户希望和最优秀的公司合作，也希望自己的企业像伍兹在高尔夫球场上的表现一样完美、成功。

第四节　品牌承诺

专业服务公司的品牌承诺（或理念口号）与品牌内涵和形象有着密切的联系，它阐明客户使用品牌可能得到的好处，同时，也进一步明确了自身在为客户提供专业服务时所秉持的执业理念和信条。

品牌承诺的表述可以是一两个段落，也可以是一些简明扼要的描述理念和重点策略的字词或句子，有时，它也被称为行动指针或服务宗旨。

针对品牌承诺，专业服务公司可考虑从如下 5 个“W”和一个“H”来阐述品牌承诺：

——你的公司是做什么的（What）；

——你的合作伙伴是谁（Who）；

——你在哪里开展业务（Where）；

——什么时候应该与你合作（When）；

——你是如何处理工作的（How）；

——为什么客户应该关注你（Why）。

以全球著名的毕马威会计师事务所为例，它的品牌承诺是这样表述的：

①毕马威的人员承诺：

——待人以敬重和尊严；

——尊重合伙人和雇员的隐私；

——创造良好环境，合理平衡合伙人和雇员的工作与个人生活；

——提供一个没有歧视、骚扰、滥用物质及安全隐患的工作场所。

②毕马威的组织承诺：

——支持本所和雇员个人的专业发展；

——谨慎使用资产和资源；

——坚持严格的客户和业务选择标准；

——应用适当的毕马威工作方法和程序；

——在实施风险管理和其他相关政策时保持警惕；

——避免不当行为以维护毕马威的品牌和声誉。

③毕马威的客户和市场承诺：

——遵守法律和道德标准，并在业内倡导同样的做法；

——按专业要求、专业承诺和业务约定条款提供高质量服务；

——保持独立性和客观性，避免利益冲突或不当影响；

——维护客户的商业机密和隐私；

——用正当手段推介业务、公平竞争。

④毕马威的社会承诺：

——做负责的企业公民，在全球保持高标准的职业道德；

——与其他企业和慈善机构协作，建立更繁荣的社会。

在品牌承诺的设计过程中，专业服务公司要注意以下三个方面。

第一，要找准承诺点。专业服务公司服务的是特定的消费群体，因此，承诺要结合服务的定位，找准承诺的群体和承诺的内容。以香港国泰航空为例，它的品牌标识语是“亚洲的中心”，体现了品牌的个性；而在内部提及的定位则是“成为亚洲头号航空公司，提供胜人一筹的服务”，具体到品牌承诺，则更加有针对性，如真心实意的服务，舒适豪华的旅行体验，亚洲人的好客之道，等等。

第二，承诺要量力而行。对于专业服务公司而言，需要针对客户的需求量力而行地设计品牌承诺，这主要体现在：①对于超出自己能力的业务范围要及时表明立场，为客户的利益考虑，并帮客户积极联系其他专业公司；②对于超出服务能力的客户需求，要婉言拒绝或做其他安排，以确保正在履约的客户得到最优质的服务。由此可见，量力而行是以确保服务品质为目标的。

第三，承诺要能够兑现。对于专业服务公司来说，承诺容易，但更为重要的是兑现品牌承诺。兑现承诺，服务质量是基础，做不好这些，品牌的承诺就成为无源之水、无本之木。做好专业服务品牌，要有“细水长流”的心态，不浮躁、不急于求成，要多关注客户关注的东西，通过各种渠道与客户保持沟通，切实满足他们的需求，长此以往，才能让服务品牌从具有知名度走向美誉度和客户的忠诚度。

第五节　专业服务品牌的传播

专业服务品牌传播是建立品牌形象、传播品牌信息，让潜在客户认识品牌、关注品牌、青睐品牌从而忠诚品牌的必要手段。高效的品牌传播所建立的品牌形象资产不仅仅是简单地塑造品牌知名度、美誉度，更重要的是，能给专业服务公司带来无形的、潜在的且无可替代的价值，如：提高社会地位、展示自我个性，等等。

尤其是对于服务品牌，服务的无形性使得品牌传播工作更为重要。品牌传播可以起到宣传服务内容、消除服务陌生感、展示服务差别、描述服务流程、说服服务尝试、创造客户需求的作用，它不仅会影响到客户的服务预期，而且会影响到客户的服务体验。因此，专业服务公司应统筹考虑所有能为客户提供信息的传播工具，实施整合传播，从宣传它的各个要素开始，把所传达的信息整合起来，以一种有效、连贯的方式向特定的目标受众传达清晰、明确、一致的信息，使客户全面了解企业的品牌，对品牌产生积极的联想，从而与企业建立信任与合作关系。

一、专业服务品牌传播的基础

价值主张是专业服务品牌传播的基础，它表达的是客户选择与企业合作后的综合受益。价值主张可以通过多种不同的营销手段进行传达，从企业名称、标志性语言到品牌内涵、形象和承诺的传播，可以说无处不在。

具体来说，价值主张的传播主要是通过性能共鸣、情感共鸣、实现能力三个途径。

1. 性能共鸣

性能共鸣是指当客户具有某个具体、明确的需求的时候，如果专业服务公司能够明确、可信地表达“我有能力满足你的需求，并且有实例作为证明”，那么，它就将激起客户的性能共鸣，并极有可能选择它的服务。

举一个例子，某企业的老板说：“去年，我们有100多个员工离职，为了弥补离职空缺，我们不得不投入了20多万元重新招聘，而且工作效率大大降低，企业因此至少损失了1000万。”这时，如果这位老板看到一则咨询公司的宣传材料，内容中有“我们曾经帮助一家企业在一年内将人才流失率降低了50%”这样一句话，那么，他就很可能会基于自己的需求而产生共鸣，去找这家咨询公司帮助他解决人员流失的问题。

2. 情感共鸣

情感共鸣是指客户认可专业服务公司的愿景与使命、工作作风、做事风格，甚至具体人员的工作态度，从而愿意选择该公司的服务。

举一个例子，某软件公司在产品的推广过程中打出了“民族软件第一品牌”的旗帜，在这种号召下，很多国内的企业家，在它所提供的产品和服务与国外产品大致接近的情况下，就很有可能从同病相怜、支持民族产业发展的角度出发选购它的产品和服务，这就是一种情感上的共鸣。

3. 实现能力

专业服务公司向市场、客户宣传自己的产品和服务特色，但是，如果客户无法看到公司完成上述业务的能力，就会产生不信任。因此，专业服务公司要通过可视、可听、可查的例证来证明自己的业务实现能力。

可以阐述专业服务公司业务实现能力的证明包括：曾经完成的类似服务项目、实施效果、客户评价，公司在本领域的专家与专业人员，公司支持此服务完成的技术、设备、资源储备，公司在本领域发表的研究成果、掌握的专有技术、拥有的专利，公司确保服务质量的可靠的管理体系，等等。

有了这些证明，客户就会打消对专业公司业务执行能力的怀疑，从而愿意把任务交付专业公司完成。

二、专业服务品牌的传播方式

1. 广告与市场活动

广告的目的很明确，就是让潜在的客户对公司的业务感兴趣，以便获取与客户交流、洽谈、提交方案乃至最终合作的机会。广告，通常包括电视广告、广播广告、印刷品广告、户外广告等；随着网络的不断发展，互联网广告也开始成为重要的广告方式。

广告宣传比较适合于大型企业，其优势是有利于品牌认知和推介，是一种对大规模、难以争取而又多样化的客户群体进行宣传的最佳方式。

在市场活动方面，专业服务公司的常用形式包括组织研讨会、发表专题演讲、举行座谈会、发表文章与简讯，等等。这些活动的共同之处是：目标群体不是某个人或某个特定公司，而是多个目标，公司在目标市场发布自己要传播的信息，希望建立联系，吸引客户来了解公司的服务。

其中，小型研讨会位于所有市场活动之首，在研讨会的邀约阶段，一旦了解到目标客户中有谁要参加会议，就应组织研究人员对每一位客户进行调研，了解客户的基本情况，并针对客户可能存在的问题或服务需求进行认真的准备。如此，在研讨会上就可以跟客户方的代表进行深入而有针对性的交流，给客户留下良好的第一印象，为此后可能开展的合作打下良好的基础。

专题演讲也是专业服务公司市场活动的重要手段。通常情况下，公司派出专家，在行业会议、商会或论坛等客户集中的场合发表演讲，讨论客户所普遍关注的问题，传达重要的、具有前瞻性的信息，同时，也有效地展示公司的专业积累与服务能力，演讲的目的是给听众留下深刻印象，希望他们将来需要专业服务的时候，能够想到这位演讲者和所在的专业服务公司。

2. 文章推广

为了宣传公司的服务能力、成果和经验，专业服务公司通常会在各类管理刊物上发表文章，甚至自办刊物，向潜在的客户赠送或邮寄。这种传播方式虽然不是向潜在客户直接推荐自己，但是却能够通过发表的文章、案例和研究成果告诉客户：我们在这一领域有专业能力，对于促进客户产生“性能共鸣”有明显的效果，并且往往能与竞争对手在品牌的专业形象方面区隔开来。

比如，某安全咨询公司的专家在一家电力行业的杂志上发表了一篇题为《电网系统基层单元作业风险评估与防范机制设计》的文章，并以其实际服务的“××电网公司”、“××市供电局”的解决方案作为其中的案例，这篇文章很快被各地供电局的管理人员发现，纷纷联系这位专家和这家公司，希望他们能够提供类似的专业服务。

3. 口碑传播

口碑传播，是专业服务品牌传播的重要手段。客户购买了专业服务，在使用的过程中实现了预期的目标，获得了满意的感受，他就可能将这种对该品牌的良好的认知传递给他所熟悉的、需要此项服务的潜在消费者。

研究显示，消费者对其他使用者所介绍的品牌品质等方面信息的相信程度，是广告宣传的18倍。因此，对于专业服务公司来说，对现有客户的服务质量至关重要，做好服务工作，本身就是最好的营销方式。一旦现有客户获得了满意的服务，他们就会成为专业服务公司品牌的宣传者与传播者。

4. 互联网搜索引擎传播

搜索引擎优化，是利用互联网的大型搜索引擎中的自然搜索结果，增加公司网站的访问流量，公司通过购买某些搜索关键词或者关键词排名，确保在搜索引擎付费搜索结果中显示的频次和排序名次，从而提高客户点击、进入本公司网站及进行联络的概率。

在中国现阶段，搜索引擎优化是专业服务公司重要的传播手段。我们在百度、谷歌等搜索引擎输入“会计”一词，就会出现众多的会计事务所、会计培训机构等专业服务机构，这就为客户挑选自己满意的专业服务公司提供了众多的选择，同时，也把公司直接推到了客户的面前，给予了专业服务公司更多的展示机会。

采用搜索引擎传播的优点是能够很好地开发潜在客户，收集潜在客户联系信息，用于进一步的市场营销工作。同时，搜索引擎最终引导客户到达公司的网站，能够有效地提高客户对公司的记忆程度和熟悉程度，从而提高品牌的认知度。

但是，这样的方式也存在一定的问题。由于很多专业服务公司都采用这一手段，区分度不大，因此，对于客户来说，搜索结果仅仅只能作为一个线索、一种参考，还需要进一步对专业服务公司的品牌、实力、专业性、服务能力、服务品质等进行考察。对于专业公司来说，搜索引擎只是增加了一个客户信息的来源，并不等于客户就此选择你为他服务。

5. 新兴媒体传播

随着科技的发展，专业服务公司的品牌传播也逐渐呈现多样化的趋势，移动互联网、网络社区、博客、微博、微信等多种新兴媒体，都可能成为其重要的传播方式。

①网络社区。网络社区是指包括 BBS、论坛、贴吧、公告栏、群组讨论、在线聊天等形式的网上交流空间，同一主题的网络社区集中了具有共同兴趣的访问者，人群的同质化程度高，在此开展宣传和推广有着极强的针对性。

②博客。博客是一种简便的网络信息发布方式，是私人空间和公共空间的一种交织，具有多层级、多形态的传播渠道。很多专业服务公司都建立了自己的官方博客，如：某律师事务所通过自己的博客发表对法律问题的看法，并及时解答公众对法律的疑问和求助，由于他们的博客服务与解答能够给公众提供帮助，逐渐形成了良好的口碑，博客的访问量持续增加，事务所的品牌也通过博客得到了有效的传播。

③微博。微博是一种新型的网络传播方式，是通过关注机制分享简短、实时信息的广播式的社交网络平台，这种关注机制可以是单向的、也可以双向的，内容通常为 140 字左右，微博中的信息具有实时性，并且供网络上所有的人浏览。对于专业服务公司来说，通过微博的方式发表自己在某个领域的业绩、发表对某些问题的看法，并和公众互动，就能够起到品牌传播的效果。

④移动互联网。随着 3G 和智能手机的普及，移动互联网成为一种重要的传播方式，专业服务公司可以制作《手机报》，向老客户、潜在客户发布公司的动态信息；也可以开发 APP 应用，供用户在 iPhone 手机上下载、使用，通过 APP 访问公司特定的网站和服务平台。目前，这些手段正在逐步代替传统的出版物，实现与潜在客户的有机、实时互动。

三、品牌传播中应注意的问题

1. 传播载体

专业服务品牌的传播载体丰富、多样，对于一家公司来说，重要的是选择正确的载体和正确地使用载体。

所谓选择正确的载体，是指要从潜在客户所可能接触的载体出发，而不是盲目仿效，盲目追求载体的高、大、全。所谓正确使用载体，是指要从载体的最佳组合出发，从载体的实际应用效果出发，从企业的经济实力出发，努力实现载体使用的最佳投入产出比。

2. 品牌质量

在品牌的宣传和推广中，品牌本身的作用至关重要。品牌的传播效果，其关键在于品牌所提供的核心价值。从某种程度上说，高效的传播工具是一把双刃剑：没有价值或价值缺失的品牌，推广做的越好，对品牌的负面影响越大。

因此，对于专业服务公司来说，应时刻考量品牌的定位是否清晰、准确，是否符合市场和客户的期望，是否体现出了为客户创造的价值，是否通过其独特的定位和锲而不舍的努力在客户心目中占据了一席之地。如果品牌在这些方面的表现不够好，企业要做的不是强化推广，而是要首先提升品牌的质量。

3. 广告效果

对于专业品牌传播中的广告效果，Zeitharril 于 2008 的研究成果可以给我们一些启示，他认为，良好的广告效果必须满足以下四个特征。

①使用叙述性的语言示范服务经历。许多服务是经验性的，应以叙事的形式体现广告诉求，说明这类服务的独一无二的有效方法。研究显示，对一类服务相当不熟悉的消费者宁愿相信基于故事表现的广告诉求，而不愿相信罗列的服务特征。当顾客的情绪很好时，故事的效果更佳。

②提供生动的信息。有效的服务广告应该利用信息创造一种强烈而清晰的感官印象，并且在脑海中形成一幅独特的画面。使用生动信息的一种方式是唤起强烈的情感，例如 AT&T 的“伸出你的手，接触每个人”的活动，通过具体的语言和情节达到了生动的表达目的。服务越是无形和复杂，生动的信息提示就越有效。

③关注有形物品。强调与服务相关的有形物品，可以增强服务传播的效果，例如展示银行的大理石柱或信用卡。有形物的展示提供了有关服务本质与质量的联想线索。巴里和克拉克在 1986 年提出了四种有形化的方式：联想、实物展示、

文档化和可视化。联想意味着把服务与某个有形的人、地方或物联系起来；实物展示即展示直接或间接作为服务一部分的有形物品，如雇员、建筑物或设备；文档化意味着展示突出客观数据和事实的大量资料；可视化是绘制服务利益或质量在脑海中形成的生动画面（比如表现人们在度假期间玩得很开心）。

④突出要服务的顾客。在服务品牌的传播中，介绍满意的顾客可以产生积极的口头传播效果。通过模仿人与人之间的人际传播形式而突出真实的服务，是传播服务所带来好处的一种可靠的方式。满意顾客的反馈可以起到人员促销的作用，为那些想要获得服务又觉得存在风险的新顾客提供可信的证明。

第六节　专业服务品牌的建设与管理

对于专业服务公司来说，品牌建设的最终目标是让客户认识品牌的差异，向客户传达一种明确、稳定的品牌形象，从而建立市场竞争优势。专业服务品牌的建设，主要包括两方面的工作。

一是品牌形象策划，是指公司有意识、有计划地将自己的各种特征向社会公众展示与传播，使公众在市场环境中对自身有一个标准化、差别化的认识，从而更好地识别自己并形成良好的印象。品牌形象一般分为理念识别、行为识别和视觉识别三个层面，通过公司形象一体化的设计系统，以明确的企业理念为指导，形成具有鲜明特色的行为和视觉识别系统，有助于突出专业公司的个性，达到对内加强凝聚力、对外加强认识与识别效果的目的。

二是品牌传播策略，品牌传播是建立品牌形象、传播品牌信息，让消费者认识品牌、关注品牌、青睐品牌从而忠诚品牌的必要手段。高效传播所树立起来的品牌形象，不仅仅是简单的知名度、美誉度，更重要的是能给专业公司带来无形的、潜在的、无可替代的价值。尤其是对于服务品牌，服务的无形性使得品牌传播工作更为重要，可以起到宣传服务内容、消除服务陌生感、展示服务差别、明确服务定位、说服服务尝试、创造顾客需求的作用，不仅会影响顾客的服务预期，而且会影响顾客的服务体验。对于专业服务企业来说，应该协调所有的能为顾客提供信息的传播工具，实施整合营销，以一种有效、连贯的方式向目标客户群体传达清晰、明确、一致的品牌信息，使顾客对品牌产生积极的联想，从而与企业建立基于信任的合作关系。

在服务企业的品牌建设过程中，品牌文化和品牌个性的建立是最基本、也是最重要的工作，它是品牌中最能体现差异、最积极活跃、最具生命力的部分。从某种意义上说，品牌之所以成为品牌，就在于它鲜明的、独特的文化和个性，它可以牢牢吸引顾客，使人过目不忘。更重要的是，品牌文化还为专业服务公司的质量管理、员工培训、服务流程的设计等工作奠定了基础，它贯穿于企业品牌建设工作的始终，是企业品牌建设的核心。

对于专业服务公司来说，品牌是企业经营理念和价值观的集中体现，本质上是一种承诺，它向顾客表达出与某项具体服务相关联的承诺，顾客一旦识别出这一承诺，并通过信息沟通及实际体验而认同了这项承诺，就赋予了服务品牌存在的价值。

总体而言，专业服务公司的品牌建设是一项整体性的工作，是需要企业全方位努力做好的功课，是一种由内而外实实在在的功夫，是企业综合实力的体现。客户在服务过程中所接触到的所有环节都会构成品牌联想的一部分。比如，当我们提到麦当劳，就会想到那个和蔼可亲的麦当劳大叔，就会想到它窗明几净的就餐环境，还会想起那句充满个性的“我就喜欢”的广告语，这些，都是麦当劳品牌形象的组成部分。

因此，专业服务品牌的建设，要立足于长远。首先练好内功，建立独特的、客户认可的品牌文化和品牌个性，做好服务质量管理。在此基础上，再逐步进行品牌形象策划，通过各种媒体进行品牌传播。总之，服务品牌的构建要有整体性和全局性，要进行长期规划，这样才能循序渐进，建立企业的百年品牌大业。

一、专业服务品牌建设的阶段划分

1. 专业服务品牌的设计阶段

专业服务公司对服务的正确定位是设计、塑造和发展品牌的基础和关键。为此，专业服务公司要准确把握专业服务市场的特点、规律，通过市场细分、目标市场定位和选择，建立公司的个性化定位，设计符合公司业务特点、方便客户识别和记忆的品牌符号。

2. 专业服务品牌的导入阶段

针对细分之后的目标客户群体，必须制定切实可行的传播策略，让客户多渠道了解公司、了解公司的服务。在这一阶段，专业服务公司宜采取全方位的密集传播，充分利用不同的媒介组合，最广泛地到达潜在客户。在此，我们不妨以方正集团的品牌再造与新品牌导入过程为例。

方正成立伊始，以激光照排技术在业内建立起知名度，20 世纪 90 年代，方正以汉字信息处理为核心技术，开始向软件开发和销售、硬件代理分销、自主品牌硬件生产及销售、系统集成等多个细分市场进军，形成了多元化的发展格局。在消费者心目中，"方正"是一系列 IT 产品品牌的集合。

自 2009 年开始，方正集团的业务开始转型，由 IT 产品制造商向 IT 综合服务提供商、金融产业运作等领域转移，针对各个板块品牌应用分散、品牌定位不准确的局面，集团决定整合品牌，推出方正 IT 产业子品牌——"橙色方正"，该品牌涵盖 IT 制造、IT 服务和数字出版等领域，从原有的 PC 制造商的形象向 IT 综合服务商的角色转变。

同时，方正集团陆续推出"红色方正"品牌、医疗领域的"北大国际医院集团"品牌和房地产业的"北大资源集团"品牌。

至此，方正集团结束了品牌定位不清晰、品牌内涵与形象模糊、品牌使用随意的局面，形成了以方正集团为核心的四个专业品牌：橙色方正、红色方正、北大国际医院集团、北大资源集团，使得各项专业服务都有了与自己业务相适应的、具有一定独立性的子品牌，使得方正集团这块中国最老的校企品牌重新焕发了生机和活力。

3. 专业服务品牌的推广阶段

在品牌导入之后，专业服务公司应制定有效的品牌推广策略，充分整合多种传播方式，建立分阶段的品牌推广计划，定义各阶段要达到的目标，明确各阶段的推广工作，分析各阶段所需要的资源和投入，分步实施，有序推进。

同时，为了品牌的长期、健康发展，专业服务公司要对专业服务的内容进行规划和分类，重点发展和推广优势项目，力保基础项目，致力于改进服务质量，提高服务水平，增强专业服务品牌的附加价值。

4. 专业服务品牌的维护阶段

要达到专业服务品牌的长久不衰，必须要将服务品牌的建设与管理纳入工作流程，制订切实可行的品牌管理制度，使得品牌管理常态化、常规化。

其中，建立客户信息收集体系、品牌监测体系、危机公关体系，都是确保品牌价值长期、可持续的重要手段。

二、专业服务品牌管理

专业服务品牌的管理是一项系统工程，需要健全品牌管理体系，针对企业外部和内部实施长期、有效、动态的管理。

1. 专业服务品牌的外部管理

专业服务品牌存在于与客户的互动之中，一旦脱离了客户，品牌就成了无源之水、无本之木。对于专业服务公司来说，在为客户提供服务、获得客户认可的过程中，品牌充当了联系和信任的桥梁。要维护好这种纽带关系，在重视交易的同时，专业服务公司也要重视客户关系的维护，要充分认识到，同现有客户发展关系远比寻找新客户更有价值。

品牌关系管理对服务品牌建设有着重要的作用。品牌关系概念的正式提出，始于 Research International 市场研究公司的布莱克斯通，他认为，品牌关系就是“消费者对品牌的态度和品牌对消费者的态度之间的互动”，品牌关系存在以下意义与价值。

第一，培育品牌关系可以导致顾客重复购买，给公司带来更多的利润，这一点特别适用于会计、审计、培训等间歇性服务。弗雷德里克·莱希赫尔在 2001 年对六个服务行业的研究表明，随着与忠诚顾客维系时间的延长，忠诚顾客对企业所贡献的利润呈递增趋势。

第二，同公司具有长久关系的顾客会替企业做口碑宣传。老顾客是企业的义务宣传员，一份对欧洲 7000 名消费者的调查报告显示，60% 的被调查者购买新产品或新服务是受到家庭或朋友的影响。另一项调查表明：1 个满意的顾客会引发8笔潜在的生意，其中至少有1笔成交；而1个不满的顾客会影响25个人的购买意向。

第三，老顾客比新顾客更愿意接受溢价。在服务行业，老顾客往往比新顾客更愿意以较高的价格接受长期合作的专业公司的服务。这是因为，他们对长期合作的专业公司的服务项目相当熟悉，对其提供的服务价值也了如指掌。企业采取的促销手法，主要是为了吸引新顾客，而老顾客更多地会选择适合自己的、自己了解的服务。如此，专业服务公司就有可能从忠诚顾客那里获得超额的利润。

最后，老顾客可能会购买企业的其他业务，或为企业推广新业务。由于各种业务间具有关联性，企业可以扩展与现有顾客的关系从而增加提供给顾客的服务种类。例如，银行为用户提供投资顾问服务，随后继续向其提供外汇买卖、资产信托等业务。同时，他们也可能是企业新业务的推广者，以微软为例，它的各种软件产品是呈链条状不断推出的，每一种新软件都是对上一代软件的锁定，用户一旦进入该链条，就会不自觉地跟着它的新产品走到底。

基于上述的老客户的重要作用，专业服务公司在品牌的外部管理上要注意以下几点。

第一，确保服务质量。要解决企业遇到的各种问题，专业服务公司需要有高超的专业水平，需要建立规范化的作业方式和工作程序，在服务实践的基础上不断进行总结和归纳，从而形成一套科学、高效的理论、方法及服务模式。

第二，完善客户服务的后续管理。专业服务公司的后续服务管理可从服务运作、服务效果和持续服务等指标进行评估。

任何为企业提供专业服务的公司都是为了解决企业在战略、管理、运营等方面的问题，如果这些问题不能很好地解决，专业服务的效果就大打折扣。作为专业服务公司，如果不能从企业的实际出发提供服务，就不能得到企业的认可。要想得到实效，服务经验、创新能力、沟通能力、科学的方法都非常重要，而实效需要时间来检验，需要后续服务支撑。

专业服务公司后续服务的作用在于以下几个方面。

①超越客户预期。为客户提供后续服务的过程，可以令客户格外满意，不

仅在服务质量上感觉有保障，更能够体会到专业服务公司确实是对自己倍加关注，感到物超所值，跟公司合作是一个愉悦的过程。

②悉心培育客户。要想赢得客户未来的业务，重视当前和客户的合作非常必要，但是要想与客户发展并保持有利的长远关系，必须要“悉心培育客户”，通常的做法是：在现有项目上多走一步，增加与客户接触的机会（如定期通电话、定期走访客户等），建立良好的商业关系，给客户提供有用的行业资料，为客户推荐好的培训，等等。

③认真倾听客户。公司越了解客户的需求、越了解客户关注的问题，获得客户认可的能力就越强。为了达到倾听客户的目的，公司需要经常参加客户的研讨会、拜访客户、专人与客户保持联系和接触，等等，其中，后续服务是倾听、了解客户的重要机会。

④提升公司实力。提升公司实力的目的是争取客户，因此，专业服务公司要投入时间和精力去提高为客户服务的能力。这样做的目的是说服客户，公司不但可以满足客户的需求，而且还可以为他量身定做解决方案。如果这些方面能够得到有效地计划、系统地执行，就能够揭示客户可能存在的服务需求，提供依据，说服客户购买公司的服务，从而逐步提升公司的实力。

第三，提升客户服务满意度。根据克罗斯·费奈尔的客户满意度理论，影响客户满意度的因素主要是客户期望和客户对质量的感知。对于专业服务公司来说，客户期望就是客户对专业服务公司整个服务过程的预期，质量感知就是客户在实际接受专业服务时的感受。在具体的服务过程中，可根据以下因素进行评价。

①遵守专业操守，服务过程无不利影响。

②按预算、按时完成服务任务。

③实现服务行动计划。

④服务质量得到认可。

⑤在为客户服务中有良好的交流、支持、指导。

⑥服务效果良好。

第四，及时控制公关危机。墨菲法则告诉我们：只要某一事情有出错的可能性，那么总有一天它会出错，对于专业服务公司也不例外。外部环境的变化对企业的影响比较大，一次小的事件的处理不当，可能会给企业带来致命的影响。微软总裁比尔·盖茨曾说："我们离破产只有 18 个月"，这句话形象地诠释了企业所面临的高度不确定性。

专业服务公司的品牌危机管理要做到以下几个方面。

①在遭遇品牌危机的时候，公司要秉承主动迅速、真诚真实的处理原则，将品牌危机的影响最小化。

②要维护客户的基本利益，使其损失最小化，公司要与客户进行充分的沟通和交流，把客户放在首位，采取有效的措施化解客户心中的阴影。

③对于员工，公司要全力动员，让员工参与到品牌危机处理当中来，让员工了解品牌危机处理的方法，参与到品牌危机处理过程中，不仅可以减轻企业的损失，而且还能发挥其宣传作用，减轻企业内外部的压力。

2. 专业服务品牌的内部管理

专业服务公司的品牌建设不仅仅是给服务体系起个名字，品牌管理是一项系统工程，与企业的长期战略密切相关。在打造专业服务品牌的过程中，以下几个方面对于企业尤为重要。

第一，建立整体的品牌管理和经营意识。在市场竞争日益加剧的今天，专业服务公司只有将品牌管理和经营意识有机结合起来，让顾客满意，才会有持久的生命力。因而，企业必须以客户满意为宗旨，树立"一切为了顾客，为了顾客一切"的服务理念，并使每一位员工对服务理念深刻理解、认同。服务理念一旦确定并经员工认同，就会形成一个由志同道合的人员所组成的、强有力的服务网络，组织的凝聚力、向心力和战斗力会油然而生。

第二，品牌管理工作人人有责。品牌的管理体现在具体的工作中，对于专业服务公司来说，接听客户电话、商务谈判、邮件通信等具体的事务性工作都会体现出专业服务公司的整体形象，从而给客户留下直接的印象。

第三，品牌使用要规范，要保持品牌的一致性。专业服务公司要有一套规范、成熟的品牌管理办法，无论在营销、业务执行，还是招聘、招待等方面，都要设法体现品牌的一致性。在规模较大的专业服务公司，有分支机构的时候，更要考虑如何保证品牌统一的问题。

延伸阅读

埃森哲的成功之道

埃森哲是全球领先的管理咨询、技术服务和外包机构，在全球52个国家设有分公司，员工超过190000名，为遍布120多个国家的客户提供服务，其业务领域包括管理咨询、技术支持与外包服务，所涉及的行业包括通信与高科技、金融服务、产品制造、资源供给和政府机构，等等。

在大中华地区，埃森哲开展业务已超过20年，拥有一支2500多人的团队，分布在北京、上海、大连、广州、香港和台北。

埃森哲的目标是为客户提供全面的服务和解决方案，帮助客户发现、把握商机，应对挑战。通过不断开拓创新，埃森哲凭借精深的行业和业务流程专长、广泛的全球资源、实践证实的丰富经验，以及灵活调配的人员、技能及高科技手段，为客户提供高绩效的专业服务，帮助客户提升经营业绩。

一、咨询经验

尽管目前埃森哲的业务已经涉及咨询服务的多个领域，但是埃森哲的竞争力核心来源于它在IT咨询方面的强劲实力，在企业ERP基础上发展起来的埃森哲IT咨询，目前可以在这一领域领航。尤其是埃森哲的IT外包业务，增长率远远超过其他业务。

二、品牌价值

埃森哲是目前世界上最大的IT咨询企业，其业务领域也随着现代企业的变革而逐步拓展，逐步深入到企业运营的各个细节领域。尤其是网络经济崛起的时候，埃森哲在IT咨询方面的技术能力，使它在咨询业务上获得了很强的竞争优势。

同样，埃森哲在管理咨询上不断创新，它在咨询业界将按效果付费的方式付诸实践，并获得了比之前更高的利润。

三、品牌推广

埃森哲的品牌推广采取了内外部同时传播的方式。首先让高级管理人员重视品牌工作，在公司内部严格纪律，调动资源，以便在世界范围内发展和塑造新品牌；其次，做好品牌定位，实现业务策略和买方价值的有机联合；第三，建立强有力的组织架构，配备对品牌塑造有充分了解的营销专业人员；最后，还要加强不同国家和地区间的信息沟通。除此之外，埃森哲对公司所有员工提供必要的培训和教育，让他们了解到品牌战略的相关内容，从而使品牌真正有效地送达目标客户。

第六章
专业服务公司的专业化营销

第一节　专业化服务营销的特点

著名管理学大师彼得·德鲁克曾经说过："当今企业之间的竞争，不是产品之间的竞争，而是商业模式之间的竞争。"服务经济时代，产品的使用过程就是服务过程，服务模式构建的根本目的，就是要在激烈的市场竞争中获得优势。

一、专业服务是无形的

无形性是服务最明显的特点。服务是无形的，顾客在购买服务之前，看不见、尝不到、摸不着、听不见、嗅不到。专业服务公司营销的对象是向企业提供的专业服务，这些服务表现为一系列的方案，但是最终产品却不是方案，而是方案的执行成果。无论是方案的执行，还是方案的执行成果，都是无形的，被服务企业很难清晰地度量和把握。

二、对专业服务的需求是一种派生需求

对专业服务的需求基本上都是由消费者最终需求派生而来的。企业常常是因为不能为最终消费者提供良好的产品或服务而求助于专业服务公司。例如，随着互联网的普及和发展，消费者产生了网上购物的需求，这才导致企业向专业服务公司咨询网络营销的解决方案。专业公司的服务必须能够充分考虑到终端消费者的需求，才能最终满足中间企业的需求。

三、专业营销以直接沟通为主

专业服务公司与客户的沟通，不可能像实物产品的沟通那样用大规模的广告来向消费者传播，而是更多地依靠专业人士与客户的直接接触和介绍，并借助业界的口碑效应，使客户了解专业服务公司和服务。

四、营销方式单一

对于有形产品的营销，企业可采取经销、代理和直销等方式向顾客进行销售，且可以在市场上多次进行转手，经批发、零售等多个环节到达消费者手中。而专业服务的营销则不同，由于生产与消费具有统一性，因此，只能采取直销的方式，在这一过程中没有中间商的介入。专业服务营销方式的单一性、直接性，在某种程度上限制了专业服务市场的规模发展，也给专业服务的推广带来了一定的难度。

五、消费者需求弹性大

根据需求层次理论，基本物质需求是原发性需求，这类需求易产生共性；而服务消费的需求属于继发性需求，需求者会因各自所处社会环境和条件的不同而形成较大的需求弹性。对服务的需求与对有形产品的需求在一定组织及总金额支出中相互牵制，也是导致服务需求弹性较大的原因之一。

同时，服务需求受外界条件影响较大，政治经济环境、法律法规、行业竞争格局变化等对专业服务的需求都有着重要的影响，如：2012 年 3 月，国务院颁布《关于分类推进事业单位改革指导意见》，意味着事业单位改革正式开始推进，事业单位需要建立科学的管理制度和权责体系，从而更好地为公众提供服务，这对于从事政府咨询、公共部门咨询、人力资源咨询的专业服务公司来说这无疑是一个很好的商机，而这种机会的到来，都是由于国家政策的变化而导致的。

六、营销贯穿服务全程

对于专业服务公司来说，营销并不是独立于专业服务之外，而是专业服务本身需要建立并保持的一种有效的沟通方式。它帮助专业服务公司揭示客户心理，识别客户需求，确定专业人员能够为客户服务的最好方法，并使整个服务过程运转起来。按照这种观点，营销是专业服务所必需的条件，销售完成并不意味着营销结束。合同签订后，专业服务人员仍在继续营销，直到项目完成。

第二节　专业化服务营销的原则

成功的专业服务营销活动，必须遵循以下七个基本原则。

一、围绕客户的需求开展营销

把潜在客户不需要或不想购买的东西卖给他们是没有道理的。如果客户听说你是一位卓越的专业人员时可能很高兴，但更为重要的是要使客户确信你关心他（或她），了解情况，随时耐心倾听他（或她）的意见，帮助他们找到有利于解决其业务问题的办法并付诸实施。这是一条金科玉律，专业服务公司的所有营销努力必须以客户为中心，而不是以专业服务公司或人员为中心。对客户的关注必须是真挚的，并甚于对企业自身的关注。

二、重视客户的唯一性

专业服务人员的经验和成就是重要的财富，但也可能成为陷阱：专业服务人员可能感觉事先已经对新客户的需要了解得很清楚，但即使所有其他条件都一样，涉及的客户、行业、环境等因素也有不同，决定了每个客户的唯一性。这就要求专业服务公司应重视唯一性，应结合客户的实际情况制定出切合实际的解决方案，而不是根据自己的经验盲目设计模型，照搬到具有唯一性的客户身上。

三、永远以质量为先

当客户服务需求的数量超出了专业服务公司的能力，服务人员的数量不能满足客户需求的时候，专业服务公司需要做出一个权衡：要营业额还是服务质量。对于专业服务公司来说，质量永远是放在首位的，是专业服务的生命线，不能为了追求短期的经济利益而让客户的利益受损。当然，这里也有技术判断的问题，涉及公司能否真实地评价自身的营销与运营能力。

四、不过分宣传

营销会产生期望和约定。营销过度可能会产生公司无法满足的期望，而且可能会产生负效用，甚至违背职业道德：有些客户急需专业服务公司的帮助，若公司过分夸大服务的效果却做不到，或者派去一些没有经验的人员且不能对他们加以培训，就必然导致服务水平下降，客户不满，最终危及公司声誉。

五、不贬低竞争对手

在与客户的讨论过程中，客户经常会谈及有关竞争对手的方法和能力等问题。如果对他们的情况有所了解，当然可以如实地说明。不过，提供歪曲的或带有偏见的信息，以及对竞争对手做诋毁性的评价以影响客户，这种做法是违背职业道德的。

六、体现专业精神

专业服务人员要有事业心，有创新精神，有闯劲，他们不是在卖饼干或洗衣粉，而是在销售高度专业化的产品或解决方案。在选择恰当的营销方法和技术时，对于所提供服务的专业特性、客户的真实需求、敏感性乃至客户的文化和价值观，都需要进行深入的研究和充分的准备。

七、综合运用专业信息

如果专业服务人员能通过技术和信息论文、指南、报告、手册等方式与现有的潜在客户们分享某些知识和经验，将深受客户的欢迎。所有出版物都应当包括作者所在专业服务公司的简介、公司及其服务的有关信息，以及公司所服务过的、成功的客户组织的信息。

公共信息媒体（如出版、电视或广播）一直在不断寻找令其深孚众望的信息，专业服务人员可以帮助收集、组织并提供一些这样的信息——例如：关于商业金融的发展方向，技术发展对工厂战略的影响，新的节能技术，以及贸易政策对投资决策可能带来的影响，等等。

第三节　专业服务形象塑造

专业服务的形象是在工作过程中体现出来的，其中，职业、高标准、敬业、权威等方面的形象塑造格外重要，间接反映着专业服务公司的专业能力、工作质量与管理水平，也是促成客户和其他人士对公司形成正面认识的基础。

一、专业服务形象的内容

由于专业服务边界、标准具有一定的不确定性，对于专业服务客户来说，普遍希望从一些有形的因素上推断出服务质量的高低，而形象塑造正是专业服务在客户或潜在客户面前的有形展现，弥补了专业服务作为无形商品无法被公众直接感知的不足，恰当的有形展示可以提高客户对无形服务的信任。

所谓专业服务形象，是指专业服务公司在处理内外部事务中所建立的起来的、给予别人的、具有专业特点的印象，包括外在形象、品德修养、专业能力、知识结构等四个方面，并通过专业公司员工的外在形象、沟通交流、问题解决、成果呈现等具体细节体现出来。

专业服务人员是展示专业服务公司形象的最重要的部分，其基本任职要求包括：接受过正规培训，拥有必要的专业知识，经过专业资格认证，能以客户为中心思考问题。营销大师菲利普·科特勒总结，作为专业服务人士，客户最为看重的品质有以下几点：可信任性，洞悉客户需求和目的的能力，启发性与鼓励性，合作精神及有能力创造有利的未来。

归纳各种研究，专业服务人员主要在以下六个方面体现专业形象。

①职业道德：这是专业服务形象塑造的基础和前提。

②技术能力：是指用于解决客户技术难题并产生预期水平、质量效果的知识和经验，可进一步细化为：公司的核心能力与从事工作的专家的个人能力；对客户行业的了解与熟悉程度；硬技能与软技能。一方面是包含关键技术程序、方法和体系的知识和技能，另一方面是解决人的问题和推进组织变革的能力，以及创造性和创新能力。

③任务设计能力：展示专业服务人员对特定的客户组织所存在的具体问题及背景情况的理解，以及拟采用的解决方案和技术方法。

④履约能力：指专业服务公司的结构、规模、资源、位置、灵活性以及其他特点所能给予项目履约的支持。

⑤资源调动能力：在需要公司其他技术专长者参与、建立新的商务关系以及追加额外资本等任务安排中，公司所体现出来的资源调度能力和效率。

⑥资格证书：有些客户要求专业服务公司及人员提供与本业务相关的资格证书及资质文件。

以专业服务公司中的著名企业——麦肯锡公司为例，麦肯锡在管理上一直遵循一体化战略，这种战略不仅强调企业的统一营运，也体现在统一的专业形象上。在麦肯锡公司，无论是办公场所的外观、员工和合伙人的穿着，还是工作成果（报告书和其他文件）的装帧、遣词造句的方式等，都有统一的规范和专业的要求，在他们看来，“咨询不能被看作是一种让赋闲在家的人和退休经理干的业余工作；相反，它应该被看作是一个很有价值的专业服务。所以他们面对的是客户而不是顾客，他们从事的是一种专业而不是一种行当”。因此，必须建立专业的、令人敬重的形象。

对于专业形象，麦肯锡的著名领导人马文·鲍尔有过这样一段精彩的论述，他认为：作为管理咨询顾问，在与客户沟通时，“要想尽一切办法来避免让他分散注意力。如果你有一个革命性的创意，那在讲述这个创意的时候千万不要穿得太过于革命性，否则人家很可能不以为然——必须让那些首席执行官对我们有信心。试想，你乘飞机旅行，却看到驾驶员穿着短裤系着火红的头巾，你会对他有信心吗？如果他穿着肩章上有四道杠的制服，你肯定会比较信任他，对不对？说到底，如果你想让人对你有信心，要树立起自己的形象，那么着装规范就至关重要，要尽可能地看起来不扎眼。”正是秉持这样的理念，麦肯锡公司在着装方面从头到脚均有明确细致的规定，对于帽子的式样、衬衣和套装的色彩、袜子的纹理等均有要求，且随着时代的变化不断改变要求，以最大限度地符合企业高层管理者对于咨询顾问的形象认知习惯，从而给客户留下印象鲜明的专业形象。

麦肯锡对于企业形象的关注不仅限于着装，还体现在一切对外交付的产品和宣传上。他们把公司的品牌形象直接呈现在提供给客户的各种形式的工作成果和书面报告上。对于咨询工作的各种形式的报告的写作方式，麦肯锡都有一套完整、仔细的规则。这些规则明确规定了报告所应采用的统一字体、行距、首行缩格数字、数字编号段落、字母编号段落、齐头式段落，等等。“所有这一切都是为了形成一个完全统一而又特色鲜明的形象，这样不论谁，不论在何处，只要你打开一份报告就知道它是不是麦肯锡的。”鲍尔·马文说，“我们的报告书就像我们的签名。当我们从客户那里离开以后，报告书会留在客户那里。当他们从一个旧抽屉或者书架上拿出报告书时，我们希望他们看到的不仅仅是一份陈旧的报告，而是带有麦肯锡特点的报告书，是一段记忆，让他们感觉值得看一看和想一想。我想让他们一看到报告书就知道我们是多么注重自己工作的质量——这就是我们的签名。”

专业服务形象的塑造，就是在于这样的对于细节的完美追求和精益求精的职业态度。

二、人员在专业服务形象塑造中的作用

专业人员是专业服务公司业务的直接执行者，是专业公司树立形象的重要载体，他们的素质、能力和风格对于专业服务公司的业务开拓、知名度提升及长远发展至关重要。因此，专业服务形象的塑造，应首先从建立专业服务人员的专业形象做起，具体要求包括如下几个方面。

1. 专业服务的新人培训

专业服务公司对于新进入的员工都有相应的入职培训，目的是让员工了解公司的经营理念、企业文化、职业礼仪、管理制度、行为规范等内容。经过培训，让每位员工在未来的工作中形成相对一致的行为规范，这是专业服务公司树立外在形象的最基本的手段。

2. 专业服务的客户接洽

客户接洽是专业服务公司形象塑造的重要途径。所谓客户洽谈，是指从企业提出服务需求开始，经过专业服务公司对企业的深入了解，提出专业解决方案及费用报价，并反复交流与洽谈，直至签订合同的全过程。在这一过程中，专业服务公司的主要任务是了解企业的需求，同时，让企业了解本公司的特长和能力，并与企业建立起良好的信任与互动关系。

业务洽谈过程中的专业形象塑造是开展专业服务的开始，也是取得客户认可的重要阶段，对于客户和专业服务公司来说，都需要从各自利益出发对对方的情况进行了解和判断，以确保能够从这项合作中获益。对于专业服务公司来说，要给客户树立专业能力强、经验丰富和责任心强的形象，可以从以下几个方面入手。

第一，要很好地把握客户的问题，清晰地描述解决问题的思路、步骤与做法，这是对专业服务公司基本素质的判断。

第二，要向客户详细介绍一个同类的案例，以证明公司确有丰富的服务经验，而不是纸上谈兵的演说家。

第三，对于专业服务公司来说，要根据基本因素选择客户，没有达到要求的客户是不适合进行专业服务的。某些专业服务公司为了多揽客户，见到业务就接，很少有选择客户的观念。事实证明，专业服务公司往往因为没有正确地评价和选择客户，造成服务成果不佳，对客户关系和公司声誉造成很大的损害。

第四，除了选择客户，专业服务公司还要衡量自身的能力，是否具备解决客户问题的能力，包括专业能力和资源状况。承认自己不能解决客户的问题并不是一件羞耻的事情。专业服务公司不是万能的，各有所长和所短，把自己不擅长做的工作让给该领域的专家，是国际上一些专业服务公司的通常做法，这样既能避免自己的尴尬，又能给他人（客户和其他专业服务公司）带来利益。

3. 专业服务的执行过程

在服务执行期间，专业服务人员要注意客户对采取的方法、取得的进展、发生的成本或者项目小组的行为所流露出的不满或忧虑的任何信号，通过科学的推理及时消除客户顾虑，保证项目的顺利进行。

同时，要让客户全面掌握项目的进展情况，尽早与客户商讨所有潜在的问题和困难，随时观察客户进一步的需求和机会，并以适当的方式向客户提出建议，向客户充分表现出决心，并不遗余力地按照客户的标准提供最优质的服务。

最后，专业服务人员不能有任何为增加眼前利益而把项目扩展到不必要范围的企图。

第四节　营销组织专业化

专业服务提供无形的产出与产品，由于这种产品的无形性和不可预知性，给这样的产品下定义并进行测量、验收和评估是非常困难的。专业服务人员可能会有某种产品的观念，而客户对产品及其真实价值的认识可能有很大的不同。在推销公司的服务时，专业服务人员卖的实质上是一种承诺——满足客户需求的承诺。

为了有效地管理营销任务，专业服务公司应当成立若干专业团队，让这些团队分别计划、实施自己的微观营销行动计划。存在多个团队，有助于鼓励人们更加聚焦于具体的任务。每个人可选择他所喜欢的团队，瞄准某一客户行业或某一专业。由于参加了具体的团队、有具体的目标、针对具体的客户群体，每个人在营销工作中就不会感到孤立和缺乏方向，团队的针对性就强。

营销组织的专业化建设，使得公司内外部分工更加细化。以往的专业服务公司，公司的专业服务人员在为客户提供服务的同时，往往还承担着营销和处理客户关系的职能，而“营销组织专业化”能够使得公司管理、团队运作、工作效率得到大幅度的提升。

对于专业服务公司来说，营销组织中通常包括以下三类角色。

一、销售人员

无论一个专业服务公司规模有多大，内部设置有多复杂，其管理团队都应将注意力放到市场营销上来，市场营销战略通常是高层管理者们所必须讨论和决定的话题。如果可能的话，高层管理团队中的一名成员应该被任命为营销经理，可以是全职，也可以是兼职。

营销经理要将全部精力投入到营销工作中，其职责包括：提交重点市场分析报告、拟订公司营销策略与市场营销计划，并直接指导某些具体的营销活动，如营销培训、广告策划、新闻宣传、资料邮寄、编辑和发行公开信息等。营销经理可以组织一个小型的技术和管理团队来完成这些工作。其他营销工作不一定直接由营销经理负责，但营销经理必须与其他经理合作，共同监督、指导、评估这些工作，推动这些工作进一步开展，而这些工作的开展，通常通过间接营销和直接营销工作来展开。

间接营销，其目的是树立公司的职业形象，为开发新客户创造机会，通常由整个公司承担，工作分配到每个部门或每个人，人人都能尽其所能地发挥作用。间接营销的目的是要充分利用和发挥个人才能，因为在公司里不是每个人都能为推动公司的发展写一本书或一篇文章，必须明确分工，间接营销才能发挥作用。

直接营销，通常由营销经理和专业人员共同完成，他们需要付出一定的时间与客户联系，建立新的关系，开展初步调查或早期跟踪工作，并努力推销公司的服务产品。

在一些专业服务公司里，高级专业人员是全职的市场营销人员，他们可能不是公司最有能力的技术人员，但他们的社交能力、问题判别能力以及营销能力使得他们成为公司非常宝贵的财富，是公司的"晴雨表"。

直接营销要求专业服务公司的各个部门要与高层管理人员或营销经理保持一致，并能很好地贯彻其精神。如果同一公司不同的部门与同一客户的接触不能够协调一致，必然会损坏公司形象。反之，如果内部取得协同，积极地共同应对潜在客户和任务信息，在与特定的客户合作时牢记公司利益、整体利益为上，势必会获得更多、更好的商机。

二、专业服务人员

专业营销是向客户销售专业服务的营销，是让客户感知企业服务能力的营销过程，为此，要求专业服务人员能够与销售人员形成良好的团队协作。

专业服务人员是客户服务的主体，通常需要运用科学的服务工具分析企业存在的问题，提出并指导实施解决方案。专业服务人员不仅要具备扎实的理论基础，还要具有丰富的客户服务经验，能够明确自身在服务过程中的角色，为企业带来价值。专业服务人员，应当具备以下三个方面的能力。

第一，服务过程中的设计能力。专业服务人员要能够根据客户的实际情况快速做出决策（这些决策所建立的基础应该是合理的理性逻辑推理），制定一个或几个备选方案，并对每个备选方案进行评价和建议，以利客户做出选择。

第二，服务过程中的执行能力。执行能力包括：组织召开座谈会、推动项目开展、向客户展示过程成果，等等，这些能力都需要一定的技术或技能作为保障和支撑。

第三，服务过程中的人际技能，在服务的实施过程中，一个专业服务人员需要大量的人际技能来完成工作，其中包括：倾听技能、语言沟通技能、视觉沟通技能、领会技能，以及必要的心理学的基本理论、测量工具、方式方法。

三、运营支持人员

对于绝大多数的专业服务公司而言，还有一部分人员，他们往往不和客户直接接触，是服务团队的幕后支持者，通常被称为文职人员或支持人员，他们的工作也同样非常重要，这些工作绝大多数能够为专业人员的工作表现提供强有力的支持和帮助。

以花旗银行为例：

客户至上是花旗银行文化的灵魂，花旗银行文化的最优之处，就是把提高服务质量和以客户为中心作为银行的长期策略，并充分认识到实施这一战略的关键是要有吸引客户的品牌。经过潜心探索，花旗银行获得了成功。目前花旗银行的业务市场覆盖全球100多个国家的1亿多客户，服务品牌享誉世界，在众多客户眼里，“花旗”两字代表了一种世界级的金融服务标准。

与此同时，为了让服务营销有坚实的基础，花旗银行在营销中适时导入了“银行内部关系营销”理念，根据与客户接触关系的程度，把员工分为四类：与客户直接接触者、间接干涉者、施加影响者和隔离无关者。每一类员工都被作为营销组合中的一个因素，银行的管理者首先将银行推销给员工，先吸引员工，再吸引客户，让员工主动地去营销和服务客户。

花旗银行的“内部关系营销计划”分为两个层次：策略性内部关系营销和战术性内部关系营销。

策略性内部关系营销，是指通过科学的管理、人员职位的合理升降、企业文化的方向牵引、明确的规划程序，激发员工主动向客户提供优质服务。

战术性内部关系营销，主要是采取一系列措施提高员工素质和技能，如：经常举办培训班、加强内部沟通、组织各种性质的集会、加快信息的交流和沟通，等等。

在内部关系营销中，花旗银行建立了低成本、高效能的“服务供应链”和具有高度凝合力的“服务利润链”。在“服务供应链”中，营销人员、部分联络人员、客户代表以及分行经理的工作就是发现未满足的潜在客户并为其提供产品，而不是将产品强加于不需要或不想要的客户。“服务利润链”的作用是把银行的利润与员工和客户的满意联系在一起，利润链有五个关键点。

①内部服务质量：高级职员的挑选和培训、高质量的工作环境、对一线服务人员的大力支持。

②满意的、干劲十足的服务人员：更加满意、忠诚和愿意为客户工作的员工。

③更大的服务价值：效力更大、效率更高的客户价值创造和服务提供。

④满意和忠诚的客户：感到满意的客户，他们保持忠诚，继续购买和介绍其他的客户。

⑤强盛的服务利润和增长：优质服务企业的表现。

在花旗银行内部，客户经理们能够得到银行各协作部门的支持和尊重，客户经理部门与其他协作部门紧紧相联，各部门协作共同完成一笔业务，同时体现在各部门的业绩上，形成了各个部门之间密切的利益共享关系，从而极大地强化了团队精神。

第五节 专业服务营销的商机管理

一、营销计划和目标

有效的营销已成为专业服务公司成功的关键因素之一。如果只单单阐述几条营销的原则，而希望所有的工作人员采用这些原则，显然是远远不够的，营销的过程管理显得尤为重要。通常情况下，营销过程不能作为一个单独的职能，而必须由公司的高层管理人员进行组织，必须和公司的每一项工作统筹考虑，这些工作包括：员工培养和晋升，对合伙人和员工的激励，经营的组织和监督，提高质量的措施，等等，其中营销战略是公司整体战略的核心。

营销计划决定了专业服务公司的营销目标和战略，以及将战略付诸实施需要采取的措施。一份完整的营销计划应该包括：在规定时间内需要完成的工作、所需要的资源、公司内每个人或每个部门对整体营销目标所应作出的贡献。其中，数量目标表明要获得的市场份额以及从现有的客户和新客户中产生的新业务量，质量目标是指公司期望要达到的、在客户心目中的定位，或者是发现更富挑战性工作的要求。

营销目标应在未来的某一时限内达到，这个时限要在充分分析的基础上设定，例如，用于树立职业形象的大部分技巧属于非直接营销技术，要花费很长时间的培育才能产生效果，但应被视为是对未来业务的投资。

二、营销原则

彼得·德鲁克说：“商业的目的是创造并留住客户。”对于专业服务公司来说，要为客户提供专业服务，让客户为公司的服务付费，这种价值交换也是一种商业行为，因此，必然存在着营销。专业服务公司的营销不同于一般的商品营销，有着其特有的特点，因此，公司在组织营销时，要注意以下几点。

1. 使客户对再次购买服务充满信心

如果要在现有的客户身上赢得新的业务，那么这个客户对公司所提供的服务就不仅仅是“满意”的问题，而应该是“超过客户期望”。为达到这个目标，要求在现有项目上投入充分的时间和精力，以为后续的营销工作打下基础，主要做法具体如下。

第一，在现有项目上向前多走一步，提供额外的分析工作，提高速度及服务质量，改善报告和文件的质量，提供更频繁的汇报、更详细的注释，让客户对现有项目的执行效果超出预期地满意。

第二，增加与客户接触的机会，定期通电话，不放过任何走访客户的机会。安排在用餐时间的商务会面、邀请客户来访、请公司的领导人同客户接触等，都是有效增加与客户接触的好方法。

第三，建立商业关系，介绍好的关系给客户，为客户安排培训，主动参加客户的内部会议，建立对非项目事务的免费咨询日，给客户发送实用资料、书籍文章，如果有可能，向客户介绍公司业务。

2. 增加对客户的深度理解

要说服客户，需要增加对客户所在行业和客户本身的了解，通常的做法包括：

第一，通过研究行业类杂志、学术报告、参加行业会议、进行行业调查等方式，增加对客户所在行业的了解。

第二，通过阅读客户的业务手册、年报以及其他公开文件，增加对客户业务的了解，主动帮忙对客户内部计划提出建议。

第三，通过查看客户公司的组织结构图，向同客户打交道的其他专业服务公司的人员进行咨询，花时间同客户的上下游企业接触，多方面了解客户的情况，增加对客户公司的了解。

3. 激发客户对专业服务的兴趣

专业服务公司要积极、主动地展示自身的能力，通过制定完整的计划、程序来激发客户的新需求。

首先，专业服务公司要积极主动地创造展示自身能力的机会，为客户开展免费服务，对客户的问题进行友善的解释。

其次，让客户意识到新的服务需求，公司可设法提醒客户潜在的变革机会，提供书面证据说明存在的问题，或者把客户的数据与同行业进行比较，等等，这些都是让客户意识到自身存在专业需求的方法。

三、商机管理

管理大师彼得·德鲁克告诫我们："衡量一个企业是否兴旺发达，只要回头看看其身后的顾客队伍有多长就一清二楚了。"那么，面对众多的、潜在的商业机会，我们如何进行管理，如何组织优势资源重点突破，这就是商机管理的工作内容。

1. 漏斗原理

销售机会管理适用于大型、复杂订单的销售，我们可以将销售想象成一个漏斗，销售机会经过采购流程的各个阶段，转变成为订单。

销售漏斗，又称"营销漏斗"，是客户关系管理中非常重要的销售过程图形化跟踪与分析工具。所谓"销售漏斗"是一个形象的概念，是销售管理人员普遍采用的一种分析工具：漏斗的顶部是有购买需求的潜在用户，漏斗的上部是将本企业产品列入候选清单的潜在用户或进入谈判阶段的客户，漏斗的中部对应的是正在报价或者提供样品阶段的客户，漏斗的下部是已经下订单的用户。销售漏斗中有大量的销售机会，并且不断地向下流动，转变成订单，直到达成销售目标。

销售机会的全面管理是专业服务公司规范营销管理、提高公司销售额的最有效的方式之一。销售漏斗管理以销售机会为中心，贯穿了机会跟踪过程中的客户详细需求、洞察方案提供、竞争对手和销售机会跟踪、详细需求、报价与方案信息，同时，还可以根据销售机会的阶段，自动生成销售报表及图表，并提供非常方便的销售预测和统计工具。

并不是每一个潜在客户都会成为企业的最终客户，因此存在着自然的销售漏斗。通常情况下，当新客户出现时，它虽然有较为明确的需求，但并不一定会成为公司的客户。在与销售人员不断地接触中，有的客户逐渐认可了公司的产品与服务，最终成为真实的客户；也有很多客户不会成为真正的客户，一般来说，最后成为客户的可能不到1/4。所以，销售人员的作用是尽可能地将潜在的客户逐步转化为真实的用户。在这个模型中，销售人员的工作好像装弹夹一样，不断把客户从漏斗的上方压到漏斗的下方。

2. 漏斗的作用

希望使潜在客户成为公司的客户是专业服务营销的不懈追求，要使这种愿望得到实现，专业服务公司就必须经常努力地检视自己与客户的关系，而漏斗原理正是管理客户关系和销售过程的一种有效的管理工具，它的作用如下。

(1) 帮助销售人员总结跟踪客户的整体情况

作为销售经理，可以查看每个业务员的销售漏斗，看其客户情况，增加了多少的潜在客户，有多少的潜在客户变为了谈判阶段的客户或者样品报价阶段的客户，甚至成交的客户；也可以查询哪些客户老是在同一个级别上呆滞不动，可以跟业务员讨论具体的原因，以及是否有继续沟通、交流的必要性。

(2) 可以透视营销人员的工作过程，从而发现和解决问题

通过定期检查销售漏斗，销售经理能够及时发现问题。比如，在某个销售人员的漏斗中有一个潜在用户在很长时间里一直停留在某个位置，这时候，销售经理就会提出质疑。

如果总是处在漏斗的上部，可能是潜在用户还没有下决心购买，处在摇摆不定的状态，也可能是销售人员长期没有联系，情况掌握不准。

如果总是处在漏斗的中部，可能是潜在用户面对两难的选择拿不定主意，也可能是潜在用户已经被竞争对手抢去，只是不愿明说。

如果总是处在漏斗的下部，可能是潜在用户公司内部有问题，比如意见不一致，资金不到位，上级领导不批准，等等。

分析出原因之后，就可以对症下药，推动客户的转化。

(3) 可以沉淀不同级别的客户，不会因为人员流失带走重要客户

销售漏斗，可以在一定程度上防止人员流失带走客户现象的发生。当销售

人员要离职的时候，销售经理要及时核对销售漏斗的情况，检查相关数据是否完整，是否有异常，要跟业务员核实相关信息。针对客户的不同级别，区分对待，采取相应的措施。

对于成交的客户或者样品、报价阶段的客户，销售经理要亲自上门或者派专职业务员前去沟通，说明情况，告诉客户原来的业务员已离职，现由某某负责；对于处于谈判阶段的客户，销售经理要要求新的业务员及时进行电话、Email、传真等形式的沟通交流，并及时汇报进度情况；对于上层的潜在客户，新业务员做好以上两项工作后，还要及时地跟他们联系沟通，安排后续工作。

3. 销售漏斗管理的原则

某些专业服务公司在使用“漏斗”原理的过程中，往往只重视吸引新客户，而忽视了对现有客户的关注和服务，将管理的中心过多地分配在售前和售中，造成了售后服务没有让客户感到满意，许多服务的后续问题得不到解决，造成了现有客户的流失。

而公司为了保持客户服务数量，必须不断补充“新客户”，进行不断地循环。公司在一周内失去10个客户，而同时又得到10个客户，表面上看来客户数量没有流失，但是得到的10个新客户的成本显然比保持老客户的成本昂贵得多。

因此，对于销售漏斗，公司经营者不能只注重结果，而应注重对销售前后的全过程管理，具体可从以下几个方面来进行管理。

（1）过程导向

对于专业服务公司来说，从潜在客户的培养到最终的公司客户，不能一蹴而就。专业服务营销更多注重的是过程，控制了过程就控制了结果。营销人员要在营销过程中激发客户足够的兴趣、对公司的服务进行关注，而这些关注是在营销服务的过程中得到的。

将营销人员的过程管理发挥到极致的企业是海尔集团，他们对营销人员的控制称为“三E管理”，即：管理每个营销人员（Everyone）每一天（Everyday）的每一件事（Everything）。

例如，海尔集团下属的某公司虽然仅有40多名驻外营销人员，但其总部的营销管理人员却多达4名，这4名营销管理人员的任务就是对营销人员的全部营销过程进行控制。每天早晨8点钟，总部的管理人员都要打电话对大多数营销人员进行检查，看他们是否准时到达指定客户（或工作地点）开展营销工作；每天傍晚5点至6点，营销人员都要准时与总部管理人员联系，汇报当日工作，包括到什么地方，拜访什么客户，商谈什么问题，解决了什么问题，还存在什么问题，需要公司提供何种帮助，客户的姓名、地址、电话等以及明天的工作计划。总部管理人员将汇报的所有信息记录在公司的“日清单”上。公司总部将根据汇报的信息，定期或不定期进行抽查，审核汇报信息的真实性。营销人员每天也要填写“日清单”。营销人员回公司报销、述职时，管理人员要对照“日清单”核定票据的真实性，然后才予以报销。

（2）事前管理

专业服务公司的销售大多是项目型销售，对于销售团队来说，要永远比客户提前一步看到结果，永远比客户落后一步拥抱结果。因此，营销人员要对服务项目的目标有明晰的规划，要给予客户明确的服务承诺。凡事预则立，不预则废，不做好预防性的事先管理，必然会在后续的服务中花费大量时间去和客户进行服务结果的争论，对公司声誉造成影响。

要做好专业服务营销管理的预防性工作，就必须加强调研，发现可能存在的问题。一个成天坐在办公室里的营销管理人员是很难做好预防管理工作的，每个营销管理人员必须明白：他的工作场所在销售一线，只有深入一线才能发现真正的问题，才能提前发现问题。在生产领域，最优秀的生产管理人员的管理方式是“走动管理”，在营销管理领域，最优秀的营销管理人员最有效的管理方式还是“走动管理”，即要经常到市场上去走一走，去发现问题，现场解决问题。

普通的管理者，问题解决后就万事大吉，而优秀的管理者还会思考问题的性质：是例外问题还是例常问题。例外问题是偶然发生的问题，而例常问题是重复发生的问题，要建立一种规则、制度、流程，对于今后的类似问题，不再需要人为干预，严格依照程序处理。

（3）标准化营销

长期以来，我们更多地把营销当作一门艺术，经验、悟性、灵感和个人的随机应变在其中占有重要的地位，对于专业服务公司而言也是如此，在营销上往往都依赖于营销人员的“人格魅力”或公司高层的“名誉光环”。这样的营销模式无法被复制，对公司的营销管理也没有传承性。

对于现代专业服务公司来说，需要建立一套标准化的营销程序。国外优秀企业不仅能够把生产过程标准化（如麦当劳，仅标准化操作手册就有几百本），而且尽可能地将营销过程标准化（如可口可乐公司，不仅将产品在超市的陈列方式标准化，而且对营销人员巡视市场时是顺时针方向走还是逆时针方向走，都有明确的规定）。优秀企业都有自己的标准化营销手册，营销人员人手一册；有些企业更是深入一层，将经销商的销售过程也进行了规范化要求，如松下公司，仅客户销售手册就有几十本，营销人员经常性地对经销商进行标准化操作与管理培训，从而保证每个经销商都能按照松下的要求规范运作。

4. 漏斗原理的运用与管理

销售漏斗原理是一个销售过程，这个过程以商机为主线，围绕商机产生、商机控制、商机跟踪、合同签订/商机终止的完整周期而展开。

（1）漏斗销售流程

一个完整的销售流程，主要包括以下七个环节。

①理解客户的业务和环境，与客户建立初步联系。

②确认商机。通过与客户的联系和客户的基础信息，由销售代表与客户探讨商机，并有机会与客户方有影响力的人员进行沟通，明确需求。

③确认服务意愿。协助客户建立购买愿景，向客户初步阐述购买服务所带来的价值。

④能力评估及拟制服务方案。阐明公司的能力并确认商机，评估公司的服务资源以及服务能力，明确决策程序及相关决策人员、确定预算、问题与需求，进一步明确公司内部要参与的人员、做好《项目建议书》、等待与客户进一步交流。

⑤获得初步承诺。与客户共同探讨解决方案，就《项目建议书》进行多次沟通（电话或面谈），解答客户问题，初步形成共识。

⑥达成方案。客户最终认定服务者，签署协议，双方确认项目启动日期。

⑦实施。项目开始实施，监控项目实施过程，确保满足客户的期望。

（2）漏斗销售流程与漏斗销售管理的区别

漏斗销售流程与漏斗销售管理的区别主要体现在关注点上。

漏斗销售流程对于专业服务公司其实是一个如何发现商机、推进商机和赢得商机的过程，在这个流程中，我们可以很清楚地对单个商机的进展情况进行确认和管理，主要特点如下。

①关注某个商机是否向后续阶段转移的时候，主要取决于可验证信息是否达成。

②流程同时关注销售过程中每一个连续化的行动细节。

③关注销售流程中销售方式的改善。

漏斗销售管理的核心是进行销售管道管理并进行例行性的回顾，从而对商机的数量、分布、质量进行过程控制，主要是管理商机总体情况，主要的关注点如下。

①关注跨所有销售阶段的商机的总体情况和整个销售管道的健康状况。

②关注管道中不同阶段的商机流量、分布和质量，对规律性的问题进行有效的定位和溯源，进行有针对性的推进指导。

③关注从商机发现到销售预测全过程的控制点设置，强调控制点前移。

④关注漏斗管道中的重点和例外商机，关注在推进过程中遇到困难的商机，确定推进商机应该采取的行动。

(3) 商机管理规范化

为了促进商机管理的规范化，需要对销售流程中产生的数据进行管理，通过数据的统计分析来归纳在销售过程中存在的问题，特别是分析销售关键点的客户数据特征。

按照销售漏斗的流程，从流程中产生的数据到形成销售管理报表，大体可分为三大体系。

①销售管道监控数据：是对销售管理的总体监控，主要包括：销售管道的总流量（反映商机运行速度），管道流量分布数据（反映流程平衡分布以及销售和收入的初步预测），等等。

②销售推进指导数据：是对销售管理中的差距管理和支持进行分析和跟踪，主要包括：营销成功率数据、商机终止数据、超时限商机数量，等等。

③重点商机管理数据：是对销售管理中的重点和例外进行管理。主要包括：重大商机定义、重大商机评估，等等。

第六节 专业服务产品化

每个行业发展到一定阶段，都需要标准化，专业服务也不例外。我们知道，用户的服务需求是个性化的，对于服务的要求也差别迥异，似乎缺少联结的主线。但是，绝大多数用户的需求仍存有共同之处，如果找到这些共性，将它们设计成为模块，让用户可以像搭建积木一样选择不同模块进行组合，就既可以满足灵活性，又可以实现标准化，从而降低服务成本，这就是"服务产品化"的基本思想。

服务产品化，就是将所提供的服务通过统一的服务标准、可衡量的服务质量、体系化的定价机制来体现，并形成具有特定属性的、规范化的、可组合的服务产品。服务产品化是在传统服务的基础上提出的一种新的服务模式，服务产品化带来的好处可以被归结为"规模 + 速度"：规模化经营意味着成本降低，为客户提供更有优势的服务价格；提高交付速度则可以为客户赢得实现价值的时间。

以华为公司为例，华为的服务产品化是公司服务的重要特色，服务产品远远超出了普通的排除故障的技术支持概念，涵盖了从保障设备日常运行的技术支持服务、硬件维修服务到提高设备运营效率的网络优化服务等若干内容，能够全方位满足不同地区、不同用户在不同方面、不同层次上的服务需求。

一、专业服务产品化的目标

专业服务产品化，要致力于实现三个目标。

一是降低专业服务的成本。将个性化的服务转化为标准化的服务产品，就能够使服务内容可以进行移植，避免了人员的重复劳动，有效降低了公司的运营成本。如：一家会计师事务所的专业服务人员在为某个工程企业提供财务咨询的过程中，针对企业的行业特点，通过研究、分析、总结，开发了一套财务培训课程，获得了企业的认可。此后，该事务所将这套培训课程进行了包装，开发成为事务所为客户服务的收费课程，同时，免费应用于签约的其他客户，如此，就避免了各项目组针对同一内容的重复工作，有效降低了人力、物力成本。

二是建立专业服务的标准。服务产品化包含了一家专业服务公司的产品服务从开始到终了的完整流程，有利于会促使公司形成规范的服务标准，方便营销人员就服务产品向客户进行推广。

三是增强专业服务的能力。规范化的产品和服务，能够有效规范专业服务人员的服务行为和方式，使每个服务人员对于服务的改进、创新都能做到有章可循，从而使得服务人员的能力得到有效的提升。

当专业服务产品化之后，管理者拥有足够的权力和权威来决策某项工作，员工更多的是担当执行者的角色，对其素质要求相对降低。在开展服务业务时，因为服务的产品化特征，服务成果变得清晰可见，客户更容易理解服务内容，提高了营销的成功率。

二、专业服务产品化的误区

1. 专业服务产品化，是不是否定了个性化的解决方案

专业服务既不是否定个性化的解决方案，也不是要把服务变成产品，而是要努力把服务的生产过程变得像产品制造一样，让服务有标准，能够被评估。服务产品的标准化和制造业产品的标准化不一样，客户接受服务产品的最终结果并不一定是拥有了服务产品，而是接受了通过服务产品所带来的服务。这种服务有更快的效率、更高的价值利益，客户最终享有的是高质量的服务结果，而不是服务产品的“工艺流程”。

作为全球最大的信息技术服务和咨询服务提供商，IBM 早在 2007 年就开始进行服务业务的转型和变革，这就是服务产品化，即将通常应用于传统市场的产品开发和交付原则注入服务业，并在全球范围内进行积极尝试。关于这次转型，企业内部、用户以及合作伙伴都提出过疑问：在多数服务提供商开始重视客户化、定制化服务的今天，IBM 为什么会反其道而行之，提出服务产品化的转型策略呢？

IBM 的理由是，客户越来越倾向于购买能够解决问题的解决方案，而不是

单独的产品或服务，同时，采用更标准化的产品而不是定制的解决方案，服务的可重复利用和产品化已是大势所趋。IBM 的服务产品化并非将服务完全变成商品，如交换机、服务器等一样，用户功能完全一致。而是采用一套成熟、完整的方法论和量化公式，将一些可以积累的内容再次使用，这些内容会根据用户的情况不断调整，IBM 的服务人员要做的就是在此基础上提供更深入、更高价值的服务。未来，IBM 还希望能将组成各种服务的流程、动作、角色等要素进行分离和标准化，并融入硬件和软件的设计中，全面实现服务产品化。这些市场的变化促使 IBM 走向了以服务流程化和产品化为目标的转型之路，并及时察觉和响应客户的需求，为他们提供更加灵活、自动化、可复制的服务和解决方案。

2. 员工在专业服务产品化中是否丧失了主动权

如果专业服务业务非标准化，需要高度定制化，并且具有较强技术性，需要融入员工的仔细甄别和个人判断，这类服务业务的开展对员工素质要求相对较高，因此，员工们在企业中的替代性也相对较弱，议价能力相对较强。一旦缺少他们，企业的某些业务将无法开展。在服务产品化的过程中，员工的个人作用降低，被替代性相对较强，在公司利润分配中的议价能力降低，这是专业服务产品化可能导致的结果。

对此，公司要引导营销人员积极向目标客户提供超出常规服务以外的额外服务和利益，这就构成了扩增服务，扩增服务的目的是满足客户的额外需求，令自己与其他竞争者提供的服务形成差别，提升服务的附加价值，同时提升公司的专业形象。

三、专业服务产品化建设途径

作为一个新兴的服务模式，专业服务公司需要对自身的组织结构、服务理念、人力资源匹配等多方面进行整合，这是一个比较漫长的过程。因此，专业服务公司的产品化建设途径，可从如下几个方面开展。

首先，是服务流程的重新梳理。为了更好地提升服务质量，实现专业服务产品化，需要公司不断优化，规范服务流程；同时，根据用户的需要提供个性化、定制化的服务。服务的可重复利用和产品化已成大势所趋，服务产品的重复利用，需要对服务流程的梳理和优化、知识库的完善、服务资源的科学配置以及服务管理平台的建设。如何对这些服务要素进行整合，是产品化服务的首要问题。经过将近 10 年的组织调整，IBM 才在 2006 年提出全球服务转型，在产品化过程中引进制造业的流程经验，让专业服务借鉴丰田汽车的生产方式。

其次，是服务模式的作用发挥。服务产品化最终要实现的是形成一套成熟的服务标准，并提升服务质量。由于服务价值的实现最终是要靠人来完成，这就对专业服务人员提出了很高的要求，人员的能力素质、对产品的理解以及高效的执行能力是服务产品化能否成功的关键。

最后，是专业服务理念的变革和转换。专业服务产品化是一个将服务与产品相融合的过程，服务和产品需要相互融合和促进，服务中借助产品生产的经验，产品生产中融入服务的思想和方法，把服务和产品的理念割裂开来是不可取的。

延伸阅读

麦肯锡的营销之道

麦肯锡公司于 1926 年在美国成立，是一家专门为企业提供管理咨询服务的国际性公司。目前，麦肯锡拥有咨询人员 4500 多名，分别来自 78 个国家。据 1997 年初统计，麦肯锡的员工中，工商管理硕士（MBA）占 49%，具有博士学位者占 16%，均毕业于世界著名学府。

在招聘咨询人员时，麦肯锡着眼于杰出的品格和解决问题的能力、卓越的智慧、有效地同各层次人士交往的能力。在咨询人员的职业生涯中，麦肯锡对咨询人员的业绩进行评审，评估其解决问题的质量和对客户的影响。

麦肯锡有遍及 38 个国家的 74 个分公司，每个分公司的咨询业务都反映各国的特色，同时，又在共同的理念指导下工作，在执业方式、工作质量、人才素质乃至解决问题的方法上，麦肯锡的所有公司都遵循一个共同的标准。

麦肯锡公司不主张推销，但其在扩张过程中的营销极为成功。

①服务高定位。麦肯锡只面向总裁、高级主管、部长、大公司的管理委员会、非营利性机构及政府高层领导，就他们所关注的管理问题提供咨询。其客户均为各国优秀的大型企业，如财富 500 强公司。世界排名前 100 家的公司

中，70%左右是麦肯锡的客户，其中包括 AT&T 公司、花旗银行、柯达公司、壳牌公司、西门子公司、雀巢公司、奔驰汽车公司，等等。

在咨询工作的同时，麦肯锡不断地发表著作和文章，包括出版学术杂志《麦肯锡高层管理论丛》，免费寄送给自己的客户，从而建立和确保在客户中的影响。

②推出别具特色的咨询工具。麦肯锡提出了著名的三层面理论和7S 模型。三层面理论的核心是在确保核心业务的基础上，选择第二层面业务，使其迅速发展为第一层面，同时为未来长远发展选择第三层面业务。7S 模型指出了企业在发展过程中必须全面考虑各方面的情况，包括结构、制度、风格、员工、技能、战略、共同的价值观。在模型中，战略、结构和制度被认为是企业成功的“硬件”，风格、人员、技能和共同的价值观被认为是企业成功经营的“软件”。

③不断发现新问题，并使客户了解麦肯锡的专家能够解决这些问题。

④以客户为中心，经常对客户进行走访，与客户保持适当的联系，了解客户的需求，并强调与客户共同解决问题，实现公司与客户的共同发展。同时，在价值选择上强调客户价值至上，客户利益高于公司利益。如果没有帮助客户采取必要且经济有效的步骤实现真正的变革和影响，则认为公司的工作并没有完成。

⑤培训公司的核心价值观和独特文化，强调稳健、高声望、高层次的营销服务，保持独立性、专业性和职业道德，做自己有能力、有经验可以做到的事，一些非核心的项目，宁可让给更专业的小公司去做。

⑥分享与协高。麦肯锡的一个文化叫“100%立方”，即用100%的时间把100%的知识传递给100%的客户。麦肯锡认为：90%的知识都在大家的脑子里，最重要的是建立知识共享的制度和文化。例如北京分公司要给中国银行提供服务，不是中国区的员工把所有麦肯锡的知识读完后再来给中国银行提供服务，而是会找出麦肯锡全球范围内所有这方面的专家，重要问题通过视频、电话解答。如果是一个非常核心的问题，资深专家会飞过来；如果是一个专门、特殊的问题，他还会亲自来负责这个方案的设计。由于公司关于合作的内部考核机制，每个人都会感觉帮助别人和帮助自己是一样的。

在麦肯锡，除了制度的保证之外，分享已经成为一种文化，并且已经融入每个人的血液之中。在麦肯锡，每个人都不会说：“这是我的客户”，只有

“麦肯锡的客户”；如果一个人说“这是我的客户”，那他一定不是一个符合麦肯锡文化的人，因为麦肯锡的核心竞争力就是集体智慧的力量，如果客户成为个人资源，那这个客户一定不会得到最好的服务。麦肯锡服务的关键在于把有关这方面问题最重要的专家请来诊断分析并解决问题，而个人的力量是不可能做到的，所以不存在“个人资源”。麦肯锡虽然不能确保每个人都是非常优秀的人才，但是整体力量远远大于每个人的力量综合；以小组为团队进行合作，实行“全球一体化”的合伙制运作方式，任何一个分支机构的经验，都可以很快在全公司范围内得以应用。

品牌战略和信誉让麦肯锡成为管理咨询的代名词，让竞争对手都以能成为麦肯锡的竞争对手为荣。同时，通过对内部的人力资源和其他价值链不断整合，塑造了麦肯锡的专业能力，加强了麦肯锡品牌的影响力。

第七章

专业服务网络与能力

随着全球化的发展，以及竞争的国际化，对于专业服务公司来说，建立多地点的分支服务机构是未来的发展趋势。具有一定规模的专业服务公司，如会计事务所、咨询公司、律师事务所、广告公司等，都在逐步建立遍布全国、全球的分支机构，健全公司的服务网络。

专业服务公司的管理不同于一般企业，不能用一条简单的管理链条进行分解，在建立服务网络的过程中，需要对公司内外部的资源进行优化、整合，将这些网络化的、孤立的组织融为一体，不仅发挥它们各自的能量，而且使之通过彼此的互动产生新的价值，形成一个真正相互联系的网络系统。

第一节　服务网络对专业服务公司运营的意义

专业服务的特点就是服务的专业性和特殊性，并非简单的一次性销售与购买。客户在获得服务的过程中，包括在获得服务之后，往往还需要服务商提供辅助的、持续的支持，包括：系统运行维护、使用过程中的答疑、人员培训、系统升级、实施效果跟踪，等等，实现这些后台支持功能的服务网络，对专业服务公司的运营起着重要的作用。

一、节约交易成本

建立服务网络，对于专业服务公司来说不单单是人力成本、服务成本的考虑，更重要的是节约了交易成本，主要表现在以下两个方面。

一是降低了客户搜寻成本。专业服务公司的服务网络覆盖各个地区，就可以方便客户更加全面、快速地了解服务信息，减少搜寻时间，节约搜寻成本。同时，完善的服务网络能够确保公司与客户保持频繁的接触和交流，使得公司对客户的了解更加深入，能够及时发现客户存在的问题。

二是减少专业服务公司的服务成本。如果专业服务公司仅有一个服务地点，要响应多个客户的服务需求，有效分配公司资源就有一定的难度。如果公司建立了完善的服务网络，在各个地区建立了相应的专业服务队伍，就能够及时了解客户服务需求，并对各种服务需求做到快速响应，将服务本地化，从而有效降低服务成本。

二、减少服务响应时间

现代竞争瞬息万变，客户对于专业服务的时效性要求变得越来越高，这就要求专业服务公司能够及时响应客户的服务请求。专业服务网络的建立，能够有效减少服务响应时间，提高服务响应效率。如果公司只以单个地点、单一团队为客户提供服务，服务水平就很容易受时间、空间的限制；而建立了以总部为支撑、遍布各地的服务网络，服务团队就能够根据客户的地理位置来调配，从而及时响应客户需求，提高公司的专业化表现，从而提升竞争优势。

以惠普公司的服务响应为例，“惠普金牌服务”是惠普公司为其用户提供的售后服务，开创了业界首家售后4S店，遍布各地的售后服务中心、及时有效的惠普金牌服务中心，是全球产品售后服务领域的典范。

目前，惠普在全球近200个国家和地区的相关城市都设立了“金牌服务中心”，只要是惠普产品的用户，都可以在此享受金牌服务的待遇。在中国，惠普已经在2300多个市县设立了金牌服务中心，提供365天全年无休、全国范围无距离限制的上门服务，并通过线上、线下多种渠道和方式为用户解决问题，将服务送到用户身边。面对用户不断提升和变化的服务需求，惠普金牌服务分为：标准金牌服务、定制金牌服务、增值金牌服务。

标准金牌服务，解决客户日常IT应用中的常规性问题，涵盖保内金牌服务与保外金牌服务，提供送修金牌服务到现场金牌服务六个服务级别，解决不同类型问题。

定制金牌服务，针对客户特殊需求量身定制专项解决方案。工厂个性化集成安装服务，可根据客户要求下单，提供个性化集成定制安装服务，包括：企业 LOGO 开关画面设置，硬件集成安装，镜像文件加载等软硬件服务，从而做到有的放矢，为客户提供更有针对性和尊崇感的服务。

增值金牌服务，包括 ADP 意外损坏保护服务、DMR 硬盘更换不返还服务、DRS 数据恢复服务等优质服务措施，为客户提供更多保障，随时应对更多意外状况的发生，确保客户利益不受损失。

三、形成马太效应

马太效应可以归纳为："任何个体、群体或地区，一旦在某个方面（如金钱、名誉、地位等）获得成功和进步，就会产生一种积累优势，从而获得更多的机会，取得更大的成功和进步。"

马太效应对于领先者来说就是一种优势的累计，当公司凭借良好的服务取得一定的成功后，要想保持领先的优势，就必须及时扩大自己的服务网络和领域，成为行业的领头羊，以取得更大的成功和进步，获得更大的收益。

对于大多数专业服务公司而言，由于产品非标准化、需要大量面对面的交流服务等特性，公司的网络化布局会得到更多的益处：健全的服务网络，能够让专业服务公司的品牌传播更快、更为深入，获取客户信息的能力更强，专业协同更为方便，为客户提供的服务更加全面、专业，从而让公司在持续的服务中更好地形成积累，聚集更多的资源，产生马太效应，使得公司的综合竞争力快速提升。

同时，专业服务公司将部分服务网点设立在经济发达地区，集中于相互关联的若干业务领域，在组织和信息网络、客户资源共享等方面可以获得较高的协同效应和范围经济。

以 WPP 集团为例，WPP 集团是世界上最大的品牌沟通服务公司，总部位于英国伦敦，拥有 60 多个子公司，服务于本地、跨国及全球客户，提供广告、媒体投资管理、信息顾问、公共事务及公共关系、品牌及企业形象管理、医疗及制药专业传播服务等方面的信息咨询及服务。

再比如，全球四大会计事务所之一——普华永道（Price Waterhouse Coopers）的业务范围包括审计、税务、人力资源、交易、危机管理等，公司致力于提供切合各行业所需要的审计、税务及咨询服务，通过制定解决方案及提供实用性意见为客户创造价值，其在 154 个国家和地区拥有超过 161000 人的专业团队规模，对 22 个行业进行专业研究，分享其思维成果、行业经验和解决方案，为客户开阔视野，提供实用的建议。

四、形成知识溢出效应

相比于制造业或传统服务业，专业服务业对知识的渴求更为强烈。现代信息技术对知识的传播起到了极大作用，超越了空间的局限。

从知识的属性来看，可以分为显性知识和隐性知识。其中，显性知识是可编码的知识，具有系统性、可重复性、可表达性，通过信息技术能够方便、可靠地传播；隐性知识是不可编码的知识，在传播中不易留下痕迹、受语境限制、具有较高不确定性，需要通过不断重复地接触和面对面地交流来传播，在传播过程中不能与个人、社会和环境分开，这便导致了知识溢出的地方性（由于隐性知识不能有效地格式化，只能在近距离范围内通过正式与非正式的交流才能达到共享和传播的目的）。因此，对隐性知识而言，传递知识的边际成本是随距离递增的。

对于专业服务业而言，尽管所有机构都在尽可能将知识信息编码、提高信息传播的准备性和高效性（如提供企业查询经济形势、市场和经济政策的数据），然而，仍然存在大量的隐性知识，包括服务观念、心理模式、思维方式等。业务相近或互补的服务企业，如果空间位置接近，就增加了学习和交流的机会，从而提高了隐性知识的传播效率。同时，知识密集型企业在空间上越分散，知识交易频率越高，交易费用也就越大。地理上的集中，有助于降低企业之间知识转移的传播成本和信息搜寻成本，尤其是隐性知识的传播和搜寻成本。另外，集群内的服务企业由相关产业构成，它们通常利用相同或类似的知识，具有相似的知识结构，相对于从外部搜寻，处于集群内的企业更容易找到其所需要的知识资源，这也在一定程度上节约了企业搜索知识的时间和成本。

第二节　服务网络的区位选择

一、区位选择理论

区位优势是指某一地区客观存在的、有利于产业发展与布局的有利因素。区位优势理论源于英国古典经济学家亚当·斯密的“地域分工学说”中的“绝对优势”和大卫·李嘉图的“国际分工理论”中的“相对优势”。

区位优势理论认为，每个地区具有生产某一特定产品的绝对有利或相对有利的条件，即区位优势。如果每个地区根据自身优势发展特定产品的生产，可以降低生产成本，提高劳动生产率，使地区资源、劳动力和资本得到最有效的利用。区位优势由资源条件、社会经济条件和产业发展基础等因素构成，其特点和性质制约着工业化的发展。

在市场经济条件下，依托区位优势，工业生产才能取得原材料、技术、生产成本和产品市场销售价格的优势，从而获得区域比较经济利益。专业服务公司的区位优势是伴随知识密集型企业的蓬勃发展而兴起的，与工业发展的优势相比，其区位优势体现在工作和学习环境、优势人才资源的获得、高等学校的合作及基础设施的保障等方面。

二、区位选择因素

专业服务公司在进行服务网络构建的过程中，要根据公司自身特点，并结合地区的特点进行有选择性的建设，因此，区位选择需要综合考虑诸多因素，主要参考因素如下。

1. 客户需求

客户需求是构建服务网络的重要条件，是专业服务公司构建服务网络的动力。随着客户对专业服务需求的增加，专业服务市场的竞争日益激烈，相应会产生具有较高消费水平且目光挑剔的客户群体，提出更高的服务要求和标准，给专业服务公司带来机会，也伴随着运营、创新等多方面的压力，就近设立服务网点有利于公司更早发觉、理解市场的新需求，并积极做出响应，使公司能够提早获得竞争者无可比拟的竞争优势。

同时，专业服务公司对客户素质也有一定要求，例如企业文化咨询通常需要客户企业具有一定的文化建设基础。由于服务费用的限制，专业服务公司往往也要求服务的消费者或消费机构具有一定的规模和利润水平。一般情况下，经济发达地区企业管理基础好，员工收入高，受教育水平高，对专业服务的需求也会高于其他地区，因此，选择经济发达地区设立分支机构，就是企业文化咨询公司的必然选择。

专业服务网络的建立是为了让专业服务公司获得更大的市场份额。对于同样提供服务但有差异化的专业公司来说，客户的搜寻成本是专业服务公司必须考虑的一个重要因素。专业服务网络的建立有利于减少客户的搜寻成本，有利于将差异化的形象展示给客户，有利于迅速满足客户需求。

2. 经济发展水平

经济发展水平较好的地区，一般来说企业也具有较高的经营与管理能力，对于专业服务也具有较大的需求，以及对应于需求的支付能力，这对专业服务产业等知识密集型服务业的市场发展具有良好的促进作用。

同时，经济的发展促进了专业的细分，带动专业服务业随行业的细分而呈现专业化、多元化的趋势，专业服务的价值被充分认可。

因此，地区的经济水平对于专业服务网络的构建有着重要的作用，是专业服务公司构建服务网络的重点考虑因素之一。

3. 产业环境

由于产业分工的细化，任何一个行业都不是孤立存在的。如果产业是通过投入产出的结构来构建，那么上游产业的产品是下游产品的中间投入品，下游产业成为上游产业的市场。为了拓展市场和降低运营成本，通常情况下，上游企业会被吸引到有很多下游产业企业聚集的地区，如：大型汽车制造企业的周围必然聚集一批该企业的相关服务商，如零配件供应商、劳务供应商、物流服务商，等等。

对于专业服务公司来说，服务网络的定位也要考虑与相关产业的关联，如金融产业需要大量专业服务的支持，如：会计、法律、管理咨询、精算、计算机软硬件服务、广告和市场调研、人才招聘、教育、金融出版，等等，因此，金融中心的集聚必然会促进上述服务业的产生与发展。反之，专业服务公司的集中，也会促进产业集群的发展，促进企业经营管理水平的提升，两者之间是良性的互动关系。

4. 人力资源供应

专业服务的价值根源在于知识，而知识蕴含在专业服务人员的头脑当中。对于专业服务公司来说，员工的专业水平、沟通能力以及将知识应用于实践的能力，直接关系到公司的生存与发展。因此，对于专业服务公司来说，高素质人才的吸纳能力是公司价值增加的重要手段和标志，也是同业之间竞争力的体现。

曾经有专家对人力资本与知识密集型服务业务的关联性做了一个相关分析：以地区每万人拥有的科研人员来表征地区人力资本水平，以地区咨询产业收入反应地区知识密集型服务业发展水平，对江苏省主要城市做相关分析，得出两者之间的相关系数接近90%，由此可以看出人力资本的密度对于知识密集型服务业的推动作用。

可见，专业服务网络的建立，也需要考虑当地专业服务人才的供应能力，要有助于人才的聚集。因此，专业服务机构多选择在人才产出和集聚效应明显的地区建立分支机构（如高校密集的城市、政治/经济/科技中心等），其目的之一就是便于吸纳人才，既可以通过本地化人才的使用降低服务成本，也可以以此为人才的引进与培养基地，借此向其他地域的客户派出专业人员，提供服务。

5. 信息与知识共享

随着知识经济的到来，信息和知识资源已经成为专业服务公司生存与发展的决定性因素，因此，以较低的成本获取知识和信息，促进信息、知识的共享，也是专业服务公司选择服务网点布局的内在动力之一。

根据国家信息化测评中心公布的2011年全国及各地区信息化各要素指数，北京、上海这几个超大城市在资源开发利用、信息化网络建设、信息技术应用、信息产品与服务、信息化人力资源以及信息化发展环境六个方面的发展水平都远远领先于全国平均水平，这些城市信息化的高度发达成为吸引知识密集型企业安家落户的最大吸引力之一。

同时，选择决策机构、研究机构、大专院校集中的城市，也有利于更好地收集信息和知识，提升专业服务公司自身的知识储备和更新能力。

6. 资本密集性

资本是所有生产要素中最重要的因素。资本对专业服务公司的影响是通过其可获得性实现的。越容易获得资本的地区，越有利于形成产业集群。资本在某一地区的大量集中，会引起劳动力向该地域流动，从而带来人才的集聚。而产业集群、人才聚集，恰恰为专业服务提供了供需两方面的资源。如纽约、东京、伦敦等城市，是各国的金融中心甚至是全球金融中心，同时，它们也当之无愧地成为世界知识服务业的中心；在我国，北京、上海是全国的政治、经济、文化中心，同时也是中国知识服务业的中心。

随着知识经济、互联网时代的到来，专业服务本身对于资本的需求也在日益增加，如某些医药研发类公司，研发周期长、投入大、风险性高，要形成一定的规模，必然要借助于资本市场的支持。

7. 政府与政策支持

专业服务产业是市场竞争和市场资源调配的结果，它的形成涉及大量社会制度、社会文化的影响，在此过程中，需要政府的大力支持和合理规制，建立积极的发展引导机制与扶持政策，从而奠定专业服务的基础。例如，当前阶段的战略咨询服务，大量国有企业，特别是涉及国计民生的大型国企，很多都聘用国外咨询公司为其提供服务，在这就必然导致涉及国家经济命脉的企业的发展路径被国外公司所了解和掌握，对国企的生存与发展、特别是海外市场的发展埋下了很大的隐患。而客观上讲，本土咨询企业的竞争水平和实力与国外公司确实存在着较大的差距，这就要求政府要制定相应的政策来鼓励和扶持本土咨询公司的发展，提升本土咨询公司的服务水平和能力，培养一批能够走向国际市场的本土咨询服务机构。

知识经济时代，专业服务业对物质条件的约束的敏感度降低，而对政策、制度、文化等软环境的敏感度越来越高，各个地区的政策、措施对于专业服务的发展有着重要的影响，如：在北京、上海、广东等地区，其政策对知识密集型服务业有较大力度的支持，很多专业服务公司选择上述地区作为自己的总部所在地，正是看中了政府与政策的支持。

8. 地域文化

专业服务网络的构建，还要充分考虑地域文化与消费习惯的影响。如，在某些地域，由于民俗与文化的影响，某种类型的专业服务往往都是通过关系介绍或者熟人推荐，无法通过市场化的方式推广；再比如，在某些地域，某些专业服务的市场条件还不成熟，即使开设了分支机构，也难于开展业务；还有某些专业服务，在不同的国家和地区，法律、法规对其约束是不同的，如健康用品传销，在其他国家是被允许的商业行为，但在我国受到的约束就比较多，难以开展。

因此，对于专业服务公司来说，在选择分支机构的设立地点之前，一般都会对当地的地域文化进行深入的了解。

第三节　服务网络的架构

作为专业服务公司，公司的价值增值并不仅仅来源于单一链条，还有一个比较特殊而又重要的增值点，即建立服务性的网络架构，实现公司的资源共享，如知识、经验、信息、关系、客户资料、品牌，等等。对于专业服务公司来说，谁能最迅速、最准确地获得和掌握信息资源，谁就能在市场中占据主动权。在互联网高度发达的今天，信息技术、网络技术及电子商务等技术的应用和普及，给专业服务公司构建服务网络以及信息传递提供了极大的便利，同时，也降低了公司的运营成本。

建立了服务网络的专业服务公司，一般都拥有强大的信息中心，随着分支机构的全面铺开，整个公司的资源，如知识、经验、信息、客户资料等不断得到积累和分享。公司凭借网络优势，迅速、准确、全面地收集客户信息，并运用先进的处理手段对信息进行合理的筛选、分类、归纳和分析，从而形成可在整个服务网络内共享的信息资料库。如此，公司就能在复杂多变的环境中快速反应，各分子公司因信息共享而产生的巨大价值，既减少了分散收集信息、积累经验所造成的浪费，又提高了工作效率，使公司能更快、更好地在全球、全国范围内为客户提供优质服务，从而形成规模效应。

随着经济的发展，越来越多的企业开始关注自身竞争力的建设，而专业服务也开始日趋多元化，专业服务之间互相渗透的趋势越来越明显，越来越多的专业服务公司跨越其原有的业务领域，进入相邻或相关的服务领域，如会计师事务所进入管理咨询领域，工程咨询服务公司涉足管理咨询业务，律师事务所涉及企业改制及资本市场咨询业务，以及咨询、广告、市场调研业务之间的融合，都属于这种情况。

专业服务的性质，决定了专业服务公司与客户的第一次合作往往需要进行大量的沟通、深入的调查，其成本必然较高。随着合作时间的延长以及双方合作机会的增多，服务成本必然会大大下降，双方的合作也将更加顺畅，价值增值会呈现加速趋势。同时，由于各项专业服务活动往往紧密相连，为同一顾客开展多项服务，无论从成本的角度，还是从客户价值增值的角度，显然都是较好的选择。

以上特点决定了专业服务公司在服务功能设置上普遍采取多元化、网络化运营，以实现范围经济。目前，许多国家的会计师事务所都占领了传统律师业务市场相当大的份额，特别是在法国和西班牙，所有的会计师都是律师。同时，世界上最大的几家会计师事务所都纷纷开展法律咨询业务，例如 Price Waterhouse Coopers 正在构建律师事务所网络系统，在欧洲雇用了 250 名律师，欲进军公司法律咨询领域。值得注意的是，虽然专业服务业务多元化势在必行，但专业服务多元化是不是一剂良方，还有待实践验证。这种变化使得专业服务业务之间的界限越来越模糊，专业服务企业缺乏个性，差异化程度降低。而且对于一些原则性、一致性要求极强的专业服务领域（如审计、法律等），这种做法有可能违反独立性原则，从而造成合伙妥协，这将给专业服务公司的整体运营造成混乱，其结果对顾客本身也不利。

近年来，各种国际组织纷纷修订条例，总体趋势都是放松服务贸易管制。

可以预见，随着经营活动国际化的发展，以及国际统一标准的制定和执行，专业服务业的发展前景将会更加乐观。其中，服务网络是专业服务公司必不可少的业务运行与支持体系。公司要想将业务更好地推广到各个地区，健全的服务网络是公司进行业务拓展和服务的重要举措。

在具体运作过程中，专业服务公司可根据实际情况，按照如下三个方面进行服务网络的构建。

一、业务拓展网络

专业服务公司的业务拓展网络，主要是指以分公司、子公司、办事处为代表的营销网络，其主要职责包括以下几方面。

①收集数据、分析和探索客户需求，进行有针对性的营销推广。业务拓展网络通过收集客户或潜在客户的需求，分析、提炼共性需求，设计有针对性的服务产品，开展推广与营销工作。

②制订营销计划。业务拓展网络人员对客户群体有比较深入的了解，对各个地区、各个层次客户的需求有深刻的认识，由他们主导制订营销计划，更具针对性和科学性。

③获得意向客户信息，并进行跟踪和管理。业务拓展网络的一个重要功能就是收集各区域内客户的意向信息，跟客户进行初步接洽，对客户的需求进行有针对性的研究和引导。

④制作技术与商务方案，参与投标或竞争性谈判。在投标及竞争性谈判中，由于业务网络中的各个分支机构位于或接近客户所在地，由其组织投标、制作方案、商务沟通等更为方便和切合当地实际，成功率更高。

⑤合同签订及业务执行准备。在业务拓展的后期，进入商务谈判阶段之后，业务拓展网络有责任促成有利于己方的合同条款的签订，以及在合同签约前后，向己方高层汇报，为后续的项目执行进行资源的准备。

近些年来，数据挖掘技术正逐渐应用于各专业服务公司的业务拓展网络。对于专业服务公司而言，从海量的客户数据中挖掘共同需求，通过客户服务的关联分析、序列模式分析、分类分析、聚类分析等方法，判断哪些客户是最有价值的客户，并制订相应的营销策略，用最小的花费达到最好的销售效果，是专业服务公司在业务拓展方面致力于达到的目标。

二、业务执行网络

业务执行网络是专业服务公司的重要组织网络，业务执行网络的服务水平直接影响到公司的信誉。

业务执行网络的搭建，分为“集中”与“分布”两种模式。集中模式下，业务执行网络的管理权在总部，分布模式下，业务执行网络的管理权分属各个分支机构。近年来，大型专业服务公司的业务执行网络更多地采用集中模式，业务执行网络归属公司总部管理，其人员调配也归属公司总部，业务执行网络的主要职责和服务形式如下。

①按照公司总部指令和任务要求，为客户提供专业服务支持或顾问服务。

②与公司总部密切联系，对业务实行动态管理。由于公司总部工作人员与业务执行人员存在一定的时空距离，需要通过一定的管理方式让两者保持信息的及时沟通与交流。

③开展项目管理，对业务执行进行资源调配和管理，跟踪和监控业务执行状态，确保服务质量。

业务执行网络可以根据服务价值的高低、服务对人员的要求等因素进行选择，对于某些基础性的专业服务，公司可采取灵活多变的形式（如服务外包）构建服务网络。如：在印度的班加罗尔地区，一大批公司承接了美国各州和联邦政府的大量财务外包工作。这些公司开发了先进的同步软件，能够将工作程序转化为标准化的流程，让服务外包变得简单而便宜，如：一个美国公民办理税收申报，美国的财务顾问只需将公民的收入证明表、经济负担表、纳税表格、奖金和股票收入等录入到电脑中，然后将纳税人的姓名、住址等重要信息隐藏，就可以交付远在印度的客户服务中心的人员去处理财务申报工作，大大减轻了美国顾问的工作量。2003 年，美国大约有 2.5 万项税收返还申报是由印度的外包机构完成的；2004 年增长到了 10 万项，由于印度拥有廉价的人力成本，由他们提供服务，大大降低了美国会计师事务所的运营成本。

三、客户服务网络

客户服务网络是指为客户提供售后服务与支持的网络，需要专业服务公司投入一定的成本和资源。但是，如果能够真正地挖掘到客户服务的深层次潜力，就完全可能让被动的、需要投入资源的服务网络变成主动的、能够直接为公司创造价值的机构；同时，对服务感到满意或忠诚的客户也可能为公司进行免费的宣传，推荐他人选择公司的专业服务。

对于某些企业而言，他们希望专业服务公司提供长期服务，常见项目包括：税收筹划顾问、法律顾问、财务顾问等等，这就要求专业服务公司必须按照既定的时间间隔为客户提供持续性的、长期的服务，在这种情况下，客户服务网络的营建就更是势在必行。

专业服务公司通常采用客户服务中心、CALL CENTER 等电子服务平台来为客户提供服务，再根据客户的服务需求开发、制定有针对性的服务措施。归纳而言，客户服务网络的作用如下。

①建立作业标准与流程，提高工作效率。将所有用户的问题进行标准化、流程化处理，避免干扰企业内部作业。如果没有服务流程，客户不同类型的问题需要寻求公司内部的不同人员进行协助，必然会牵扯到大量人员的来回奔波，贻误了解决问题的时机，加大了解决问题的成本。通过服务作业标准化、流程化，能够简化服务程序，缩短服务时间，提高服务及时性，改善服务双方的工作效率。

②选择合适的资源，提高客户服务质量。客户服务网络是专业服务公司的服务需求管理中心，统一与公司内部各部门、资源进行沟通，根据客户需要、服务的重要性、员工的技能、工作地点、工作时间等因素综合评估，选择最佳的服务人员，使得服务更具有针对性，服务成本更低，质量更高。

③成为收集客户资料、了解客户要求的渠道。利用客户服务网络，公司可以全面地接近市场，了解客户需求。所收集到的客户的基本资料、偏好与关心的议题，可帮助公司建立客户资料库并用于市场分析；所收集到的客户抱怨与建议，可作为改善产品与服务品质的重要依据；公司还可通过服务网络及渠道了解市场动向，调整市场营销活动，协调后台资源，等等。

④保留客户。对于任何企业来说，失去一个老客户的损失往往需要 8 ~ 9 个新客户来弥补，因此，留住老客户的意义远远大于开发新客户。优质的后续服务可以增进客户的满意度和忠诚度，让客户回头购买更多的服务。客户服务网络利用个性化的顾客知识，协助公司了解客户的想法、要求以及下一步的打算，对客户的需求及时响应，并通过技术手段使得与客户的交流更为方便和快捷。

以米其林的“驰加轮胎服务中心”（TyrePlus）为例，TyrePlus 在中国 30 个省区设有 200 家米其林驰加轮胎服务中心，从世界屋脊西藏到东方明珠香港，不同地域的消费者在任何一家驰加轮胎服务中心都能享受到同样专业的与汽车和轮胎相关的个性化服务。

随着驰加轮胎服务中心的迅速发展，消费者在这一国内最大、最专业的轮胎服务网络里可以得到越来越多的增值服务。

①客户在驰加不仅能找到适合各种车型的米其林及其他品牌的轮胎，更能在舒适的环境中享受诸如四轮定位、动平衡等系列服务。

②驰加适时推出了“米其林客户关怀计划”，为客户建立资料库，针对不同消费者的不同需求提供及时的轮胎使用跟踪、提醒服务。

③面对不断加快的生活节奏，驰加还引入了“快速服务”的概念，设计了多项和轮胎相关的快速服务项目作为发展方向，如：车辆快速检测、更换轮辋、润滑油、刹车片、电瓶等，在为客户节省时间的基础上提供一站式的便捷服务。

④驰加与许多知名的汽车零配件及服务企业（如 3M、嘉实多等）签订了战略合作协议，提高了驰加成员店的一体化服务能力和专业水平，也提升了市场竞争力和赢利能力。

⑤从 2004 年开始建立“驰加质量评估系统”，聘请“神秘访客”不定期地对各个驰加轮胎服务中心的服务质量进行明察暗访，在超过 120 个细节项目上进行测评，以保证驰加独有的服务标准和规范得到有效执行。

第四节 服务网络与总部的关系

一、总部的作用发挥

对于专业服务公司来说，如果要赢得更多的业务并且把它们完成好，就必须有能力管控多个分支机构的运作、协作和一致化。专业服务工作的特点要求业务必须根据具体情况开展，能够满足客户的个性化需求，因而，往往无法通过完全标准的工作程序来实施控制，强制各分支机构遵守。那么，如何看待总部的作用发挥呢?

第一，如果由于总部的存在，分支机构在市场竞争中更有实力、能够更好地开拓市场与开展业务，那么，它就是有价值的。

第二，如果由于总部的存在，使得分支机构所在区域的客户得到了更好的服务、更多的实惠，说明总部是有价值的。

第三，如果由于总部的存在，使得更多数量、地点、类型的客户能够经由专业服务公司总部的调度得到更专业化、更精准、更高效的服务，也能说明总部是有价值的。

在上述情况下，对于总部来说，最重要的就是要确保网状系统的功能在分支机构方面得到很好地发挥。也就是说，要确保分支机构借助于网状系统能更好地赢得客户并为他们提供服务。

二、有效授权

典型的多地点专业服务公司，以地域原则为主导。分支机构的总经理对机构的日常事务具有决策权，他们不但对所负责的区域市场的业务导向施加影响，还掌握着推动分支机构发展的强大驱动力，那就是：对专业服务人员的招募、任免、评估和激励。

随着专业竞争的加剧，专业公司日益需要整个分支机构的业务标准化，力争使从事相同业务和服务相同行业的专业人员在应对市场需求时采取一致的方法；同时，在业务领域，能够充分利用公司积累的经验和知识。然而，不可否认，对于分支机构的有效授权，仍然是专业服务公司基本的、重要的管理策略。

强调分支机构的主动权和独立性，是基于以下两个原因。

首先，多数专业服务仍属于高度定制化的活动，使公司提供的服务适应地方市场的需求是必要的，这就产生了对广泛、分散的决策权的需求。越来越多的客户在选择为他们服务的专业服务公司时，不但看重公司的基础和技术，更看重服务商的经验以及解决特殊问题、满足客户特殊需求的能力。在竞争中，地方资源和地方特质就如同国家能力和国家形象一样重要，而前者的责任自然归分支机构的总经理。

其次，从内部管理来看，对专业服务人员的培训、指导、评估和奖励等工作，要求对人员有全面的了解，而分支机构负责人显然是最适合执行这些管理职能的人选。

三、促进协同

要促进不同分支机构间的合作，专业服务公司的总部应该尽可能多地给员工创造相互了解、共同工作的机会，这些机会包括：在安排临时工作的时候进行轮换；在为一些非关键的客户工作时，对员工进行交叉使用；经常召开专题会议，讨论业务发展和最新技术问题，等等。

总体来说，专业服务公司必须建立一种机制，即管控、品牌、知识管理等关键职能集中在总部；经营责任下放到分支机构，让其发挥主动性；同时，由总部推动建立促进协同的组织氛围，强调跨区域的业务协同、技术协同、资源共享，以避免各自为战，使得公司所掌握的资源能够创造最大的价值。

第五节　专业服务网络管理

建立专业服务网络的公司，面临的都是跨地区甚至是跨国界的经营环境，公司内外部资源也是纷繁复杂，这就决定了专业服务公司网络管理的复杂性，例如，苹果公司的成功，除了其创意之外，很重要的一点在于其对全球手机零部件厂商的整合能力、营销网络的构建能力、物流网络的配送能力，以及对于手机应用资源的组织能力。

对于专业服务公司而言，最关键的要素是企业资源的利用效能。同样的资源，在不同的公司利用的效率不同，获得的产出也不同。专业服务公司所依赖的资源优势并非有形资源，而是无形的知识资源，群体内部知识资源的有效利用和整合是公司竞争优势的关键，而这种优势的建立，核心在于发挥公司的网络管理能力，即通过对分支机构资源的整合与协同安排，增强公司的整体实力。资源的整合过程是一个由简单到复杂、由单一化到系统化的过程，随着业务逐步开展，管理逐步规范，资源的利用变得更有目的、有计划，专业服务公司的网络管理效能就会得到更有效的发挥。

在对内部资源和服务网络的整合过程中，专业服务公司不仅要充分利用和整合现有资源，更重要的是要发育和培育网络的整体服务能力，这是专业服务公司实现其竞争优势的关键。而要达到这个目标，就必须从加强内部管理和外部管理两个角度入手。

一、内部管理

首先，专业服务公司在内部管理上要强调高、严、细、实，要着眼于长期发展，避免因为急功近利而对企业的声誉带来损害。在服务执行的过程中，要始终站在“为客户创造价值”的角度，坚持专业化、高标准地完成工作，依靠点滴的积累为企业建立声誉。良好形象的树立是一个长期努力的过程，我国专业服务业发展时间不长，要建立良好的声誉和公众形象，必须依靠长期、有效的管理活动，因此，要充分认识到这项工作的长期性，把它与公司的长期发展相结合。任何急功近利的行为都可能是得不偿失的，不仅会给企业声誉带来损害，也会直接影响到客户的稳定性与业务的持续发展。

其次，要强调“基于共享的专业化”。专业服务公司应结合自身的经营状况和优势，专注于某一领域，在领域内精耕细作，扎实努力，把服务做优、做强，不因短期利益的诱惑而丧失对特定专业方向的聚焦。同时，要通过构建健全的服务网络、建立信息资源共享平台等方式提升核心能力，发挥网络优势，在激烈竞争的环境下形成合力，更好地、更高效地为客户提供专业服务。

最后，要积极培养公司管理层对服务网络各阶层的影响力。为了优化专业服务公司的内部管理，除了加强硬件建设之外，专业服务公司的管理层要善于把握员工思维，善于营造专业敬业、积极向上的组织氛围；同时，要能够赢得各分支机构、各部门的信任，能够有力地推动内部的业务协同与专业协作。

二、外部管理

对专业服务而言，不可能所有的业务只由本身或单一公司独自承担，往往需要外部若干组织、人员的协同，因此，在全球经济一体化的开放时代，专业服务公司的竞争力不仅体现在内部的运营管理上，还体现在通过完善外部服务网络来提升竞争力，把专业服务从“一对多”模式逐渐转变为“多对多”模式，以开放的组织结构来构建专业服务的网络系统。

戴尔的直销就是一个成功的案例。戴尔摒弃了 PC 行业传统的“大规模制造 + 渠道零售”的运营模式，利用先进的信息技术与供应链管理手段实现了从零部件供应到交付客户的“直通车”，不仅将自身的组织管理起来，而且通过自身的管理将成千上万个零散的供应商与众多的用户联系在一起，创新了营销模式，取得了巨大的成功。

具体到专业服务公司服务网络的外部管理，可以从以下几个方面考虑。

第一，要与国际接轨，积累国际经验。在经济一体化的趋势下，专业服务市场也逐渐由当地市场的对垒转向国际市场的竞争。因此，专业服务公司要有开阔的视野和全球竞争的意识，应迅速培养适应全球环境变化的能力，并建立与之相适应的战略，借鉴国际通行做法来规范企业行为，通过不断的全球学习和国际经验的积累来增强企业的国际竞争力。特别是中国已加入 WTO，公司应学会在国际经营中充分利用世贸组织的规则，运用条款和争端解决机制，保护自身的合法利益。

第二，要正确处理多元化和专业化的关系。专业服务公司要发展，就要在业务上处理好多元化与专业化的关系。多元化是指专业服务公司不只定位于某一专业服务市场，而是凭借公司优势向周边领域延伸，如在人力资源领域有丰富经验的咨询公司将业务延伸到人力资源信息化服务、管理培训等领域。而专业化是相对于多元化而言的，是指企业将精力集中在符合自身资源条件和能力的某一领域，以谋求企业的资源聚焦、能力聚焦。对于专业服务公司而言，专业化是指公司集中精力做某一领域的业务，形成某一领域的服务专业化。

对于专业服务公司而言，既要做到多元化又要做到专业化，是一个比较艰巨的任务，而网络化、规模化发展之后，找到多元化与专业化的有机结合点显得更加可行：一方面，规模化后的专业服务公司，在各种资源（如人力、物力、财力）上形成了一个整体，实力明显增强，有能力承接其他相关服务来扩展自己的规模和影响；另一方面，规模化之后的专业服务公司，可以进行各专业事务所之间的业务结构调整，将各专业事务所的业务重点有所区别，从而有选择性地把不同类型的业务集中到不同事务所；此外，对于大量的中小企业来说，客观上也希望一家专业服务公司为其提供全方位的咨询服务。

第三，要建立稳定的业务联盟。对于任何一家专业服务公司来说，都不可能包揽客户的全部专业服务，即便自身所重点发展的专业，可能也需要其他机构参与、服务、协作。因此，对于专业服务公司来说，要能够建立与自己的业务形成支撑或互补的外部机构联盟，当自身拿到业务时，有机构为自己分包部分工作，从而确保自身任务的高质量、高效率完成；当遇到自身不能完成的专业任务时，介绍联盟内的专业公司提供服务。如能达到以上状态，则可以成倍地放大公司的业务能力，也与其他专业公司形成了稳定的伙伴关系。

延伸阅读 毕马威的全球服务网络机构

毕马威（KPMG）成立于1897年，是全球四大会计师事务所之一，为客户提供审计、税务和咨询等专业服务，是典型的专业服务公司。它的行政总部在荷兰阿姆斯特丹，业务总部在美国纽约。

毕马威的业务网络遍布全球148个国家，并在持续发展和壮大。在毕马威的发展过程中，分支机构的选址和定位可以说对于它的发展至关重要，比如，在英国设立的分支机构——毕马威英国，在欧洲处于专业服务的领先地位，是欧洲最大的会计师事务所。

在中国，毕马威设有毕马威华振会计师事务所和毕马威企业咨询（中国）有限公司两个法律实体，都是毕马威国际合作组织（“毕马威国际”）网络中的成员。(毕马威国际是在瑞士注册的为毕马威成员机构服务的合作组织，并不提供客户服务。) 毕马威在中国的业务可追溯到1945年香港办事处。1983年，毕马威在中国大陆北京设立了首家办事处。1992年，毕马威成为首家获准在国内合资开办的国际会计师事务所。迄今为止，毕马威在中国设立了12家分公司，包括北京、沈阳、青岛、上海、南京、杭州、深圳、福州、广州、成都、香港和澳门，建立了6个行业专责团队，负责零售及消费品、金融服务、工业市场、信息、通信和娱乐、房地产和私人资本投资。

在分公司的布局上，毕马威集中在中国的经济发达地区，尤其是东部沿海。而毕马威首次在中国大陆设立分所是在北京，第二家是在上海。众所周知，北京和上海都是中国经济最发达的地区，也是国际化的大型城市。在此选点和设立机构，对于相继进入中国的其他地区，具有很好的示范作用。

毕马威分公司所在地区都是我国特定地区的中心城市，北京和上海更是如此，设立分所的十二个城市的辐射范围涵盖了我国最发达的地区。从北向南，沈阳是中国辽宁省的省会，是东北地区的核心城市，也是东北亚经济圈中心，其金融资源在全国处于领先地位，在我国副省级城市中仅次于广州、深圳、杭州、南京和成都，其能对整个东北地区产生很强的辐射带动作用；青岛不但是山东省的龙头城市，更是环渤海地区的领先城市。青岛港是我国第二个外贸亿吨吞吐大港，更是我国仅次于上海、深圳的第三大集装箱运输港口；上海、杭州、南京是我国长三角地区的中心城市，其中杭州是浙江省会，是长三角第二大经济城市；南京是江苏省会，是长江下游地区重要的产业城市和经济中心；福州是福建省省会，处于我国海峡西岸经济区。其经济发展水平在此经济区中首屈一指，同时，福州作为我国与台湾的通道城市，具有重要的政治作用。广州、深圳、香港和澳门在我国珠江三角区域中非常活跃，是我国对外开放程度最深的地区，其中深圳更是我国改革开放30年的缩影。这四个城市不但在我国珠三角区域中起重要作用，而且对我国西南地区的地区开放和社会发展都有着重要意义。成都是我国四川省的省会，是我国中西部地区重要的中心城市，是我国西南开发最早的地区，其经济发展水平和综合实力在中西部位居第一。

由以上分析不难发现，区位选择对于毕马威的发展至关重要，同时对专业服务中的其他公司也具有借鉴意义。无论是在发达的英国还是在与中国国情相似的印度，毕马威分所几乎总是分布在经济发达地区、中心城市和中央商务区，而且在设立的过程中总是谨慎行事，先抓关键城市，再以点带面，全面铺开。

第八章

专业服务公司的专业精神

第一节　以专业为客户创造价值

一、第三方优势

1. 第三方专业服务

第三方服务是指由独立的专业服务商以“第三方”的角色为客户提供服务，该过程以合同的形式来界定服务供需者之间的关系。

第三方服务最早起源于物流运输业，即第三方物流，之后被物业管理业、IT业等各行各业所接受和运用。第三方物流作为物流业发展的主要趋势，为企业界高度重视，仅经过几年的发展，我国第三方物流企业就达到总物流企业数的30%左右；第三方物业管理作为物业管理中的新兴业态，依靠专业化的管理，一出现就受到业主们的青睐，已经成为物业管理的发展方向；而IT咨询、IT监理、IT审计和IT运营等第三方IT服务的出现，更是扩大了IT业的发展空间，美国国际数据公司公布：全球IT外包业务在2003年就已达到惊人的1510亿美元。

在产业价值链不断细分与扩张的过程中，更多的第三方服务业态正在不断涌现，诸如会计外包、客户服务外包、人力资源管理外包、市场调查外包、数据管理外包、软件外包，等等，凡是企业核心业务以外的业务都可以由第三方提供外包服务，由此可见，第三方服务的前景是无限广阔的。

2. 第三方专业服务的优势

作为独立的第三方，专业服务公司在为客户提供服务中所表现出来的价值包括三个方面。

（1）客观公允，独立判断

公司内部的员工在同一环境中相处日久，思维往往形成某种定势，处理问题时也会因循惯例，无形中会对外部的新观念形成一种抵制。久而久之，员工会逐渐习惯于现状，难以发现问题，只能事后处理而难以事前预防。一旦出现重大危机，往往就会给企业带来难以估量的损失。而专业服务公司则能够以局外人的身份、以更客观、清醒、超脱的眼光来审视、研究、判断企业存在的问题，能够站在没有利益牵绊的客观立场破解难题、设计解决方案，特别是在一些重要决策和涉及利益的敏感问题上，专业公司的方案更具优势，更能有效地处理和避免矛盾的发生。

浙江一家中外合资企业，老板有十多年的管理经验，并且企业连续五年以每年15%左右的速度发展，企业运营管理得相当不错，但还是请管理咨询公司去调研并进行了合作。咨询公司在和他交流的时候，他是这样说的："虽然我们经营的很不错，但我总感觉管理中存在问题，但具体说不出来，请你们来，客观独立地评判，帮我找出问题所在，这样，我的企业才能有更好的发展。"

（2）观念新颖，力促变革

一项管理方面的变革，完全依靠企业内部职能部门的推动是非常有限的，即使有老总的大力支持，也难以完全奏效，而借助外力——专业服务公司来推动的话，就相对容易得多。专业服务公司能够将行业内有生命力的新观念以及行之有效的方法论，通过对企业的培训、交流以及合作的推进，逐步引入企业内部。

俗话说"外来的和尚好念经"。在专业服务领域，"外来的和尚"本身更加专业化而且可以专心"念经"，企业的管理层则可以借他们念的"经"把管理意图贯彻下去，各部门就不会像过去一样，认为是职能部门强加给他们而加以抵触，企业管理变革所遇到的阻碍就会相对减少，变革的成功率将大为提高。

(3) 节约成本，提高质量

作为第三方提供服务，专业服务公司拥有大量的、优秀的外部资源、技术储备、人力储备、案例积累等，在协助企业完成某项具体工作时，由于其丰富的资源积累，使得其完成专业工作的质量、效率大大高于企业自主完成，从而体现出质量和成本方面的优势。

更深层次的原因在于，由于企业将原由自身完成的工作转由第三方专业服务机构承包，这就将内部工作关系转化为了外部契约关系，从而服务的接收方能够按照更为严格的标准对服务进行评价，按照完全市场化的要求对服务的成本进行控制，这就从机制上决定了第三方服务相对企业自主开展专业工作综合成本更低，质量更好。

二、信息获取的充足性

专业服务公司拥有专门的信息搜寻机构和专职的信息调查人员，这是一般公司所做不到，或自行组织不经济的，因而，在相应的专业领域，专业服务公司拥有的信息往往更多、更充分，对专业的分析更透彻，预见性更强。

在中国，20 年前聘请专业公司提供服务的机构相对较少，原因在于：以前中国企业所面对的生存环境从本质上讲还是相对稳定和封闭的，企业家的经验和才能尚能应付经营与发展的需要，相对粗放的经营模式对管理精细化、专业化的需求不高，国有企业占经济的主体地位，所有权与经营权的分割导致发展与创新的动力机制不足，以上一系列的原因决定了企业很少需要借助外脑提供专业服务。

随着我国市场经济的发展以及全球经济形势的快速变化，企业所面临的环境正在发生剧烈的变化，许多过去被证明是成功的管理经验和管理模式，已经不再适应当前企业的发展要求，外部的竞争压力和内在的变革要求使得企业越来越多地需要借助外部专业力量的帮助，以理性、客观和科学见长的专业服务机构成为了企业主要的外脑。

企业聘请专业服务机构，很重要的一点在于其掌握信息的全面性、系统性、领先性，换句话说，聘请专业服务的一个重要动因就是花钱买经验、买信息。

以管理咨询业为例，管理咨询公司的核心竞争力就来源于最佳实践的案例。通过对最佳案例的总结和分析，咨询顾问往往能迅速地了解这个行业的一些共性的管理和业务问题，同时也能为寻求帮助的企业提供合理、有效的解决方案。相比之下，由于竞争、成本、法律等方面的原因，企业自身很难了解到其他企业是如何处理和解决目前自己所困惑的问题的，而咨询公司恰恰提供了这样的一个平台，使得企业可以全面了解、学习其他优秀企业的管理经验和业务模式。

三、解决方案的科学性

解决方案是指专业服务公司针对客户内部已经出现的或者可以预期的问题、不足、缺陷、需求等所提供的解决问题的建议和计划，以及确保计划有效执行的措施。专业服务公司解决方案的质量取决于三个方面：一是与客户的深度沟通；二是对于行业、公司以及服务项目的深度理解和把握；三是丰富的同类项目经验，以上三点决定了解决方案的科学性。

一般而言，在提供解决方案之前，专业服务公司会与客户方就对企业业务的理解、对行业规范和流程的了解、对企业存在问题的分析、对解决问题办法的有效阐述、对解决问题进展的预测、对已经积累的经验和知识的合理借鉴、对特殊问题和新问题的探讨及对策分析、对所推荐产品或解决方案与企业的匹配程度等问题进行充分探讨，在此基础上，进行解决方案的设计与开发。

有一家中外合资企业，总经理是美国人，麻省理工学院的 MBA，具有几十年的管理经验，其手下也有一批职业经理人，照理说企业碰到的各种管理问题他们都应该有能力解决，但该公司每年都要花费大量预算请专业服务机构帮助企业进行问题诊断、咨询及培训，是否有必要这样做?

按这家公司的总经理的说法：这叫做专业分工，在专业服务公司处可以获得最优的解决方案，以最经济地达成效果。在管理提升或专项解决方案的设计过程中，专业公司有丰富的案例经验和专家团队，由他们帮助企业进行专业系统的设计，可以保证系统的领先性、专业性。专业公司的专家利用他们的专业知识、经验以及知识库，与企业管理人员配合，发挥各自的优势，为企业甄别问题，提出科学的解决方案。这样，职业经理人就可以集中精力完成企业的日常经营工作，组织协调企业的资源，达成经营目标。

如此，企业就可以一手抓好经营生产，一手抓好管理提升及专项建设，既能够把今天的市场做好，获得利润，也能够为未来的发展奠定基础。

四、发挥外部专家的优势

当代企业生产经营涉及的知识面广、学科多，任何企业的领导人员都不可能是万能的，他可能是某一个或几个方面的行家，但对其他方面可能知之甚少，而公司内部有时也不具备这样的人才和组织经验，这时，通过与专业服务公司合作，利用外部专家的力量，就成为一种明智的选择。

企业有了专业顾问，就可取其之长补己之短，大大提高企业内部人员工作的有效性，通常的做法是：企业通过了解、考察，聘请一些资深专家作为企业的长期顾问，在遇到管理问题及需做出重大经营决策时，向这些专业顾问进行咨询，美国很多大型公司甚至聘请管理专家进入董事会，参与公司经营决策。这种方式给企业带来的好处是：专业顾问长期与企业接触，更能贴近企业的实际提出建议，有利于帮助企业作出正确的决策；专业顾问广泛地了解外部信息，其地位又相对中立、客观，这些都是企业内部的管理者所无法替代的。

因而，从某种意义上说，专业顾问应被视为企业外部的一种人力资源，不但可以通过专题或项目服务来帮助企业解决问题，也可以成为企业经营与决策方面的长期顾问。

与专业服务公司合作以后，企业可以把有限的资源集中到核心业务上，而专业服务公司拥有比本企业更有效、更经济地完成某项业务的技术和知识。如此一来，此类客户无论在核心业务上还是在与专业服务公司合作的业务上，都能获得更好的运营效率。与专业服务公司合作，最大限度地发挥了资源的作用，加速了对外部环境的反应能力，强化了组织的柔性和敏捷性，增强了企业的竞争优势。

五、帮助客户培养人才

企业在与专业服务公司就某项业务进行合作的时候，必然会在内部安排一个工作组或团队与专业服务公司的专家团队进行对接，以方便专家团队的建议和行动方案在公司内部有效传达和执行。

同时，这一安排还将有利于企业内部人才队伍的建设。首先，内部的对接团队往往是专业服务合作的受益者，在与专业服务公司专家合作的过程中，企业内部的对接团队不仅可以学习到专业知识，也能够学习到职业化的行为规范、工作方法、工作技巧。

其次，部分专业服务是以培训宣贯式的方法在企业内部推进的，由专业服务公司提供方法和引导，由客户方自行组织执行，这就可以在发挥专业公司特长的同时最大限度地培养客户方自身的能力。在这种合作模式下，客户内部的对接人员就会由旁观者、学习者逐步成长为内部咨询师，其专业能力的提升更为突出和显著。

因此，一般来说，企业都会安排有发展潜力的专业人才或储备人才作为专业服务的对接人，在项目的合作过程中推进对接人的个人成长。

第二节　专业文化与专业精神

一、持续学习与创新

学习型组织是一种以终身教育、终身学习为核心的组织，在这种组织里，可以熟练地创造、获取和传递知识，可以更好地组织人力资源，使员工充分发挥自身的潜力，让员工的思维更加开阔，跟随时代的潮流，修正自身的行为以适应新的知识和见解。

由于所提供的是专业服务，需要以专业知识为支撑，而且需要不断提供创新的、领先的专业服务产品，因而，专业服务公司首先应当是学习型组织，其特点包括以下几个方面。

1. 具有共同的愿景

专业服务公司一般都具有明确的、共同的愿景。愿景体现了企业家的立场和信仰，是专业服务公司的最高管理者对企业存在的价值与未来归宿的基本设想，是对“我们代表什么”、“我们希望成为怎样的企业?”的持久性回答和承诺。共同的愿景，使得专业服务公司内不同专业、不同背景、不同分工的员工团队凝聚在一起，朝着组织共同的目标前进。

2. 由多个创造性个体组成

在专业服务公司中，存在多个业务或项目执行团队，这些团队是知识创造的基本个体，也是最具创造性的学习个体，因为它们最贴近一线，在专业服务的过程中也最能够产生感悟和创新，如何调动这些个体组织的创造欲望，是专业服务公司的管理重点和公司间的比较优势所在。

3. 持续学习

善于不断学习是学习型组织的本质特征，也是专业服务公司的核心竞争力之一。基于业务的需要，专业服务公司对于持续学习具有极大的关注，往往会在公司营造“全员学习”的氛围，要求公司的决策层、管理层、操作层都要投入学习，要求员工要养成“终身学习”的习惯，在工作中不断学习，不断掌握新的工具和知识。

有的专业服务公司还强调“全过程学习”和“团体学习”。“全过程学习”，即将学习贯彻于组织系统运行的整个过程之中；“团体学习”，即不但重视个人学习和个人智力的开发，更强调组织成员的合作学习和群体智力（组织智力）的开发。

4. 便于信息传导的扁平式结构

传统的企业组织通常是金字塔式的，专业服务公司的组织结构则是扁平的，即从最上面的决策层到最下面的操作层，中间相隔层次极少。这种组织形式最大可能地将决策权向组织的下层移动，让最基层单位拥有充分的自决权，并对产生的结果负责；同时，这样的体制可以保证上下级之间的充分沟通，基层有机会直接体会到上层的决策思想和智慧光辉，上层也能迅速地了解到基层的动态，吸取第一线的知识与营养。

扁平式的组织结构有利于专业服务公司内部形成相互理解、相互学习、互动思考、协调合作的群体，从而产生巨大的、持久的创造力。

5. 领导者的导师角色

在专业服务公司中，领导者重要的是扮演导师的角色，其工作是一个对组织要素进行整合的过程，不只是设计组织的结构和政策、策略，更重要的是设计组织发展的基本理念；同时，领导者的角色还表现在他对实现愿景的使命感；作为导师，领导者不仅要传播组织的愿景，帮助管理者和员工明确自身定位，提高他们对组织系统的了解能力，还要对员工的真实情况进行正确、深刻的把握，帮助他们通过不断的学习提升技能，胜任岗位工作。

因此，作为学习型组织代表的专业服务公司，其企业文化应当是一种开放型的文化，鼓励公司内部及公司间的开放、交流和学习，鼓励不断地创新与创造，如此，才能跟上客户需求和市场环境快速变化的时代。

二、追求完美与责任感

专业服务公司不同于其他企业的特点在于，专业服务的质量标准难于清晰界定，因此，是否具有精益求精、追求完美的意愿，还是以较低的标准要求自己、得过且过，是判断一家专业服务公司是否优秀的关键。

1. 以完美作为标准

首先，以何种标准要求自己的团队、产品，是基本满足客户要求，还是完全满足甚至超越客户的期望，是摆在专业服务公司面前的、必须回答的问题。后者意味着更高的服务成本，但无疑更有利于专业团队的成长，有利于客户满意度的提高，有利于公司的持续发展。

2. 以责任与实效为准绳

作为专业服务公司，应当时刻想到的是自己肩上的责任。企业聘请专业服务公司解决问题，往往都抱有很大的期望，有的甚至据此进行了后续资源和计划的安排，如果专业服务公司不能以客户的利益为最终考虑，而是完全站在自身经营的角度去考虑问题，尽管其专业资源丰富、能力优秀，但不能用心、负责任地开展工作，也会造成客户在合作中不能达到预期目标，甚至影响到后续工作的开展。

专业服务公司的服务有两种风格：一种风格是依赖于自身丰富的包装技巧和案例库，为企业设计一套美轮美奂的解决方案，看起来无懈可击，然后逐一推动客户签字、确认、付款，至于客户这边能否落地，不在考虑的范围；另一种风格是在提供专业服务的初期，就充分考虑成果的落地，根据自身的专业经验和务实勤勉的态度，与客户深度合作，充分研究和论证，力求解决方案的实效性。

显然，前者的所谓“完美”，并不是真正的负责，而后者才是专业服务公司的优秀的基因。

三、重视知识管理与分享

知识管理是通过集体智慧与知识共享来提高竞争力的过程，是一种激励创新并实现市场价值的战略思想。知识管理是集体智慧，并不是个体智慧简单的相加，而是要产生整体大于局部之和的效果，运用集体的智慧提高企业的应变和创新能力。

作为典型的知识型企业，知识管理对于专业服务公司来说具有举足轻重的作用。从某种意义上说，知识管理可以说是专业服务公司最重要的核心能力之一，而分享文化则是专业服务公司的基本的文化要素。

1. 重视知识管理

专业服务公司是知识密集型行业，是运用现代科技知识、现代管理技术与专业服务人员的创造性劳动，为政府、企业、社会团体与个人解决问题、提供智力服务的组织。专业服务公司最重要的资源是知识，它建立在对信息、技术、智慧、经验进行知识加工的基础上。

以知识为核心的特点，要求专业服务公司建立以知识为核心的管理体系，对散落在组织内外部的知识进行科学、系统的组织，激励专业人员对知识进行不断吸收与释放，形成知识交流、共享、创新为一体的学习型组织，运用集体的智慧提高企业的应变与创新能力，而这些就构成了专业服务公司知识管理的内涵。汉密顿咨询公司在知识管理方面的实践经验将告诉我们：如何鼓励员工共享知识，实施知识管理。

20世纪90年代中期，汉密顿发现自己在知识管理方面已经落后于竞争对手，其他一些大型咨询公司如麦肯锡、安达信等已经建立起“在线知识管理系统”，而汉密顿仍用“一张纸”的工作方式，甚至某些客户也提出了有关知识管理方面的需求，要求汉密顿公司协助建立知识管理系统，这令他们很难堪，因为在这方面实在毫无经验可言。

基于这样的现实，汉密顿开始千方百计地弥补自己在知识管理方面的劣势。一方面，他们从竞争对手那里挖来有经验的知识管理专家；另一方面，注意吸取其他公司在推行知识管理中的教训。到1996年，汉密顿建立起了覆盖全球的基于Web的企业内联网——知识在线（KOL），其知识管理系统已经处于领先地位。借助这个系统，商业咨询部门的3500名咨询人员可以与全公司所有领域的专家进行交流，以便获得有关业务培训、市场营销、案例研究等方面的信息，大大促进了员工之间的知识共享。如今，汉密顿商务咨询部门中62%的员工每月都要访问KOL，研究结果显示，汉密顿在知识管理项目上的投资回报率高达1400%。

2. 建立分享文化

知识管理不仅注重显性知识的管理，更注重隐性知识的管理，因为显性知识是可编码型知识，易于整理和进行计算机存储，而隐性知识是高度个性化的、难以格式化的非编码型知识，根植于特殊的环境和背景，是停留在实践层面的即时性、经验性的知识，往往被不自觉和无意识地运用。

对于专业服务公司来说，现实的情况是：隐性知识无论从数量还是规模上都远远大于显性知识，由此，建立以分享为核心的知识管理文化，就显得尤为重要。要让员工意识到，自己有责任把知识、经验与其他同事分享；同时，自己也需要其他同事在专业上进行分享和支持。由此，将知识的分享由自发变为自觉，企业知识资源的积累就会日益丰富起来。

四、充分体现专业性

1. 服务技术与能力上的专业性

专业服务公司的职业就是为客户提供专业服务，使客户通过服务获得最大化的收益，达到较高的客户满意度。因此，专业服务公司要将不断改进和加强自身专业性列为行动指针，使客户充分体会到公司的专业价值。

专业体现了专业服务公司的价值，同时也为专业服务公司创造了价值。当客户接受专业服务公司的服务并不断取得成功之后，专业服务公司也将随着客户的成功而一同成功：客户的信任度和忠诚度大大提高，将为公司赢得更多的商务机会，使公司有机会赢得更大的商业价值。随着商业机会的大幅增加，专业服务公司专业性的体现也会随之大大加强。专业为客户创造了价值，价值又促进了专业，由此就会形成一个良性的循环。

2. 服务立场的专业性

在很多情况下，专业服务公司必然要面临的难题是：服务立场的专业性与现实的经营利益之间的矛盾。

比如，通过调研发现，客户更适合选择一个简单和低成本的解决方案，而选择一个高成本的复杂方案，则能为企业带来现实的经济效益，作为专业服务公司的专家，应当作何选择？

再比如，客户委托专业公司完成的设计方案，客户方坚持自己的意见，而顾问方则认为这一方案明显不适合，在这个时候，专业公司是否应该坚持自己的意见？

这样的问题往往使得专业服务人员陷入两难的境地，在客户的终极利益和自身的现实利益之间艰难抉择。无数的案例证明：忽视客户的长期利益，完全从自身利益出发考虑问题，或者迁就客户的错误观点，可能对于公司来说短期内是有利可图的；但从长远来说，客户的长期利益没有保证，也就谈不到持续的服务需求，专业服务的业务来源将难以为继。

因此，坚持服务立场的专业性、独立性、客观性，是专业服务公司的立业之本。

第三节 有利于专业化的资源配置

专业服务公司是一种有别于制造业和其他服务企业、具有自身独特性的企业，这类企业普遍具有承载知识密集、高度定制化、大量依赖专家甄别和个人判断、客户高度参与、受到职业行为规范约束等特征，最主要是两个方面：第一，高度定制化。专业服务很少能用程式化方式执行，不像在工业领域能以重复性任务和产品的标准化为基础；第二，与客户接触。多数专业服务中，都有大量与客户面对面交互甚至与客户共同完成的环节。

也有学者将专业服务公司与传统工业企业从生产、产品、消费以及市场等方面进行了一个全面的对比。

表 8.1　　专业服务企业与传统工业企业的特征对比

特征		专业服务企业	传统工业企业
生产特征	厂房和设备	固定设备投入较少，营业场所投资较大	对固定设备投入要求较高
	劳动力	需要非常专业的技能，特别需要人际关系处理技巧	具有一般性的技能
	劳动过程的组织	劳动者从事技能性的生产活动，对员工的具体工作细节职能进行有限的管理控制	可以严格控制和监督劳动者的整个劳动过程
	生产特征	生产通常是非持续性的，规模经济有限	生产具有可持续性，可实现规模经济
产品特征	产品特性	无形的，很难将服务过程和产品分开，很难储存和运输	有形的，可分离的，能存储和运输
	产品特色	通常依据客户的需要进行定制	可实行批量定制
	知识产权	难以保护，很少能够申请专利保护，服务创新容易被复制	便于保护
消费特征	产品交付	生产和消费在时间和地点上通常是不可分离	生产和消费在时间和空间上可分离
	顾客作用	“客户导向”，其设计生产过程需要顾客的参与	顾客作用滞后于产品生产
	消费活动的组织管理	通常难以将生产和消费分离	可分离，便于组织管理
市场特征	对市场的组织管理	服务成本与产品捆绑销售	产品标准和质量认证管理
	管制	在无形保护壁垒	行政规章制度管制
	营销	很难预先证实所提供服务的品质	可通过探究性和体验性的方式对产品进行营销

一、人力资本培育系统化

在专业服务公司中，人力资本是专业服务公司最重要的资产，也是公司运作的关键性资源，是创造价值的源泉。如果按照对企业本质第一层次的理解，企业就是关键性资源的集合体，按照这样的定义，专业服务公司的本质就是体现专业服务特点的人力资本的集合体。如何系统建设专业服务公司的关键性资源——人力资本，是每个专业服务公司的重要工作。

专业服务公司在两个市场上竞争。一是争夺客户，二是争夺员工。虽然这些为大家所熟知，但是多数专业服务公司的战略思维仍然过于偏重客户市场，而人力资本问题大多被看成是行政问题，而不被看成是竞争战略的重要组成部分。

在中国，需要50万名专业审计人员做的工作，实际只有5万名有执照的审计师，其他专业服务行业的情况也类似，这些行业正以每年20%～30%的速度增长，需要大量的新人进入他们的行列，而人才的实际供应，远远达不到要求。以公关顾问为例，现有的大学和培训机构目前还不能提供成熟的专业人才，顾问只能在专业服务机构或行业内自行培养，因此，企业之间相互“挖角”的情况非常突出。

未来的专业服务公司，只有具备了吸引、发展、保留专业人力资本的能力，才有可能在激烈竞争的市场上占有一席之地。

1. 建立健全的培训体系

专业化是人力资本建设的根本，也是专业服务公司资源配置的基础。对于专业服务公司来说，首先是专业化培训体系的建设。

专业服务公司对人才的培养大多以内部培训和辅导为主，因此，对于专业服务公司来说，首先要建立明确的知识地图，在此基础上，划分职位序列，开发针对不同职位序列的任职资格标准，以及基于任职资格标准的培训课程。

在学习平台方面，为了便于员工学习，很多专业服务公司建立了知识管理平台、电子学习系统，以便学习能够随时、随地进行。针对员工建立培训档案，记录和督导员工的系统学习，也是一种行之有效的方法。

同时，公司还应通过创新的手段将工具、方法、经验以及公司所积累的知识提供给每一个员工。例如，某些公司请高级员工给初级员工介绍工作过程，并制作成录像带，录像包括与客户会见的技巧、数据查阅分析技巧以及演示文稿撰写技巧，等等，从而让员工最大限度地了解作为顾问应当具备的基本的、重要的知识与技能，提高了知识传授的速度。

2. 教练与导师体系

专业服务公司所提供的专业服务通常具有意会性。也就是说，这些专业服务在一定程度上是不可复制的，仅仅通过员工单方面的学习可能很难真正理解专业服务的精髓，因此，专业服务公司多采用教练及导师“传帮带”的方式，对员工进行在职、在岗培训。

在专业服务公司，资深的专业服务人员承担着培养人才的教练任务。做个好教练或好导师并非易事，不仅需要丰富的专业知识和经验，更需要有真诚的助人精神以及循循善诱的教练技巧。帮助新人提高，不只是评价他们的表现，教练要保证所分配的工作有足够的难度和压力，但又是新人可以独立完成的；在信息反馈环节，对于新人哪些方面做得好、哪些方面有待提高，教练都需要做出详细、合理的交代。

重视培训和辅导体系是一种不可或缺的管理措施。发展越快的组织，这一需求越明显，即使对喜欢平稳发展和高回报的公司而言，人力资本扩充计划也是至关重要的，如此，才能保证专业服务公司运营的持续性。

3. 充分的上升空间

专业服务公司人力资本的培育，在很大程度上需要宽广的通道、充分的上升空间，以便人才能够在重要的位置上锻炼、提高，因此，如何在企业内部为新人营造良好的发展空间，是专业服务公司在人力资本管理方面的重要问题。

对此，麦肯锡的马文·鲍尔有着深刻的见解，他深知，如果老一代领导人不退下来、挪出位子，新的领导层就无法成长起来。如果老的领导层恋栈不退，企业就不会遵循新的领导层的指引。因此，在 1967 年，仅 64 岁的马文·鲍尔不顾其他合伙人的反对，毅然从董事长兼总裁的位置上退了下来。这一举措遭到了其他合伙人的一致反对，那些合伙人都认为不可能再找到马文·鲍尔这么合适的人，希望他能够继续连任，但他还是婉言谢绝了。

退下来以后，马文·鲍尔积极支持吉尔·克里的领导工作，支持对担任麦肯锡董事长兼总裁的年龄和任期做出限制，以及对持有股份的时间做出限制，从而帮助更多的新人走上领导岗位。事实证明，他的决策是正确的，合伙人们的担心是多余的，麦肯锡圆满地完成了领导的更替，走上了持续发展的道路。

二、人力资本使用高效化

1. 合理使用非专业人才

如果对专业人员的工作内容进行分析，就会发现：有许多看似专业的工作，通过加工和处理，实际上完全能够由非专业人才来完成，这需要投入时间和资金对业务进行必要的设计与优化，以便更好地利用这些非专业人才。同时，也需要对管理结构进行改进，以便有效地指导、督促非专业人员完成工作。

合理利用好非专业人才，对专业服务公司来说有着很多益处。第一，减少了专业人才从事大量低端劳动的可能，减少了他们对上述工作的抱怨，从而使得公司的专业岗位对于员工更具挑战性和吸引力；第二，能够有效降低公司的综合服务成本，从而使得公司在与其他企业的竞争中更具优势。

2. 促进新技术、新科技的应用

不断推动专业服务技术和科技的进步，不仅可以确保公司能够提供优质的服务，还可以有效降低公司的运营成本，提高专业人员的工作效率，不断激发专业服务人员的创新思维。

举例来说，越来越多的专业服务公司开始着手发挥信息技术的力量，随着科技的发展，用机器代替人工工作的情况很多。例如，在很多市场调查和研究公司，相对标准化的调研、分析都能够通过软件执行，并能够进行精确而科学的分析，这就使得专业服务的效率大大提升；同时，大量的数据逐步进入数据库，为后续的专业服务和研究分析提供了重要的素材和资料。

3. 提高工作价值

即使专业服务公司拥有了需要的人才，也不得不面对人工成本迅速上涨所带来的压力，因此，需要通过提高工作价值来抵消昂贵的资源成本，通常有下述几种做法。

①加速新手的学习过程，直接奖励好的辅导者。

②改善分配制度，改变薪资方案以奖励优异者，使员工挖掘最大潜力、发挥最大优势，做出更高价值的工作。

③增加对收费工时比例的要求。

④采取更灵活的考勤制度，以适应进行兼职、弹性工作的员工，等等。

三、知识分享机制促进效率提升

一家成功的专业服务公司要保持对客户所在行业的了解，及时更新知识技能，确保所提供服务的专业水平。而事实上，许多专业服务公司的员工们似乎只是在疲于应付一个接一个的客户，没有时间反思。

1. 通过研究与讨论分享知识

一个卓越的专业服务公司应当有完善的知识分享方式，其中，案例研讨会就是一种很好的形式。所有员工，无论是新人还是资深员工，都有机会在一起以会议的形式分享知识。每个工作团队都可以派出代表讲解他们的服务案例及处置方法，以及此间所做出的创新与尝试。该汇报人要总结他们从最近的事件中学到了什么，然后与大家一起交流、学习和讨论。讨论中，不论是高级员工还是初级员工都可以发表自己的见解。最后，总结出为大家所认可的经验和知识。如此，每个员工都会养成习惯，将自己的工作经验及时总结，并转化为可供分享的资源。

2. 虚拟组织与专业团队

部门化的组织结构对于知识的分享和技能的积累起着重要的推动作用，把工作职能相近的员工集中到一起，可以使得他们充分交流，但是，也会减少他们与不同部门员工沟通的机会。因此，很多专业服务公司没有采取“刚性的部门组织结构”，而是组建以客户行业、专业、地域等为单位的专业团队，以便于专业团队开展研究与分享工作。

通过刚性组织与专业团队的有机匹配，能够将员工孤立的个人研究转变成专业团队的群体研究，从而大大提高专业建设的效率，加速了知识的形成与分享。

四、留住与用好专业人才

为了留住和用好专业人才，专业服务公司往往通过期权等长期激励方式绑定员工，通过声誉效应约束员工的个人行为。

1. 建立“绑定机制”

现实中，专业服务公司往往无法监控和防范员工在为客户服务的过程中达成个人利益。换句话说，专业服务公司无法避免员工的道德风险，其中最突出、最常见的是：员工自立门户，并带走客户。

如何避免这种行为的发生，这就要求专业服务公司要建立有效的激励和约束机制，在此我们称之为“绑定机制”，最为常见的是与员工签订附有固定、长期条款而过早退出将会面临极大处罚的合约。对于未能履约的员工、企业高管或者合伙人，将会被所在企业起诉而赔付损失，并受制于“竞业禁止原则”而不能从事相关工作。

例如，在美国的投资银行（如高盛），往往规定员工离职第一年出售其自有期权的累积额度应限定在20%～50%之间，剩余的要在离职五年内售出，并且企业管理委员会保留延长其支付期限的权利。

2. “声誉效应”的约束

由于专业服务公司所提供的服务大多是无形服务，通常蕴含较高的专业知识与技能，大量融入了专家的甄别和个人判断，并且需要高度定制化，以及与客户的高度互动。在此背景下，客户要直接判别服务的质量有一定难度，需要借助“声誉”来间接、先验地判断企业的服务品质。因此，在专业服务公司所提供的服务中，信誉性品质占主导地位，良好的声誉对于专业服务企业至关重要。

专业服务公司内的个人所拥有的声誉，是个人声誉，属于人力资本，是一种不可交易、不可替代的资产。对于专业服务公司而言，即使没有企业内部的激励，员工们出于对今后职业前途及外部市场压力的考虑，也会非常珍惜自身的声誉。因此，“声誉效应”能够作为一种约束机制，保证专业服务人员尽心尽力，努力提高服务质量，使得个人声誉得到保持和发扬，从而间接地推动了企业声誉的保持和上升。

3. 不断开展业务创新

专业服务公司要敢于接受新的业务，因为，新的业务代表社会最新的管理变革需求，同时也代表着高利润，代表着行业未来的发展方向。例如，世界500强企业的培训体系建设越来越正规，大部分企业都建立了各自的企业大学，使得企业培养员工更加有效、便捷。对于专业服务公司而言，能够为企业大学的建立提供咨询服务，如：如何设置课程、如何建立运营模式等，就会立刻得到企业的响应。

害怕新竞争地，不敢投身其中，永远也无法掌握新竞争地的规则，也无法继续生存下去。公司如果惧怕失败，不具备下定决心面对挑战的勇气，就只会在头脑中思考，而不会去身体力行。争先恐后地踏入未曾涉足的领域，迎接逆境与失败，只有具备这种勇气，专业服务公司才能不断开辟新市场，找到新的发展道路，让公司的专业服务始终走在时代的前沿。

第四节　专业服务公司与产业公司的互动

专业服务公司与产业公司之间始终保持着密切的互动关系：一方面，专业服务公司在为产业公司提供服务的同时，也在为产业公司输送富有专业素养、训练有素的专业人才；另一方面，产业公司的人才也有一部分流入专业服务公司，以改善专业服务公司在对产业公司实务理解方面的不足；同时，产业公司对于专业服务的源源不断的需求，推动着专业服务公司的成长、进步与发展。

一、专业服务公司是产业公司智囊人才的输送基地

要成为一家能够为客户真正创造价值的专业服务公司，它首先就必须是一家人才的加工厂。一方面，自身要能够培养数量充足、素质优良的专业服务人员；另一方面，要能够保证接受服务的企业培养出将来所需的专业人才、管理人才、领导人才。

在人才队伍建设中，专业服务公司以人才建设为重点，注重培养诚信、尊重、敬业等价值观，在为自身培养好员工的同时，也为专业人才走向产业公司的发展铺平了道路，使得专业服务公司成为商业或公共部门领导者的孵化器。这些人才一旦离开专业服务公司，就会把专业服务公司的智慧、文化、工作态度等带到新的领域，从而又培养了成千上万的新的管理者，如此，专业服务公司影响了那些与他合作的产业客户，那些客户又继续将这种影响进行传播，循环往复。

专业人才能力培养的任务虽然艰巨，但是如果能够从恰当的精英人才入手，就会容易很多。杰出的管理者都是从好苗子中培养出来的，这些好苗子必须得到机会，在一个健康的工作环境中成长；另外一个关键因素就是要把客户服务好，让好苗子在为客户服务中成长，让人才伴随着客户的成长而成长。

专业服务公司的领导要不遗余力地为个人提供发展空间，要积极为符合公司愿景的人提供支持。例如，麦肯锡的创始人马文·鲍尔就曾经创立了“马文学校”，从“学校”毕业的学生分布在各行各业，并且成绩斐然。例如格雷·麦克道尔，从1963～1969年在麦肯锡洛杉矶分公司工作；1969年，他离开麦肯锡担任马克控制公司的首席执行官，在他的努力下，马克公司由一家不赚钱的小型阀门制造公司发展成为《财富》杂志“电子和程控公司1000强”中利润最丰厚的一员；到1987年，马克控制公司各分公司的累积资产已经达到公司在纽约证券交易所交易的股票价值的三倍。

二、为何产业公司青睐专业服务公司的人才

之所以产业公司青睐来自于专业服务公司的人才，主要是基于以下四个方

面的考虑。

1. 来自专业服务公司的人才，能够协助企业的管理者分析及判别当前最重要的管理问题

专业服务最重要的作用之一是帮助企业对关键问题进行梳理和分析。在分析企业的问题时，专业顾问会进行大量的调研和访谈，也会对比其他企业的做法和最佳实践，在此基础上，全面分析和梳理企业的关键问题，并对问题产生的原因进行分析和论证。因而，来自于专业服务公司的人才，在分析及判断企业问题方面具有成熟的技术和方法论，他们的加入，有利于协助企业管理者判别当前最重要的问题。

2. 来自专业服务公司的人才，能够帮助企业借鉴其他优秀企业的业务运作模式与管理模式

了解其他企业、特别是同业和竞争对手的业务实践，恐怕是每个企业都希望的。然而，由于竞争、成本、法律等方面的原因，企业自身做起来很难。而专业服务公司在为多家企业提供服务的过程中，自然而然地掌握了行业内多家企业的经营管理模式。

同时，从工作的需要出发，专业服务公司一般都设立有专门的部门或岗位，进行行业动态和标杆企业的深度研究；在对专业人员进行训练的过程中，专业服务公司一般也会强化有关信息收集和研究的相关技能与方法；通过这些系统的训练，专业顾问往往能够迅速地了解这个行业的共性的管理和业务问题，同时，也能帮助企业制订合理、有效的解决方案。

因此，从专业服务公司引进人才，对于研究外部企业的经营运作模式，帮助企业借鉴外部经验，具有积极的作用。

3. 来自专业服务公司的人才，能够为企业带来新的观念，开拓管理者和员工的视野与思路

由于专业服务公司每天都在研究本领域的最新发展动态，专业服务人员每天都在为不同的企业提供专业服务，其相对于企业内部人员往往具有更充分的资讯，在对于行业发展趋势的理解方面更为领先，视野更为开阔。

因此，通过一次专业服务项目，企业内部的员工可以从多方面接触专业顾问，为管理者和员工开阔视野和经营思路，为企业带来新的管理理念。也有为数不少的实业企业，不惜重金直接从专业服务公司聘请人员进入公司的管理体系，把新的思想和观念带进企业。

4. 来自专业服务公司的人才，能够为企业带来全新的管理工具、技术和方法

专业顾问经常需要通过项目的方式来解决企业的实际问题，而要在既定的时间内完成对这些复杂问题的分析并提出解决方案，客观上要求顾问必须具备科学、系统、实用、有效的管理工具和分析方法。这些工具和方法，大到对企业战略问题的分析与定位，小到如何组织好一次小的讨论会、如何写好一份报告（如二八原则、头脑风暴法、七步成诗法，等等），是专业人员开展工作的利器。

因此，在聘请专业服务公司开展服务的过程中，除了专业性的解决方案之外，企业的对接团队和人员还有机会了解和掌握专业公司的管理工具、技术和方法，从而应用于自身的经营与管理工作，这也是企业聘请专业服务公司或引进专业人员的一个重要的收获。

三、专业服务公司与产业公司的人才互动

产业公司与专业服务公司在工作方式和个人技能要求上是有区别的。

产业公司是以产品或服务为核心，靠规模化的、训练有素的团队开展经营活动，高管、职业经理人依靠自身的经验和判断组织、指挥下属完成工作，强调组织化运作，对于企业中个体的单兵作战能力要求不是很高。专业服务公司是以项目化的服务为核心，工作方式是靠小规模的、临时组成的团队协作完成，不同专业、层级的专家都有自己的专业技能，能够独立完成所承担的任务。其中，初级专业人员要具备收集资料、分析信息、组织信息、制作图表、撰写报告、演讲陈述等基本能力，要求个人的专业素质很强；而高级专业人员、项目负责人则应具备更高层级的专业能力，以及对于整个专业服务项目的计划、组织、协调与控制能力。

在专业服务公司的专家岗位，注重对方法、思维的启发，需要扎实的理论基础，以及针对不同行业、不同客户的丰富的案例与经验，这些在产业公司内是很难短期获得的。而产业公司的管理岗位，锻炼的是实战能力，可以将自己的经验和成熟方案组织实施并跟踪执行效果、总结得失；同时，可以招募、培养、团结员工，组建强大的团队去完成任务，并在此过程中培养管理能力与领导力，这是专业服务公司所无法提供的机会。

因此，专业服务公司的人员，在具备了专业能力和经验之后，根据自己的职业偏好进入企业成为职业经理人，可以把专业服务的理念、方法、技术带进企业，提高企业的专业管理能力。企业的职业经理人，抱着对专业的执著爱好加入专业服务公司，有助于专业服务人员更加深入地了解企业的经营运作流程，从而为企业提供更具实效性和针对性的解决方案。

专业服务公司与产业公司之间的人才互动，为职业经理人与专业服务专家的角色转换建立了良好的通道，促进了专业服务公司与产业公司的共同发展。

延伸阅读　奥美的专业精神

奥美是全球领先的整合营销与传播集团，奥美的历史源自一个人的思想、才智和工作规范，进而演绎成一种公司文化、一种明确的职业规范和一种行业的发展趋势。这一切均始自广告大师、奥美的创始人——大卫·奥威格，他以过人的才智和热诚写下了精彩的一生，他对广告不同凡响的见解与理解，造就了奥美的传奇。其中，知识的分享与传承一直是奥美引以为傲之处。

大卫·奥威格是奥美公司的创立人，是具有传奇色彩的广告巨头。他先是做过推销员，随后又为乔治·盖洛普工作，后定居阿米什镇，在第二次世界大战期间，他为英国的情报部门工作。

奥威格有一种事事追求完美的恒心，并且有实事求是的精神。对他来说，任何不完美的东西都不能算好，任何不真实的东西也都不可容忍。奥威格认为，追求完美的关键在于招募出色的人并留住他们，因而，1965 年，奥美公司实行了当时美国最为慷慨的退休计划。

在奥美公司，从董事会会议室到邮件收发室的每位员工都知道和了解公司的价值观、使命和企业文化，前奥美董事长肯·罗曼是这样描述奥美文化的：

“奥美的理念是建立在四大支柱之上的，即研究、成果、创造性的智慧和专业纪律。奥美注重学习先例，把经验整理转化为原则，把广告作为一种知识性的专业。”

一、研究

受盖洛普多年训练的奥威格明白，每个专业顾问必须要做到两点：一是调查实际情况之后再发表意见，二是尊重一线的员工。大卫认为，他的成功在很大程度上要归功于他在盖洛普曾经的工作经历以及对各个领域的美国公民进行访谈的经历。他尊重消费者，并始终告诫员工“消费者不是傻子”。

二、成果

忠于品牌，忠于顾客，是奥美成功的一大要素。奥威格认为，服务好客户就能取得辉煌成果。他在自传中写道：“我们拥有的最宝贵的资产就是对客户的尊重……当客户聘请奥美时，他期待得到最满意的结果。如果你不能让他得到，那么你就欺骗了他，他就再也不会回来了。”

奥美人认为，他们不是为自己工作，不是为奥美工作，甚至不是为客户工作，他们是为品牌工作的“品牌管家”。

三、创造性的智慧

对于创造，奥威格的见解包括：

“要鼓励激情和创新。在广告行业，与众不同是成功的开始，而雷同平庸则是失败的前奏。”

“什么是人才呢？人才不一定要有高智商，但要有好奇心、判断力、智慧、想象力和文化修养。”

四、专业纪律

在领导奥美公司的过程中，大卫·奥威格做出了一些重要决策，如设立国际分公司、出台严格的反对裙带关系的政策、向女性开放领导职位等。针对于纪律，大卫·奥威格这样写道：

“要为客户提供优质的服务，就必须让员工全力以赴。要给他们充满挑战的机会，赞扬他们的工作成绩，要充实他们的工作内容，尽可能对他们委以重任。要把员工作为成熟的人对待。这样他们才会成熟起来，在他们遇到困难时要给予帮助，实施感情化和人性化管理。

鼓励员工要坦诚地面对领导。领导应该征求他们的意见，倾听他们的意见。奥美的组织结构不能像军队那样，领导一手遮天，而下属们只能唯命是从。动脑筋绝不只是领导的事。如果领导拒绝将权利与下属分享，那对公司没有一点好处。公司中权利中心越多，公司就会变得越强大。这就是奥美公司变得强大的原因。”